Cordula Rabe

Camino Primitivo

Von der Atlantikküste über Oviedo nach Santiago de Compostela und weiter bis Finisterre und Muxía

Alle Etappen – mit Varianten und Höhenprofilen

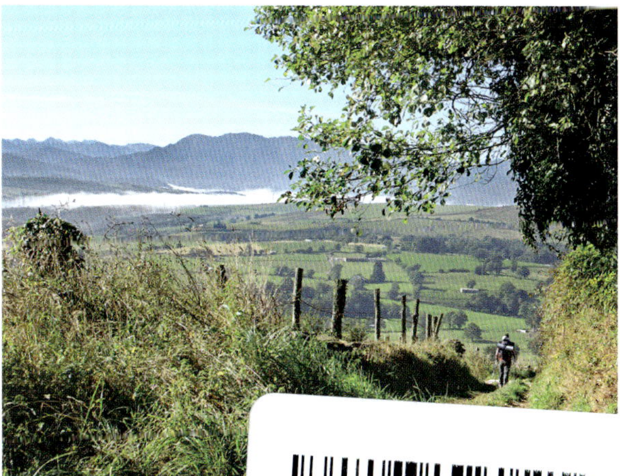

ROTHER BERGVERLAG

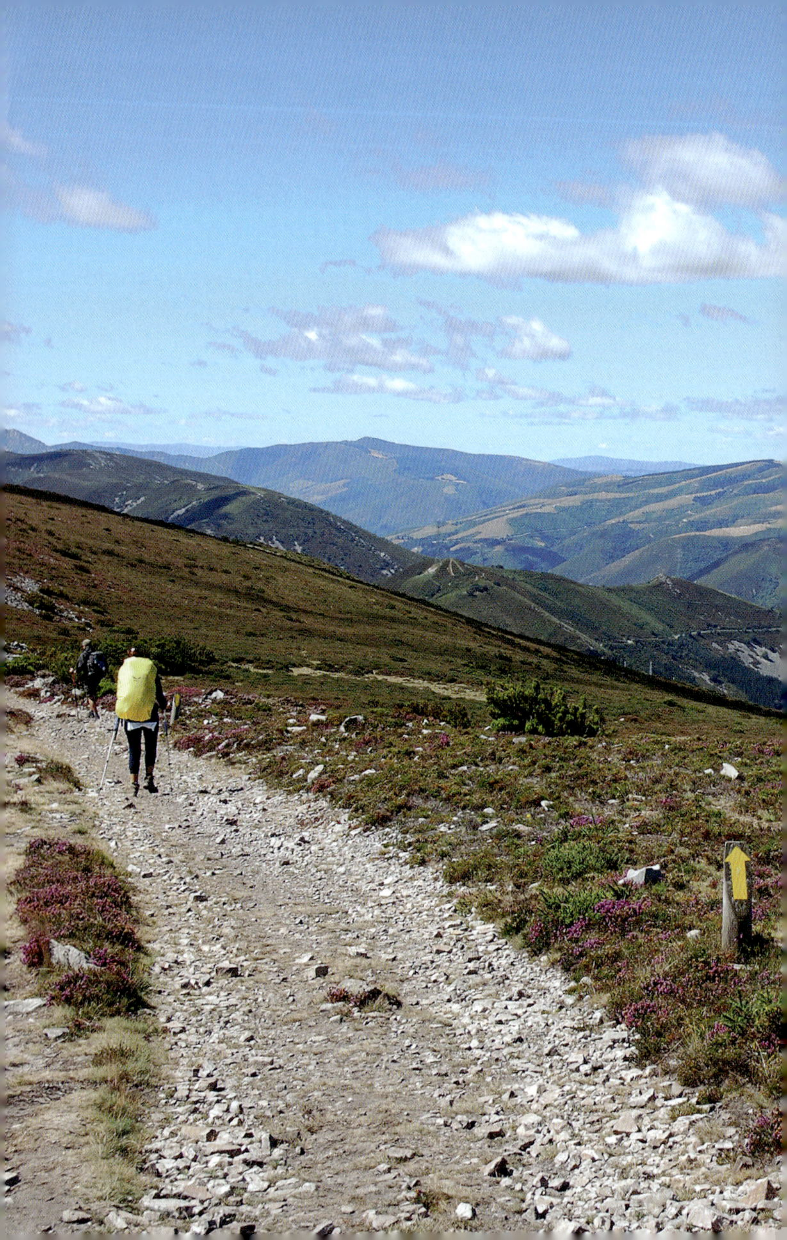

Vorwort

Das helle Bimmeln von Kuhglocken, friedlich weidende Pferde in weiter Landschaft, das Gefühl von Freiheit auf sturmumwehten Höhen, Blicke in die zum Horizont hin verblauenden Bergketten, im lichten Blätterdach funkelndes Sonnenlicht. Der »Camino Primitivo« beschenkt die Pilgerinnen und Pilger mit unzähligen Eindrücken und Emotionen, die ihre Wirkung noch lange nach der Rückkehr in den Alltag entfalten.

Jeder Weg beginnt mit einem Ziel. Ohne die Kunde von der Entdeckung des Jakobusgrabs vor fast 1200 Jahren im Nordwesten Spaniens wäre Asturiens König Alfonso II. nicht von Oviedo nach Galicien gereist, um dem Heiligen seine Ehre zu erweisen. Santiago de Compostela wäre nie errichtet worden, es wäre nicht zum Ziel von Millionen von Gläubigen aus aller Welt geworden und es hätte keinen Jakobsweg gegeben.

Bei der modernen Renaissance der Jakobswege wurde der »Camino Primitivo«, zu Deutsch »ursprüngliche bzw. erste Weg«, als einer der letzten wiederentdeckt. Während der sogenannte »Camino Francés« binnen weniger Jahre einen kometenhaften Aufstieg zum internationalen Superstar hinlegte, blieb der erste Weg ein Außenseiter. Die mühsamen und anspruchsvollen Pfade durch das bergige und infrastrukturell unterversorgte Hinterland Asturiens und Galiciens schreckten – wie schon im Mittelalter – die breite Masse ab. Inzwischen sind die vermeintlichen Nachteile der größte Trumpf des »Camino Primitivo«: Er bietet über weite Strecken noch Ursprunglichkeit und Naturnähe und ist weniger überlaufen als andere Jakobswege.

Dieser Wanderführer beschreibt den »Camino Primitivo« ab Villaviciosa an der spanischen Atlantikküste, wo er mit dem »Camino del Norte« zusammentrifft. Der historische Weg von König Alfonso II. beginnt erst zwei Etappen später in Oviedo. Das Buch bietet den Pilgernden mit den Wegbeschreibungen, den umfänglichen Informationen zu Übernachtungsmöglichkeiten und viel Wissenswertem zu geschichtlichen Hintergründen das nötige Rüstzeug für eine hoffentlich genussvolle und erlebnisreiche Wanderung auf diesem kleinen und doch ganz großen Weg.

Der »Camino Primitivo« ändert sich ständig. Herbergen öffnen und schließen, die Route kann wegen neuer Straßen oder zwecks Verbesserung der Wegführung umgeleitet werden. Stellen Sie, liebe Pilgerinnen und Pilger, unterwegs Veränderungen mit, so teilen Sie diese gerne dem Verlag mit. An dieser Stelle sei allen gedankt, die dies bereits getan haben. Ich wünsche Ihnen herzlichst einen »buen camino«, einen guten Weg!

Altea, Spanien, Herbst 2023 — Cordula Rabe

Auf der Königsetappe, der »Ruta de los Hospitales« (Etappe 6).

Inhaltsverzeichnis

Distanzen von Unterkunft zu Unterkunft

	km	Ort und Unterkunftsart	
Asturien			
1	**0**	**Villaviciosa**	⌂ [⌂]
	9,4	Monasterio de Santa María de Valdediós	⌂ [⌂]
	7,2	La Vega de Sariego	⌂
2	**10,7**	**Pola de Siero**	⌂
	12,6	Colloto	[⌂]
3	**4,9**	**Oviedo**	⌂ [⌂]
	12,4	Escamplero	⌂ [⌂]
	6,9	Paladín	⌂
4	**6,1**	**Grado**	⌂ [⌂]
	4,6	San Juan de Villapañada	⌂
	3,8	San Marcelo	⌂
	1,4	Doriga	⌂
	2,2	Los Verdugos	⌂
	1,3	Cornellana	⌂
	8,8	Casazorrina	⌂ [⌂]
	3,0	Salas	⌂ [⌂]
	7,2	Bodenaya	⌂
5	**1,4**	**La Espina**	⌂ [⌂]
	0,9	La Pereda	⌂
	9,9	Tineo/Alb. Mater Cristi	⌂
	1,0	Tineo	⌂ [⌂]
6	**12,6**	**Campiello**	⌂
	1,1	El Espín	⌂
	1,6	Borres	⌂
	2,0	Samblismo	⌂
7	**22,9**	**Berducedo**	⌂ [⌂]
	4,1	La Mesa	⌂
	10,4	Hotel Las Grandas	[⌂]
8	**5,2**	**Grandas de Salime**	⌂ [⌂]
	5,1	Castro	⌂ [⌂]
Galicien			
9	**20,1**	**A Fonsagrada**	⌂ [⌂]
	3,6	Alb. Complejo O Piñeiral	⌂ [⌂]
	21	O Cádavo	⌂ [⌂]
10	**7,4**	**Castroverde/Albergue**	⌂
	0,6	Castroverde/Zentrum	[⌂]
	6,1	Vilar de Cas	⌂
11	**16,2**	**Lugo/Alb. Municipal**	⌂ [⌂]
	19,5	San Román da Retorta	⌂
	5,8	Alb. Cruz de Ferreira	⌂
	0,9	Alb. A Nave de Ferreira	⌂ [⌂]
12	**0,8**	**Ferreira**	⌂
	5,5	As Seixas	⌂
	1,5	Casacamiño	[⌂]
13	**12,8**	**Melide**	⌂ [⌂]
	5,0	Boente de Arriba/Alb. El Alemán	⌂
	0,5	Boente	⌂
	2,3	Castañeda	⌂ [⌂]
	3,1	Ribadiso da Baixo	⌂
	0,5	Alb. Milpes	⌂
	1,5	Arzúa/Ortsanfang	⌂
	0,8	Arzúa	⌂ [⌂]
	4,5	Abzweig Alb. Camiño das Ocas	⌂ [⌂]
	0,6	As Quintas	⌂
	2,6	A Calle de Ferreiros	⌂ [⌂]
	3,0	Salceda	⌂ [⌂]
	2,9	A Brea	[⌂]
	1,7	O Empalme	⌂
	1,2	Santa Irene	⌂
	1,5	A Rúa	⌂ [⌂]
	0,8	Alb. O Burgo	⌂
14	**0,7**	**O Pedrouzo**	⌂ [⌂]
	3,3	Amenal	[⌂]
	4,0	San Paio	[⌂]
	2,1	Lavacolla	⌂ [⌂]
	3,6	Camping San Marcos	[▲]
	1,5	San Marcos	[⌂]
	0,3	Monte do Gozo	⌂ [⌂]
	1,8	Residencia de Peregrinos San Lázaro	⌂
	1,0	Alb. A Fonte	⌂
15	**2,1**	**Santiago de Compostela**	⌂ [⌂]
Der Weg nach Finisterre und Muxía			
15	**0,0**	**Santiago de Compostela**	⌂ [⌂]
	9,8	Ventosa	⌂
	10,8	Alb. Alecrín	⌂
	0,3	Negreira/Zentrum	⌂ [⌂]
16	**1,0**	**Negreira/ Albergue de la Xunta**	⌂
	7,7	A Pena	⌂
	4,6	Vilaserío	⌂
	0,5	Vilaserío/Alb. Municipal	⌂
	7,5	Santa Mariña/Casa Pepa	⌂
	0,6	Alb. Santa Mariña	⌂
	5,9	Lago	⌂
17	**6,4**	**Olveiroa**	⌂ [⌂]

	km	Ort	
	3,6	Logoso	⌂
	14,5	Camiños Chans	⌂
	1,2	Cee	⌂ [⌂]
	1,0	Corcubión	[⌂]
	1,5	Alb. de San Roque	⌂
	0,7	Amarela	⌂
	1,2	Estorde	[⌂] [△]
	1,2	Sardiñeiro	[⌂]
	3,2	Praia de Langosteira	[⌂]
18	**2,7**	**Finisterre**	⌂ [⌂]
	13,6	Lires	⌂ [⌂]
	2,0	Frixe	[⌂]
	11,9	**Muxía**	⌂ [⌂]

	km	Ort	
19	**0,0**	**Olveiroa**	⌂ [⌂]
	3,6	Logoso	⌂ [⌂]
	6,1	Dumbría/Alb. O Conco	⌂
	0,5	Dumbría	[⌂]
	7,0	A Grixa	⌂
	4,1	Quintáns	[⌂]
	0,7	Alb. Et Suseia	⌂
	2,9	Merexo	[⌂]
	1,8	Os Muiños	[⌂]
	1,3	Monasterio de Moraime	[⌂]
	3,6	**Muxía**	⌂ [⌂]

Varianten

Etappen V6 und V7:

Campiello – Pola de Allande – Berducedo

km	Ort	
12,6	**Campiello**	⌂
1,1	El Espín	⌂
1,6	Borres	⌂
2,0	Samblismo	⌂
2,9	Colinas de Arriba	⌂
6,1	Pola de Allande/Herberge	⌂
0,5	**Pola de Allande/Zentrum**	[⌂]
3,0	Peñaseita	⌂
15,2	**Berducedo**	⌂ [⌂]

Etappen V11 und V12:

	km	Ort	
11	**0,0**	**Lugo**	⌂ [⌂]
	28,7	**Friol**	[⌂]
	25,2	**Sobrado dos Monxes**	⌂ [⌂]

Etappe V13a:

Sobrado dos Monxes – Arzúa

km	Ort	
0,0	**Sobrado dos Monxes**	⌂ [⌂]
5,9	Madelos	⌂
3,6	Boimil	[⌂]
0,7	Albergue de la Xunta	⌂
1,8	Boimorto	⌂
6,5	Casaldoeiro/Abzweig Alb. Reste y San Roque	⌂
3,4	**Arzúa**	⌂ [⌂]

Etappe V13b:

Sobrado dos Monxes – Pedrouzo

km	Ort	
0,0	**Sobrado dos Monxes**	⌂ [⌂]
5,9	Madelos	⌂
3,6	Boimil	[⌂]
0,7	Albergue de la Xunta	⌂
1,8	Boimorto	⌂
9,9	O Alto	[⌂]
11,1	Piñeiro	[⌂]
2,4	A Rúa	⌂ [⌂]
0,8	Alb. O Burgo	⌂
0,7	Pedrouzo (Arca do Pino)	⌂ [⌂]

Allgemeine Hinweise

Pilgerherbergen und andere Unterkünfte

Wie an allen Jakobswegen in Spanien gibt es auch entlang des Camino Primitivo alle paar Kilometer eine oder mehrere Pilgerherbergen (sp. »Albergue de Peregrinos«). Die meisten sind in privater Hand. Herbergen mit dem Zusatz »turístico« (touristisch) nehmen in der Regel zwar vorwiegend Pilger auf, es können aber auch Personen ohne Pilgerpass (»Credencial«) übernachten. Die restlichen Herbergen sind städtisch; sie werden zum Teil von Jakobswegvereinen betreut und stehen meist nur Pilgern zur Verfügung.

Die Klassifizierung mit ein bis drei Jakobsmuscheln soll helfen, den Standard der Herbergen einzuschätzen. Ausschlaggebend sind dabei die Ausstattung (z. B. Küche, Waschmaschine, Trockner, Platzangebot, Beschaffenheit der Betten), das Preis-Leistungs-Verhältnis oder der Zustand der sanitären Anlagen. Ein Pluspunkt ist in der Regel das Vorhandensein einer brauchbar ausgestatteten Küche: Selbst zu kochen spart nicht nur Geld, in spontan gebildeten Koch- und Essgemeinschaften macht es auch Spaß.

Die Preisangaben und sonstige Daten beziehen sich auf Ende 2023, Änderungen sind möglich. Bei mehreren Herbergen in einem Ort werden sie, wenn möglich, der Reihenfolge ihrer Lage am Weg nach genannt. Die Tabelle mit den Distanzen zwischen Ortschaften mit Unterkunftsmöglichkeiten auf den Seiten 6/7 dient der besseren individuellen Etappenplanung. Alle Angaben von Kilometern und Höhenmetern beruhen auf eigenen Messungen mit einem GPS-Gerät; sie können von vor Ort angegebenen Daten abweichen.

Das Bettenangebot ist meist ausreichend, speziell im Juli und August kann es aber an seine Grenzen stoßen. Daher werden alternative Übernachtungsmöglichkeiten in Pensionen, Hotels oder Hostales (einfache Hotels) aufgeführt. Diese Alternativen sind in den Wanderkärtchen mit dem Symbol für Hotel/Pension (weißes Haus mit schwarzem Dach) eingetragen, in den Höhenprofilen erscheint es jedoch nur bei Orten ohne Pilgerherberge. (Vgl. auch Kapitel »Pilgerherbergen«, S. 22.)

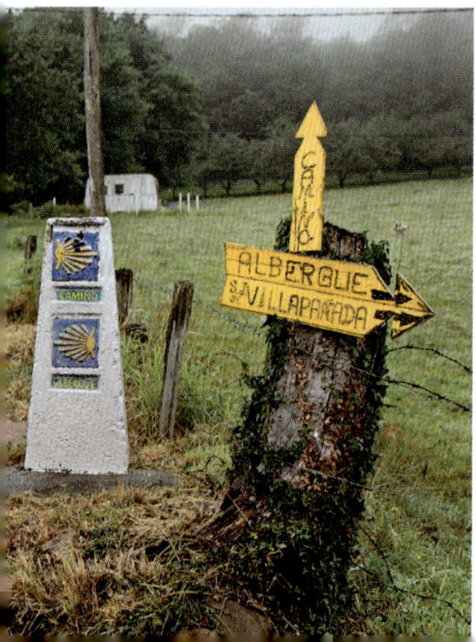

Der schönste Wegweiser am Ende der Etappe: der zur Herberge.

Symbole

Pilgerherberge	Busanbindung
Hotel, Pension	Zuganbindung
Campingplatz	Flughafen
Restaurant	Gottesdienst
Bar (nur kleine Mahlzeiten)	Gipfel
Laden, Supermarkt	Pass, Sattel
Bankautomat	Brücke
Apotheke	Kirche, Kapelle, Kloster
Gesundheitszentrum (Centro de Salud), Krankenhaus	archäologische Stätte
	Picknickplatz
Post	Aussichtsplatz
Hallen- oder Freibad	Abzweig links bzw. rechts
Touristeninformation	Brunnen, Quelle

Abkürzungen

Alb.	Albergue = Herberge
KH	von kirchlicher Institution geführte Pilgerherberge
JuHe	Jugendherberge (Albergue Juvenil)
SH	städtische Pilgerherberge
PH/TH	private bzw. touristische Herbergen, Letztere auch für Nichtpilgernde
VH	von (Jakobsweg-)Vereinen geführte Pilgerherberge
XH	Herberge der galicischen Landesregierung (Xunta de Galicia)
B	Anzahl Betten pro Herberge
W/T	Waschmaschine/Trockner vorhanden, in der Regel gegen Bezahlung
DZ	Doppelzimmer
EZ	Einzelzimmer
HP	Halbpension; MF = mit Frühstück
C/	Calle (Straße); s/n = ohne Hausnummer (sin número)

Straßen: BU-703 = Landstraße; N-121 = Nationalstraße; A-15 = Autobahn

Infrastruktur

Unter dem Punkt »Infrastruktur« ist für jede Ortschaft am Weg die vorhandene und für Pilger interessante Infrastruktur mit Symbolen dargestellt (siehe Zeichenerklärung oben). Bei sehr kleinen Orten ist dabei zu beachten, dass es Busverbindungen oft nur einmal pro Tag gibt und es sich bei den Läden häufig nur um kleine Tante-Emma-Läden handelt. Die Angaben zur ärztlichen

Versorgung beziehen sich auf »Centros de Salud«, Ärztezentren des staatlichen Gesundheitssystems (in der Regel: Mo–Fr 8–15 Uhr, in größeren Ortschaften z. T. 24-Stunden-Dienste), in Städten auch auf Krankenhäuser. In kleinen Dörfern kommt z. T. nur ein- oder mehrmals die Woche ein Arzt.

Kultur, Kulinarisches und Feiertage/Fiestas

Bei den einzelnen Etappen finden sich kurze Beschreibungen von Orten und deren Sehenswürdigkeiten (z. T. mit Öffnungszeiten und Eintrittspreisen, Stand Ende 2023). Auch auf gastronomische Spezialitäten und auf besondere Feste, Feiertage und sonstige Events wird hingewiesen. Jeder Ort hat mindestens eine große Patronatsfeier im Jahr, dazu kommen lokale und nationale Feste. Diese »Fiestas« geben einen Einblick in lokale Traditionen und spanische Lebensart. Auf lautstarke Konzerte bis in die frühen Morgenstunden sollte man dabei gefasst sein. Ebenso können die Unterkünfte ausgebucht sein.

Gehzeiten

Die angegebenen Zeiten ergeben sich aus einer Stundenleistung von 3,5–4,5 km (je nach Gelände); die Zwischenzeiten in den Wegbeschreibungen beziehen sich stets auf die zuvor angegebene Zeit. Je nach persönlicher (Tages-)Kondition, Wegbeschaffenheit, längeren An- und Abstiegen und Wetterbedingungen können die Zeiten mehr oder weniger stark abweichen. Zur besseren Einschätzung der Etappen wird in den Kurzbeschreibungen auf die Wegbeschaffenheit und eventuelle Schwierigkeiten eingegangen, außerdem sind die in Auf- und Abstieg zu bewältigenden Höhenmeter angegeben. Das Geländeprofil jeder Etappe ist im Höhenprofil dargestellt. Für die eigene Planung ist im Profil neben der aktuellen jeweils ein Teil der vorhergehenden und der nachfolgenden Etappe abgebildet.

GPS-Tracks und Koordinaten der Ausgangspunkte

Auf **gps.rother.de** stehen zu diesem Wanderführer GPS-Tracks und die Koordinaten der Ausgangspunkte zum kostenlosen Download bereit. Dieser QR-Code führt direkt zum Download.
2. Auflage, Passwort: **453202fwp**
Die GPS-Tracks können in die **Rother App** importiert werden. In der App kann man unterwegs stets sehen, wo man gerade ist und wo es langgeht. **Anleitungen dazu: rother.de/gps**
Trotz sorgfältiger Prüfung können wir Fehler und zwischenzeitliche Veränderungen nicht ausschließen. Verlassen Sie sich für die Orientierung niemals einzig und allein auf die GPS-Daten, sondern beurteilen Sie die Verhältnisse vor Ort.

Wandern auf dem Camino Primitivo

Anstrengend, anspruchsvoll, herausfordernd. Der Camino Primitivo (dt. der ursprüngliche oder erste Weg) galt lange als Geheimtipp. Nur wenige Pilger wagten sich auf den ersten historisch verbrieften Jakobsweg durch das bergige und eher schwach besiedelte Hinterland Asturiens und Galiciens. Seine »Ursprünglichkeit« verleiht dem Camino Primitivo ein mystisches Flair. Durch das vor allem auf den ersten Etappen teilweise recht raue Wegprofil und die relative Weltabgeschiedenheit ist er ein eher anspruchsvoller Weg. Dafür herrscht auf ihm noch nicht so aufdringlicher »Pilgerkommerz« wie auf manch anderen Jakobswegen. Ein weiterer Pluspunkt: Ab Villaviciosa sind es 350 km, ab Oviedo nur gut 300 km bis Santiago de Compostela – die ideale Distanz für alle, die über ein begrenztes Zeitbudget verfügen.

Die Ironie der Geschichte: Der älteste Jakobsweg erwachte als Letzter aus dem Dornröschenschlaf. Laut der Statistik des Pilgerbüros von Santiago de Compostela lag er bis 2019 mit einem Anteil von 4,5 % (15.700 Pilger) noch an vierter Stelle hinter dem Camino Francés (53,4 %/190.000), Caminho Português (26 %/95.300) und Camino del Norte (5,5 %/19.000). Bis November 2023 teilte er sich mit jeweils gut 20.000 Pilgern Rang drei mit dem Nordweg. Dank der steigenden Nachfrage sind neue Pilgerherbergen entstanden, und es gibt Serviceleistungen wie Taxidienste und Rucksacktransport. Unverändert sind jedoch die teilweise recht anstrengenden Wege durch das über

Der Camino Primitivo ist teils rau und wild, aber einfacher als sein Ruf (Etappe V6).

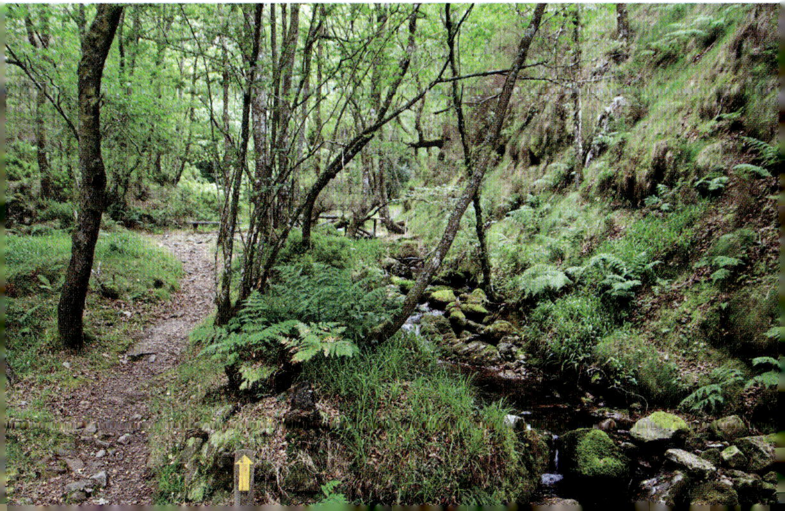

1000 m hohe Mittelgebirge zwischen Asturien und Galicien. Sie machen den Charme dieses eher kurzen Wegs aus. Neben der Vía de la Plata ist der Camino Primitivo in Spanien der Jakobsweg mit dem größten Anteil an naturnahen Etappen durch wenig besiedelte, landwirtschaftlich geprägte Regionen. Viele Kilometer führt er durch berückend schöne Lande, zuweilen aber auch über raue Berge. Stete Begleiter sind dabei die hell bimmelnden Glocken der allgegenwärtigen Kühe.
Oviedo (200.500 EW) und Lugo (97.200 EW) sind die größten und kulturhistorisch bedeutendsten Städte am Camino Primitivo. Dazwischen verläuft der vorwiegend gut markierte Weg durch touristisch kaum erschlossenes Gebiet, in dem es nichtsdestotrotz manch Interessantes zu entdecken gibt.
Im Folgenden ein paar Tipps zur Planung des Camino Primitivo. Ausführliche Tipps zur Vorbereitung und Durchführung einer Pilgerwanderung bietet das im Rother Bergverlag erschienene »Handbuch Pilgern«.

Beste Reisezeit und Pilgeraufkommen

Sein bergiger Charakter macht den Camino Primitivo zu einem Sommerweg. Am höchsten ist die Wahrscheinlichkeit von gutem Wanderwetter von Mai/Juni bis September/Anfang Oktober. Dann sind auch die Tage lang genug. Allerdings sollte man sich auch im Sommer auf Regentage einstellen und selbst im August sind in den Höhenlagen sehr niedrige Temperaturen möglich. Dabei kann der Wechsel von warm zu kalt zum Teil recht abrupt sein: Einen Tag weht einem ein harscher Wind um die Ohren, anderntags lacht die Sonne auf (und über) schwitzende Pilger.
Im Frühjahr (März/April) und Herbst (Oktober bis in den November hinein) kann man großes Glück, aber auch großes Pech mit dem Wetter haben: Warme, sonnige Tage, Regen, Schnee, Stürme – alles ist möglich, zuweilen alles an einem Tag. In den Monaten November und bis in den März ist von einer Begehung eher abzuraten: Der Weg verläuft über weite Strecken auf Höhen zwischen 600 und über 1000 m, in denen mit heftigen Schlechtwettereinbrüchen und ergiebigen Schneefällen zu rechnen ist. Ein Vorwärtskommen kann dann unmöglich sein, wer dennoch durch abgelegene Gegenden wandert und sich verirrt, bringt sich und eventuelle Retter unnötig in Gefahr.
Durch das wetterbedingt relativ enge Zeitfenster verzeichnen die Monate Juni bis September das stärkste Pilgeraufkommen, allen voran der August. Wer es einrichten kann, sollte diesen Monat meiden. Er ist die Hauptferien- und Reisezeit der Spanier, die dann über die Hälfte der Pilger stellen. Üblicherweise verreisen die Spanier entweder in den ersten beiden oder den letzten beiden Augustwochen. Kurze Jakobswege wie der Camino Primitivo und der Caminho Português sind dabei beliebt. Landesweit gibt es im Sommer drei große Reisewellen, bei denen ganz Spanien auf den Autobahnen, in Zügen und Bussen unterwegs ist – Bahn- und Bustickets sollten in dieser Zeit frühzeitig gekauft werden: Um den 1. August (Ferienbeginn), um den 15. August (Ferienende für

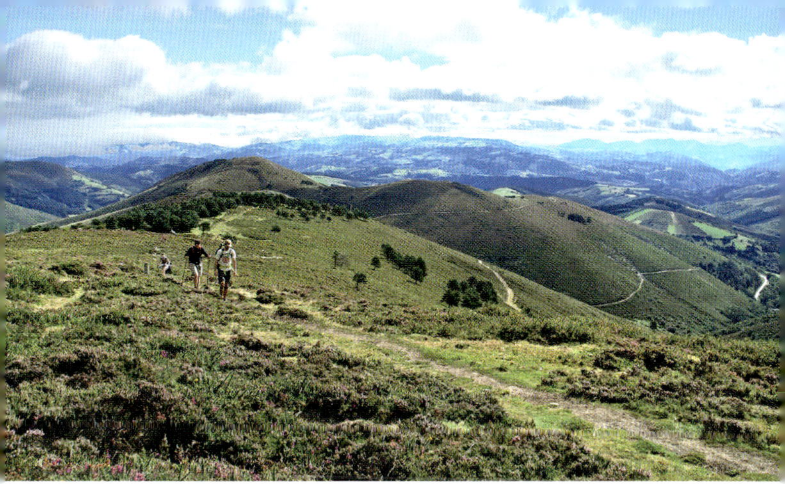

Freunde von bergigem Wanderterrain kommen auf dem Camino Primitivo auf ihre Kosten, wie hier auf der Ruta de los Hospitales (Etappe 6).

die einen, Ferienbeginn für die anderen) und Ende August (Ferienende). Auf den Jakobswegen rollen in der Woche vor Ostern sowie Anfang und Mitte August die großen Pilgerwellen los. Auf dem Camino Primitivo ist dann ab Oviedo (Asturien) und speziell in Lugo (Galicien), wo die letzten 100 km bis Santiago beginnen, mit großem Andrang zu rechnen. Die Pilgerherbergen und andere Unterkünfte sind entsprechend schnell ausgebucht, zumal, wenn auch noch eine der vielen sommerlichen Fiestas ansteht, zu denen viele Weggezogene in ihre Dörfer zurückkehren.
Mit dem großen Pilgeraufkommen ändert sich im August auch die Atmosphäre auf dem Weg. Der Altersdurchschnitt sinkt, denn viele Schüler und Studenten nutzen die Sommerferien für ein paar Tage auf dem Pilgerweg. Statt Besinnlichkeit herrscht Ferienlaune vor. In dieser Zeit sind auch vermehrt größere Pilgergruppen unterwegs. Wer auf eine geruhsame, entspannte Pilgerreise hofft oder diese bereits während einer längeren Wanderung auf dem Nordweg genossen hat, kann von derart viel Lebhaftigkeit auch leicht überfordert sein.

Konditionelle Anforderungen

Der Camino Primitivo ist einer der anspruchsvollsten Jakobswege in Spanien (herausfordernder ist nur die Vía de la Plata durch ihre Länge von 1000 km und teils geringe Infrastruktur): Auf den 350 km zwischen Villaviciosa und Santiago de Compostela überwindet der Camino Primitivo rund 8000 m im Auf- und 7700 m im Abstieg – das entspricht fast einer Besteigung des Mount Everest von Meeresniveau bis zum Gipfel. Zum Vergleich: Wer ab

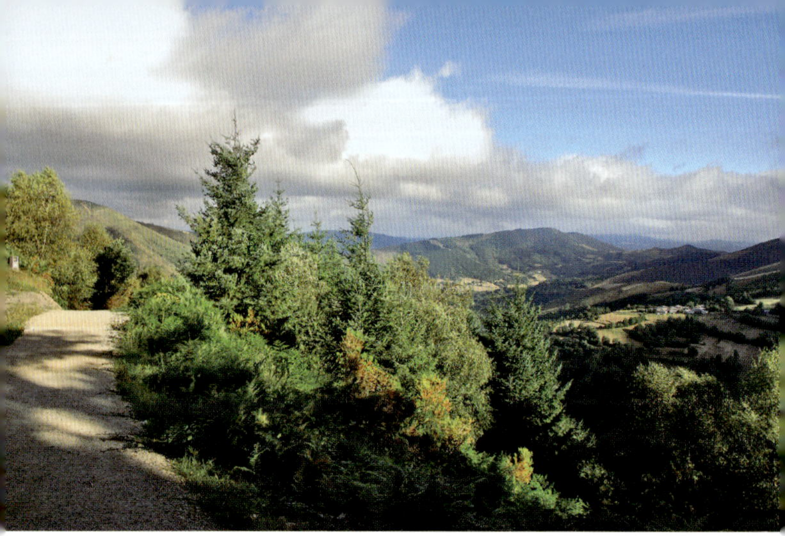

Etappe 9 hat es in sich: Abstieg nach Paradavella, danach geht es wieder stramm bergan.

Villaviciosa auf dem Nordweg weitergeht, hat noch knapp 380 km vor sich, muss aber rund 1700 m im Auf- und Abstieg weniger bewältigen. Vor allem in Asturien gleicht der Camino Primitivo einer Berg- und Talbahn: Allein auf diesen rund 200 km kommen 5300 m Auf- und 4400 m Abstieg zusammen.

Kurzum: Der Camino Primitivo hat es durchaus in sich. Wer noch nie eine Fernwanderung mit Rucksack gemacht hat, sollte sich gut auf das Vorhaben vorbereiten, viel Zeit und vor allem eher kurze Etappen einplanen. Pilger mit etwas Wandererfahrung hingegen werden den Camino Primitivo zwar durchaus als anspruchsvoll, aber nicht außergewöhnlich herausfordernd empfinden. Wer in Villaviciosa startet, kann sich bis Salas (Etappe 1 bis die ersten zwei Drittel von Etappe 4) trotz einiger An- und Abstiege noch relativ gemütlich einlaufen. Wirklich zur Sache geht es auf den folgenden rund 130 km bis ins galicische Castroverde (Rest von Etappe 4 bis Etappe 9): Von fast Meeresniveau klettert der Weg auf über 1000 m Höhe, die Auf- und Abstiege summieren sich auf 4000 m Höhenmeter. Aber: Bis auf punktuelle Ausnahmen sind die Steigungen moderat und die Wege und Pfade meist gut zu gehen.

Einen legendären Ruf genießt die Bergetappe »Ruta de los Hospitales« (Etappe 6). Dabei sind es nicht technische Schwierigkeiten, die ihr Respekt abverlangen – die Wege und Pfade sind meist unproblematisch und markiert. Es ist vielmehr ihr langer Verlauf in siedlungsferner Abgeschiedenheit auf einem über 1000 m hohen Bergzug. Weniger einsam, dafür anstrengender ist der alternative Weg über Pola de Allande, der dann angeraten ist, wenn schlechtes Wetter die »Ruta de los Hospitales« unmöglich macht: Auf teils ruppigen Pfaden führt Etappe V6 hinunter nach Pola de Allande (530 m) und Etappe V7 von dort steil hinauf auf den Puerto del Palo (1146 m) und weiter nach Berducedo (894 m). Auch die folgenden Etappen haben es in sich: Auf Etappe 7 geht es von Berducedo fast 700 Höhenmeter hinunter zum Stausee von Grandas de Salime (230 m) und auf Etappe 8 wieder fast 900 Höhenmeter hinauf zum Grenzpass zwischen Asturien und Galicien auf 1100 m. Nicht minder fordernd ist Etappe 9 von A Fonsagrada nach Castroverde mit ihrem sehr welligen Profil und dem kurzen, aber extrem steilen Anstieg nach A Lastra. Die restlichen gut 120 km bis Santiago de Compostela (Etappen 10 bis 14) mit insgesamt »nur« 2000 Hm muten danach fast schon wie flache Spazierwege an.

Zeit- und Etappenplanung

Dieser Wanderführer beschreibt den Camino Primitivo in möglichst sinnvollen Etappen. Natürlich sind die individuellen Bedürfnisse von Mensch zu Mensch unterschiedlich, sodass die vorgeschlagene Etappeneinteilung lediglich eine Anregung ist. Allerdings ist das Buch so angelegt, dass der Weg ab Villaviciosa in 14 Etappen, ab Oviedo in 12 Etappen (jeweils ohne An- und Abreise) absolviert werden kann. Sollte die »Ruta de los Hospitales« aufgrund von schlechtem Wetter nicht begangen werden können, so benötigt man für die Route über Pola de Allande (Etappen V6 und V7) einen Tag zusätzlich. Weniger Geübte sollten von vorneherein mindestens einen, besser zwei bis drei Tage mehr veranschlagen.

Das Angebot an Übernachtungsmöglichkeiten ermöglicht recht kurze Etappen; selbst die gut 27 km lange »Ruta de los Hospitales« kann durch Übernachtung in Borres und Abfahrt per Taxi vom Puerto del Palo nach Pola de Allande auf 15 km gestutzt werden. Ein Kriterium für die vorgeschlagenen Etappen ist die ausreichende Verfügbarkeit von Übernachtungsplätzen am Etappenziel – keine Etappe endet in einem Ort, wo es nur wenige Betten gibt. Je nach individuellen Vorzügen, persönlichem Zeitrahmen, Wetter oder unvorhergesehenen Ereignissen unterwegs kann eine andere Etappeneinteilung gewünscht oder notwendig sein. Die Tabelle auf den Seiten 6 und 7 mit den Kilometerangaben (basierend auf eigenen Messungen mit einem GPS-Gerät) zwischen den Orten mit Unterkünften hilft bei der eigenen Planung.

Manchmal gerät man in eine »Pilgerwelle«, etwa weil viele Pilger an einem bestimmten Wochenende oder Feier- bzw. Brückentag gestartet sind. Dann kann es passieren, dass in einigen Orten die Unterkünfte ausgebucht sind, während andernorts Plätze frei bleiben. Man kann versuchen, einer solchen Welle auszuweichen, indem man eine längere oder kürzere Etappe einlegt und fortan eher untypische Etappenziele etwa in kleineren Orten ansteuert. Meist sind die Herbergsbetreiber recht gut informiert, wie viele Pilger aktuell auf dem Weg sind und jeweils wo übernachten. Sie können eventuell Hinweise darauf geben, ob die oben beschriebene Ausweichstrategie etwas bringt oder nicht.

Tagespensum

Erfahrungsgemäß bringt es wenig, vorab ein tägliches Streckenpensum festzulegen. Wie oben beschrieben können viele Faktoren den Zeitplan durcheinanderbringen. Daher ist es immer besser, eher mehr als weniger Tage einzuplanen; lieber bei Zeitüberschuss noch ein, zwei Tage verbummeln, als am Ende rennen zu müssen oder gar den Bus nehmen zu müssen. Wer noch keine Erfahrung mit Fernwanderungen hat, sollte möglichst kürzere Etappen wählen, bis sich der Körper auf die regelmäßige Anstrengung eingestellt hat bzw. der eigene Gehrhythmus gefunden ist. Sind an manchen Tagen die Beine schwer, nicht verzagen: Am nächsten Tag geht es normalerweise wieder besser.
Bei dauerhaften Beschwerden sollte man auf den Körper hören, um Schlimmeres (Sehnenentzündungen, Muskelverletzungen) zu vermeiden. Ist vielleicht auch der Rucksack zu schwer oder womöglich falsch eingestellt? Lastet zu viel Gewicht auf den Schultern statt auf dem Hüftgurt? Unnötigen Ballast auszusortieren und die Rucksackgurte nachzujustieren bewirkt oft viel.

Kosten

Für eine zweiwöchige Wanderung auf dem Camino Primitivo sollten für Unterkunft (in Pilgerherbergen) und Verpflegung mindestens 420–500 € veranschlagt werden (ohne An- und Rückreise). Der Tagesbedarf bewegt sich um die 30–35 €, wobei die Übernachtung in Herbergen mit ca. 10–15 € zu Buche schlägt. Wer öfter selbst oder gemeinsam mit anderen Pilgern kocht, spart Kosten.

Kleidung und Ausrüstung

Auf dem Camino Primitivo ist die Allwettertauglichkeit die wichtigste Anforderung an Kleidung, Schuhe und Rucksack. Da selbst im Sommer mit größeren Temperaturschwankungen von sommerlich warm bis empfindlich kalt zu rechnen ist, sollte man die Kleidung so zusammenstellen, dass sie nach dem Zwiebelprinzip angezogen werden kann. Besonders bei Unterwäsche, Socken und T-Shirts hat sich das Dreierprinzip bewährt: Eine Garnitur zum Tragen, eine für die Wäsche und eine für den Notfall (falls die Wäsche einmal nicht trocken wird). Sehr gute Eigenschaften haben Shirts und Wandersocken aus Merino-Wolle, wobei wichtig ist, dass die Wolle von Merino-Schafen stammt, die nachweislich nicht dem sogenannten Mulesing-Verfahren unterzogen wurden.

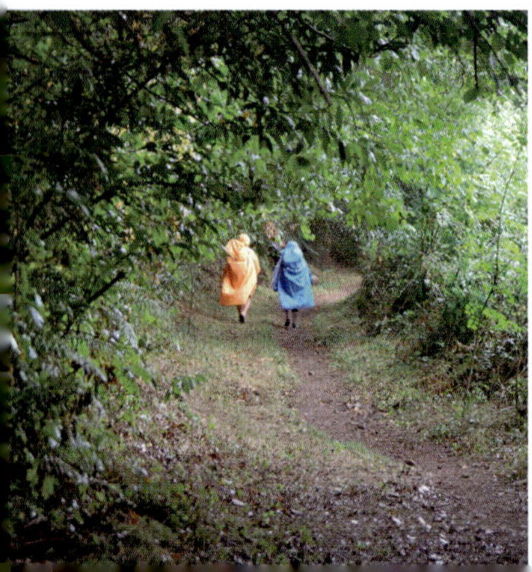

Ein guter Regenschutz ist unerlässlich.

Tipps für die Ausrüstung

Was dabei sein sollte

- eine Jakobsmuschel
- Wanderstöcke nach Belieben
- Nähzeug und Sicherheitsnadeln
- Taschenmesser
- Stirnlampe (besser als Taschenlampe, weil die Hände frei bleiben)
- leichter Schlafsack (Komforttemperatur 10 °C), in den vielen Herbergen gibt es zusätzlich Decken oder gar Bettwäsche (teils gegen kleinen Aufpreis); im Winter wärmerer Schlafsack, falls eine Herberge unzureichend beheizt ist
- Isomatte, falls man auf dem Boden schlafen muss und als Sitzunterlage
- Sonnenbrille, Kopfbedeckung, Sonnencreme mit hohem Schutzfaktor
- leichter und guter Regenschutz (auch für den Rucksack)
- evtl. Pflegemittel für Wanderschuhe
- Handwaschmittel
- 2–3 m Schnur als provisorische Wäscheleine, ein paar Wäscheklammern
- leichte, bequeme Schuhe etwa auch für Besichtigungen
- leichte Badeschlappen für die sanitären Anlagen
- Mikrofaser-Handtuch
- Wasserflasche(n) (1–1½ Liter)
- evtl. Schwimmsachen
- evtl. Ohrstöpsel (für besseren Schlaf in Schlafsälen)
- Stoffbeutel, z. B. für Schmutzwäsche (bitte keine laut raschelnden Plastiktüten! Ruhebedürftige Mitwanderer werden es danken.)
- der Jahreszeit angemessene, robuste (Handwäsche!) Kleidung
- jeweils 3 Paar Socken, Unterwäsche und T-Shirts

Tipps für die Reiseapotheke

- persönliche Medikamente in ausreichender Menge, besonders bei Allergien, da Antihistaminika in Spanien nur gegen Rezept erhältlich sind!
- Schmerztabletten und/oder -salbe
- Magnesiumpräparate gegen Muskelkrämpfe
- Pflaster, Leukoplast, spezielles Blasenpflaster (richtige Anwendung vom Apotheker erklären lassen)
- Wunddesinfektionsmittel (in Spanien gängiges Mittel: Betadine)
- Wundpuder oder -salbe
- Anti-Insektenmittel
- Fußsalbe

Wichtige Dokumente

- Pilgerausweis
- Personalausweis bzw. Reisepass
- Europäische Krankenversicherungskarte (European Health Insurance Card, EHIC, früher Formular E111)
- Bei chronischen Erkrankungen oder Allergien ist es für den Notfall sinnvoll, Informationen zu benötigten Medikamenten mit medizinischen (also international verständlichen) Fachbegriffen zu den Ausweisdokumenten zu legen.

Unerlässlich sind ein guter Wind- und Regenschutz, Letzterer unbedingt auch für den Rucksack. Große Regenponchos für Mensch und Rucksack haben den Vorteil, dass sie nicht am Körper anliegen und man weniger schwitzt. Gewöhnungsbedürftig, aber praktisch ist zusätzlich ein leichter robuster Regen-/Trekkingschirm: Er ist bei kurzen Schauern schnell auf- und abgespannt und man schwitzt darunter nicht. Modelle mit einer speziellen Beschichtung bieten zudem Schutz gegen UV-Strahlung. Im Frühjahr und Herbst gehören auch Handschuhe und Mütze ins Gepäck. Eine Kopf- bzw. Ohrenbedeckung als Sonnen- und Windschutz ist ganzjährig sinnvoll. Ideal ist spezielle, leichte

und atmungsaktive Wanderkleidung (unbedingt Tauglichkeit für Wäschetrockner prüfen!). Praktisch und Gewicht sparend sind Wanderhosen mit abnehmbaren Hosenbeinen. Die Kleidung sollte bereits etwas eingetragen und mehrmals gewaschen sein, so wird Wundreiben vermieden.
Trotz des bergigen Geländes braucht es keine schweren Bergstiefel für hochalpines Terrain. Lassen Sie sich im Fachgeschäft beraten. Es reicht ein nicht zu schwerer, knöchelhoher Wanderschuh, der sowohl für unbefestigte Pfade und Wege als auch für Asphalt geeignet und einigermaßen wasserfest ist (entspricht bei den meisten Herstellern der Kategorie A/B). Wer Probleme mit Hallux valgus hat, sollte im Fachgeschäft nach speziell dafür ausgelegtem Schuhwerk fragen. Von Turnschuhen ist abzuraten: Sie bieten dem Fuß keinen ausreichenden Halt und schützen den Knöchel nicht. Bei Nässe sind sie sofort durchgenässt und die wenig profilierten Sohlen machen das Gehen auf matschigen, steilen Pfaden zur gefährlichen Rutschpartie.
Machen Sie sich auf keinen Fall mit noch nicht eingelaufenen Wanderschuhen auf den Weg! Treten schon beim Einlaufen Probleme auf, ist ein Schuhwechsel in Betracht zu ziehen. Auch zu alte Schuhe sind ungeeignet, weil der extremen Beanspruchung eventuell nicht mehr gewachsen. Sinnvoll sind spezielle, an den jeweiligen Schuhtyp angepasste Trekkingsocken, die die Füße trocken halten.

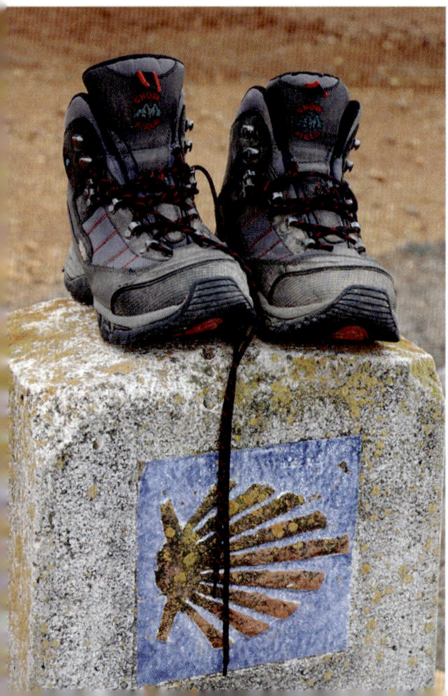

Auf den bergigen, teils rauen Wegen und Pfaden können Wanderstöcke zusätzlichen Halt bieten und schonen die Gelenke. Da diese in der Unterkunft oder nach der Einkehr gerne mal vergessen werden, sollte man sie mit einem Namens- und Adressaufkleber versehen. Das erhöht die Chance auf ein Wiedersehen.
Auch beim Rucksack lohnt sich die Beratung im Fachgeschäft. Größe und Form sollten auf das Vorhaben abgestimmt sein. Wer keine Erfahrung mit längeren Rucksackmärschen hat, sollte ruhig bei Probewanderungen das Gewicht des gepackten Rucksacks und seine Auswirkungen auf Schultern, Gelenke und Füße testen – dabei wird auch schnell klar, welcher überflüssige Bal-

Alte Wanderschuhe sind einer Fernwanderung nicht unbedingt gewachsen.

last zu Hause bleibt. Ideal ist ein Gewicht von acht bis neun Kilo. Es gibt auch Anbieter für den Rucksacktransport von Etappenziel zu Etappenziel. Bei Bedarf kann dies ein sehr bequemer Service sein, etwa, um eine anspruchsvollere Etappe ohne schweres Gepäck zu gehen.
In der Regel sind in den Herbergen ein eigener Schlafsack und Handtuch notwendig, in manchen privaten Herbergen sind Bettzeug und Handtuch (teils gegen Aufpreis) erhältlich. Ein leichter Schlafsack mit einer Komforttemperatur bis 10 Grad genügt, oft gibt es zusätzlich Wolldecken. Viele Herbergen bieten Einweg-Laken und Kissenbezüge an. Wer mag, nimmt ein leichtes Stoffstück als Laken und einen leichten Kopfkissenbezug mit.

An- und Abreise

Mit Flugzeug: Der nächstgelegene **internationale Flughafen** befindet sich 10 km östlich von **Santiago de Compostela** in Lavacolla (Aeropuerto de Santiago–Rosalía de Castro). Zwischen Flughafen und Stadt verkehrt Buslinie 6A: tgl. 7–0.30 Uhr, alle 20–30 Min.; ab Busbahnhof zum Flughafen Mo–Sa 6–22.30 Uhr, So/Fei 7–23.10 Uhr, alle 30 Min.; Fahrzeit ca. 45 Min., Ticket 1 €, Haltestelle auch an der Praza da Galicia im Zentrum, Information: tussa.org unter »Transporte urbano – Ver todas las líneas – Línea 6A« (alle Angaben Stand Ende 2023).
Der 50 km nördlich von Ovieldo gelegene **Aeropuerto de Asturias** bietet mit stand Ende 2023 neben Inlandsflügen u. a. eine Verbindung mit Düsseldorf sowie anderen europäischn Städten an (Info: aena.es).
Mit Bus: Der **Busbahnhof** (Estación Intermodal) von **Santiago de Compostela** befindet sich direkt hinter dem **Bahnhof**. Dieser liegt südlich des Zentrums am Ende der Rúa do Hórreo (diese beginnt am Südrand der Altstadt bei der Praza da Galicia, ab dort rund 15 Min. zu Fuß). Das Busunternehmen Alsa fährt nach Oviedo (je nach Verbindung 4.30–6.30 Std., ab rund 35 €). Von Oviedo nach Villaviciosa sind es 1–1.15 Std./4,50 €. Infos und Online-Buchung auf alsa.es).
Mit Zug: Sowohl Oviedo als auch Gijón verfügen über Bahnhöfe (renfe.es).

Orientierung

Der Weg ist durchgehend und in kurzen Abständen mit gelben Pfeilen (sp. »Flecha amarilla«) und/oder mit Jakobsmuscheln markiert. Die blauen Kacheln mit gelben Muscheln sind an Hausfassaden, Mauern und auf Wegsteinen angebracht. In Asturien zeigt der stumpfe Muschelboden die Richtung an, auf den neuen Wegsteinen in Galicien ist ein gelber Pfeil eingemeißelt. In manchen Städten und Ortschaften wie etwa Oviedo und Lugo sind Messingmuscheln in den Boden eingelassen. Ein Verlaufen ist kaum möglich. Nicht eindeutig gekennzeichnete Stellen sind im Wanderführer beschrieben. Meist helfen Einheimische auf ein fragendes »Camino de Santiago?« gerne weiter.
In Galicien geben Metallplaketten die verbleibenden Kilometer bis zur Kathedrale in Santiago de Compostela an. Allerdings wurden viele schon herausgebro

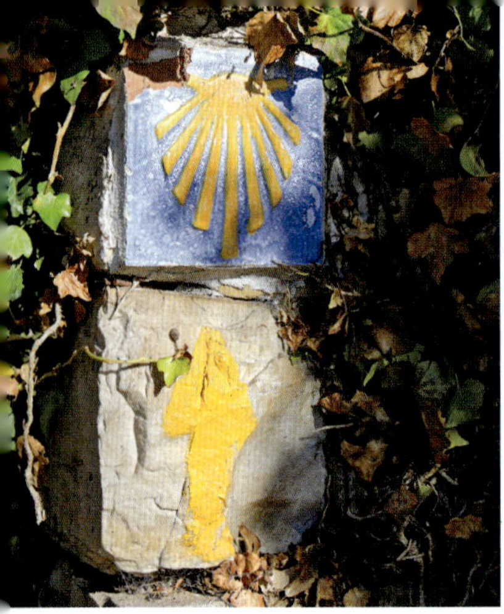

Muschel und gelber Pfeil, die treuen Begleiter, hier in Asturien (Etappe 5).

chen. Die Distanzangaben befinden sich jedoch nicht auf den zahlreichen (nicht immer sinnvollen) mit »C. complementario« (Ergänzungs-/Zusatzweg) gekennzeichneten Varianten.
Die Mitnahme eines digitalen Routentracks auf dem Smartphone oder einem GPS-Gerät kann hilfreich sein, ist im Falle des gut gekennzeichneten Jakobsweges aber eigentlich nicht notwendig. Der Reiz des Pilgerns liegt ja gerade darin, sich von den gelben Pfeilen leiten zu lassen und nicht von einem technischen Hilfsmittel. Wer dem Weg anhand der Pfeile und Muscheln folgt und seine Umgebung auf diese Weise unmittelbar wahrnimmt, orientiert sich am Ende besser als wer ständig auf das digitale Display schaut.
Auch schützen elektronische Hilfsmittel nicht vor Unfällen. Bei schlechter Sicht findet man mit dem GPS-Track zwar den Weg, im Notfall (Sturz, Verstauchung etc.) können Rettungskräfte bei widrigen Wetterbedingungen aber nur eingeschränkt oder gar nicht agieren. Immer wieder müssen Helfer unter teils dramatischen Umständen verirrte und/oder verunglückte Pilger suchen und retten.

Blasen

Auch wenn niemand vor Blasen gefeit ist, kann das Risiko vermindert werden. Reibung sollte unbedingt verhindert und die Füße sollten trocken gehalten werden. Bei Hitze schwellen die Füße stärker an und schwitzen mehr als sonst. Die Schuhe richtig und ruhig mehrmals am Tag (nach-)schnüren, um Reibungen zu vermeiden. Die Investition in spezielle Wandersocken, die mit ihren Fasergemischen die Füße trocken halten, lohnt sich. Ideal sind Socken mit einem hohen Anteil an Merinowolle, die jedoch von Schafen stammen sollte, die nicht dem Mulesing-Verfahren unterzogen wurden. Reine Baumwoll- oder Schurwollstrümpfe sind ebenso ungeeignet wie reine Synthetiksocken. Lassen Sie sich im Fachgeschäft beraten. Täglich frische Socken sind am besten für das Fußklima.
Das Fußbad im kühlen Bach oder Brunnen mag verlockend sein. Aber Vorsicht: Aufgeweichte Haut neigt schneller zu Blasenbildung als trockene. Erholsamer und wirksamer ist es, öfter am Tag die Schuhe auszuziehen und Füße und Strümpfe zu lüften und zu trocknen. Nicht selten sind Überbelastung, zu wenige Pausen und zu geringe Flüssigkeitszufuhr Ursachen für Blasen und/oder Seh-

nenentzündungen. Auch die unebenen Bergfade führen zu anderen Reibungs- und Druckstellen im Schuh als ebene Wege. Bei den ersten Anzeichen einer Scheuerstelle sollte man zunächst den Schuh nachschnüren. Hilft das nichts, dann mehrere Schichten Leukoplast oder ein Blasenpflaster und Leukoplast auf die betroffene Stelle kleben, um weitere Reibungen zu verhindern.
Hat sich eine Blase gebildet, diese nur öffnen, wenn sie stört. Dazu mit einer Nadel oder feinen Nagelschere (Infektionsgefahr! Beides sterilisieren!) zwei Löcher in die Blase stechen, sodass alle Flüssigkeit austritt. Die Haut über der Blase auf keinen Fall entfernen! Mit mehreren Schichten Leukoplast oder einem Spezialpflaster und Leukoplast überkleben. Dabei die Wunde immer extrem sauber halten. Ideal zur Behandlung sind spezielle Blasenpflaster. Richtig angewandt, fördern sie mit ihrer speziellen Zusammensetzung die Wundheilung und vermindern den Reibungsdruck. Im Normalfall das Pflaster maximal drei Tage auf der Wunde lassen und nicht vorzeitig ablösen (siehe Gebrauchsanweisung). Um ein ungewolltes Ablösen des Blasenpflasters zu verhindern, kann dieses auch zusätzlich mit Leukoplast überklebt werden. Brennt die Wunde unter dem Pflaster, dann dieses sofort entfernen, bevor es zu einer gefährlichen Entzündung kommt! Bei Entzündungserscheinungen besser ärztlich behandeln lassen. Aufgrund der hohen Infektionsgefahr ist die Methode, einen Faden als Drainage durch die Blase zu ziehen, eher zweifelhaft.

Ernährung

Grundsätzlich sollte man viel trinken, auch nach dem Wandern. An heißen Tagen und für lange Streckenabschnitte hat sich ein Getränkevorrat von 1 bis 1½ Litern bewährt. Die Wasserflaschen unterwegs regelmäßig nachfüllen – in Asturien und Galicien finden sich viele Brunnen am Weg. Dennoch lieber mehr als weniger Wasser dabeihaben! Brunnen können defekt und Läden oder die nächste Bar geschlossen sein!
Vorsicht mit Alkohol! Hat man das viele Wasser dann doch irgendwann mal satt, dann ist eine »Clara con limón« ein guter Durstlöscher, ein Radler mit Zitronenlimonade, wobei der Anteil der Limo meist höher ist als der des Biers, oder man lässt mit alkoholfreiem Bier (»Cerveza sin alcohól«) mischen. Relativ wenig Alkohol hat Sidra (5 bis 6 Vol. %), das asturische »Nationalgetränk«, allerdings wird der natürtrübe Apfelmost

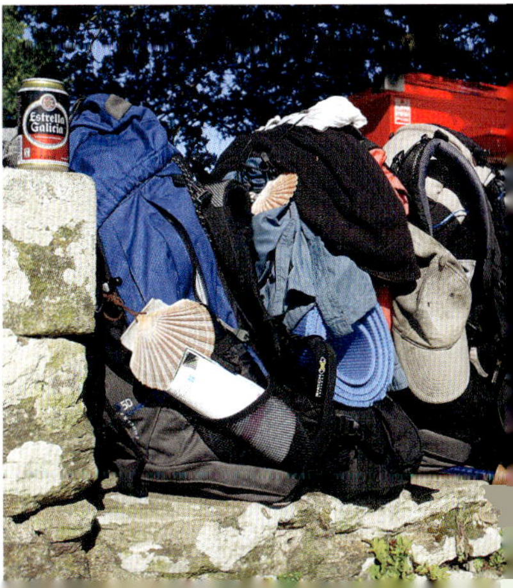

Kleine Pilgerpause.

immer nur als ganze Flasche und nicht glasweise serviert. Teilweise kommen dabei recht kreative und lustige Einschenkvorrichtungen zum Einsatz.
Bis auf wenige Ausnahmen findet man auf dem Camino Primitivo in kurzen Abständen Einkehr- und/oder Einkaufsmöglichkeiten. Dennoch ist es sinnvoll, immer etwas zu trinken und zu essen (Müsliriegel, Obst, Brot) dabeizuhaben, falls eine Etappe außerplanmäßig lang wird oder man sich zu einem spontanen Picknick an einem schönen Platz entscheidet. Lösliche Magnesiumtabletten helfen, Muskel- und Wadenkrämpfen vorzubeugen (in der Apotheke beraten lassen).
Vielerorts bekommt man für 12–15 € ein dreigängiges »Menú del Peregrino« (Pilgermenü), das in Qualität und Menge durchaus schwanken kann. Doch allgemein sind sowohl Asturien als auch Galicien für eine sehr gute und deftige Küche und eine großzügige Auslegung der Portionen bekannt. Auch die zum Getränk gereichten »Tapas«, oft in Form einer belegten Baguettscheibe und »Pincho« genannt, haben zum Teil die Dimension einer Zwischenmahlzeit.
Immer öfter werden auch vegetarische Gerichte angeboten. Die Auslegung von »vegetarisch« kann dabei von Fall zu Fall recht weit gefasst sein. Wird in Pilgerherbergen ein gemeinsames Abendessen angeboten, sollte man frühzeitig auf besondere Essenswünsche oder Nahrungsmittelunverträglichkeiten hinweisen.

Pilgerherbergen

Das Angebot an Pilgerherbergen (span. »Albergue/Refugio/Hospital de Peregrinos«) wächst auch auf dem Camino Primitivo. 2023 gab es auf den 300 km zwischen Villaviciosa und As Seixas (kurz vor Einmündung in den Camino Francés bei Melide) rund 65 Herbergen und auf den verbleibenden knapp 50 km bis Santiago de Compostela rund 70 Herbergen. Weit mehr als die Hälfte sind privat geführte Herbergen, der Rest öffentliche. Herbergen mit dem Zusatz »turístico« (touristisch) können auch Nicht-Pilger aufnehmen. Für die Übernachtung in den öffentlichen Einrichtungen ist der Pilgerpass immer Voraussetzung.
Die Preise pro Übernachtung lagen 2023 im Durchschnitt zwischen 10 € und 15 €. Manche Herbergen finanzieren sich nur durch Spenden (»Donativos«). Hier sollte man das geben, was man sonst auch für Übernachtung und Verpflegung bezahlen müsste; kommen noch Getränke oder gar das Waschen der Kleidung dazu, entsprechend mehr. In den meisten privaten und touristischen Herbergen kann inzwischen mit Geldkarte oder anderen digitalen Zahlungsmitteln bezahlt werden, dies sollte aber von Fall zu Fall vorab geklärt werden. Besonders in kleinen Dörfern sollte man für den Notfall stets etwas Bargeld dabeihaben. In den meisten privaten (auch den spendenbasierten) und touristischen Herbergen kann reserviert werden.
Die Qualität der privaten Herbergen ist gut bis sehr gut. Die meisten verfügen über Waschmaschine, Trockner, viele auch über eine Selbstversorger-Küche, Schließfächer und WLAN (sp. Wifi), oft gibt es auch auch eine Bar oder ein Restaurant. Neben Schlafsälen mit Stockbetten (sp. »litera«) bieten immer mehr Herbergen auch einige Ein- und Zweibettzimmer an. Neue Herbergen haben

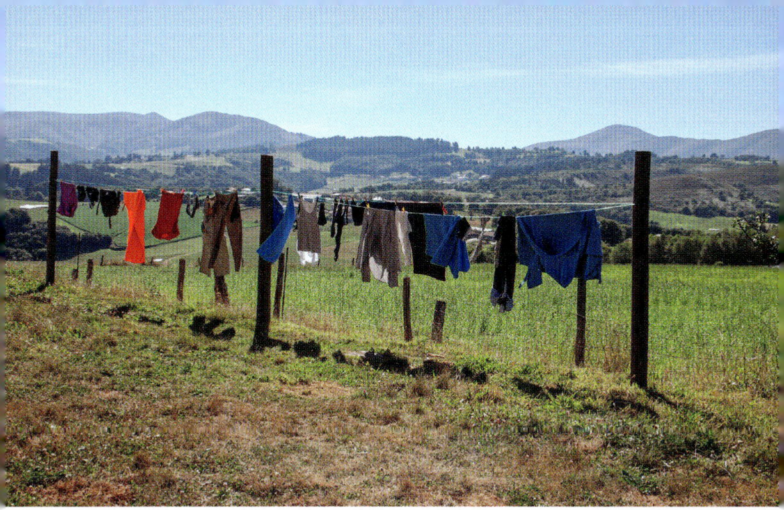

Wäschetrocknen mit wunderbarer Aussicht: am Ende von Etappe 5 in Campiello.

meist gute, solide Stockbetten, inklusive eigenem Bettlämpchen und Steckdose. Immer häufiger sind Kojenbetten mit eigenem Vorhang, die ein wenig Privatsphäre ermöglichen.
Etwas spartanischer sind die meisten städtischen Herbergen. Eine Ausnahme sind die öffentlichen Herbergen der galicischen Landesregierung (»Xunta de Galicia«): In der Regel ist ihr Zustand gut, teilweise befinden sie sich in aufwendig restaurierten Altbauten, wie in A Fonsagrada oder As Seixas. Sie sind mit Waschmaschinen, Trocknern und Küchen ausgestattet, allerdings fehlen meist Kochtöpfe, Geschirr und Besteck. Die Übernachtung kostet einheitlich 10 €, eine Reservierung ist nicht möglich.
Die modernen Herbergen lassen also an Ausstattung, Platz und Sauberkeit keine Wünsche offen, doch wirken sie häufig eher wie Hotels und gelegentlich fehlt es ihnen etwas an Pilgeratmosphäre. Mit anderen Worten: Auch in einer einfachen Herberge kann man sich sehr wohlfühlen. Am stimmungsvollsten sind zweifelsohne die gemeinsamen Abendessen (sp. »Cena comunitaria«), etwa in den auf Spendenbasis geführten privaten Herbergen: Das entspannte und mehrsprachige Miteinander unterschiedlichster Menschen aus vielen Ländern gehört zu den Schlüsselmomenten einer Pilgerreise.
In städtischen und kirchlichen Herbergen ist außer bei gesundheitlichen Problemen nur eine Übernachtung erlaubt. In privaten, vor allem touristischen Herbergen sind meist mehrere Nächte möglich. Pilger mit Begleitfahrzeug werden in städtischen oder kirchlichen Einrichtungen u. U. abgewiesen. Reisegruppen sollten ihre Unterkünft zeitig vorab organisieren.

Die meisten Herbergen öffnen von Ostern bis Oktober/November, einige auch ganzjährig (die bei den Herbergen genannten Monate sind immer inklusive zu verstehen, Abweichungen von den angegebenen Uhrzeiten sind möglich). Ab 22/23 Uhr herrscht Bettruhe. Manche Herbergen ermöglichen den Zugang per Schlüssel oder Code rund um die Uhr. Das gibt zwar mehr Freiraum für das Abendessen und nächtliche Stadtbesichtigungen, eine ungestörte Nachtruhe ist dabei aber nicht immer garantiert. Wer morgens sehr früh aufbrechen möchte, sollte, um die anderen Pilger nicht zu stören, sein Gepäck so vorbereiten, dass der Schlafraum zügig und geräuschlos verlassen werden kann.

»Hospitaleros« und »Peregrinos«

Unter den Herbergsbetreibern (sp. weiblich »Hospitalera«, männlich »Hospitalero«) finden sich viele, die Pilgererfahrung haben und denen die Betreuung der Pilger eine Herzensangelegenheit ist. Andere haben eine eher wirtschaftlich orientierte Herangehensweise. Meist werden die Pilgerinnen und Pilger freundlich empfangen. Ist es einmal nicht so, dann mag es helfen, wenn man sich vergegenwärtigt, dass eine Pilgerherberge kein normales Hotel und Pilger keine normalen Gäste sind: Die Herbergsbetreiber müssen sich täglich auf neue Menschen aus unterschiedlichen Ländern und Kulturen einstellen. Viele Pilger sind vom Wandern erschöpft, jeder hat seine individuellen Bedürfnisse und Befindlichkeiten – die Geduld und Empathie, die die überwiegende Mehrheit der »Hospitaleras/-os« für diese ganz spezielle Kundschaft aufbringt, verdient großen Respekt. Fühlt man sich aber tatsächlich zu Unrecht unfreundlich behandelt, dann sollte man sich ruhig auch beschwere, freundlich, aber bestimmt.

Reservieren oder nicht?

Eines der zentralen Themen der Pilgerreise ist die tägliche Beschaffung eines Schlafplatzes. Besonders zu Stoßzeiten kann sich dies als schwierig erweisen. Im Prinzip gibt es drei Möglichkeiten: Man bricht in aller Herrgottsfrühe und noch bei Dunkelheit auf, um möglichst vor allen anderen am Zielort ein Bett zu ergattern. Oder man reserviert schon am Vortag ein Bett; in den meisten privaten Herbergen ist dies telefonisch, teils auch per WhatsApp, online auf der eigenen Homepage oder über gängige Buchungsplattformen möglich. Oder man macht keines von beidem, wandert ganz entspannt drauflos und vertraut darauf, dass sich immer ein freies Plätzchen findet.

Variante 1 ist die uncharmanteste: Abends sitzt man gemütlich zusammen, anderntags wird man zu unerbittlichen Konkurrenten im Wettlauf um die Betten. Wer früh aufbricht, weckt mit dem Rucksackgeraschel den halben Schlafsaal. Beim Wandern in der Dunkelheit läuft man zudem Gefahr, sich zu verirren, und man verpasst noch dazu die schöne Landschaft. Von »Genusspilgern« kann dabei keine Rede sein.

Variante 2 hat den Vorteil, dass man die Etappe ganz entspannt genießen kann. Der Nachteil ist der Verlust an Spontaneität: Das Etappenziel muss festgelegt und die Reservierung organisiert werden; fehlende Sprachkenntnisse können eine zusätzliche Hürde sein. Nicht zu empfehlen ist, bereits vor Reiseantritt alle Unterkünfte zu buchen, da man die damit festgelegten Etappen aus verschieden Gründen nicht immer einhalten kann oder möchte. Am besten reserviert man die erste Unterkunft für den Anreisetag sowie maximal die der ersten und zweiten Etappen und schaut dann, ob das Pilgeraufkommen weitere Reservierung ratsam macht. Wer eine Reservierung nicht in Anspruch nimmt, sollte fairerweise rechtzeitig Bescheid geben, damit der Platz zeitnah an andere Pilger vergeben werden kann.

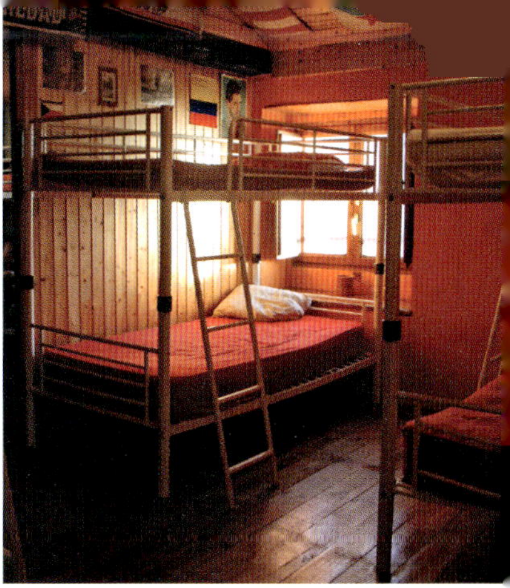

Jeden Tag wartet irgendwo ein Bett auf müde Pilgerinnen und Pilger.

Variante 3 mag anstrengend klingen, das ist sie aber nicht zwingend. In der Regel findet sich selbst bei großem Pilgeraufkommen immer eine Lösung, sei es, dass eigentlich reservierte Plätze doch noch frei werden, oder man tut sich mit anderen Pilgern zusammen und teilt sich ein Doppel- oder 3er-Zimmer. Im schlimmsten Fall findet man sich auf dem Boden einer Turnhalle wieder – aber immerhin mit Dusche und einem Dach über dem Kopf. Jenen, die sich nicht von der Organisation der Etappe stressen lassen möchten und einen Sinn für Spontanes oder auch Skurriles haben, denen sei diese Variante empfohlen.
Variante 2 und 3 erlauben das genussreiche Wandern während der schönsten Stunden des Tages: Am Nachmittag, wenn die meisten Pilgerinnen und Pilger bereits am Ziel sind, entfaltet der Camino seinen ganzen Zauber. Dann kehrt Ruhe auf dem Weg ein, das warme Licht der tiefer stehenden Sonne taucht die Landschaft in warmes, goldenes Licht und es stellt sich die Entspannung ein, die das Pilgern ausmacht.

Gefahren

Die Jakobswege sind gemeinhin ein recht sicheres Reiseziel, auch für allein reisende Frauen. Doch gelten die gleichen Verhaltensregeln wie andernorts auch. Bei aller Kameradschaft am Weg sollte man sich nicht zu vertrauensselig und schon gar nicht alleine auf Fremde einlassen, die einem etwa eine Mitfahrgelegenheit oder gar eine günstige Unterkunft anbieten. Speziell während der Hochsaison mischen sich gerne Trickbetrüger unter die Pilgermassen. Wertsachen sollte man grundsätzlich nie unbeaufsichtigt lassen und immer nur das Nötigste an Bargeld mit sich führen (Hinweis zu Banken/

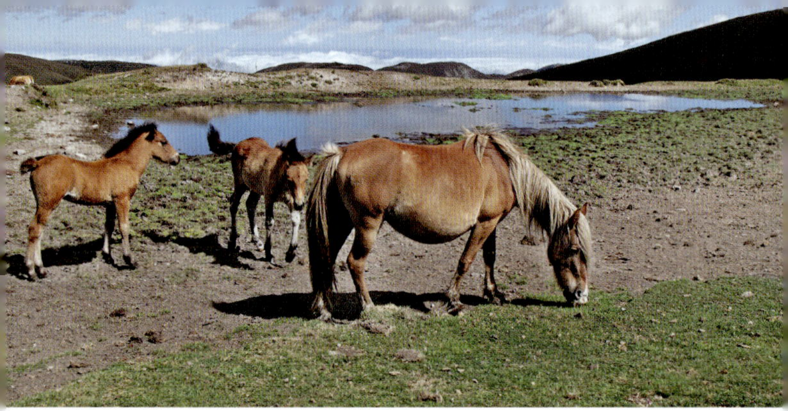

Nur anschauen, nicht anfassen. Auf der »Ruta de los Hospitales« (Etappe 6).

Geldautomaten bei jeder Etappe unter Punkt »Infrastruktur«). Besonders während der Hochsaison verstärkt die Polizei ihre Präsenz an den Jakobswegen (vgl. auch Punkt »Polizei«, S. 31).
Begegnet man freilaufenden Pferden und Kühen, so sind diese in der Regel ungefährlich. Auf keinen Fall sollte man sie streicheln, sondern in aller Ruhe und größerem Abstand an ihnen vorbeigehen. Gleiches gilt für die vielen Hofhunde in den ländlichen Gegenden. Dass man Kettenhunde nicht anfasst, versteht sich von selbst. Freilaufende, teils riesige Hofhunde mögen zwar bellen, doch solange man ihr Revier respektiert und nicht versucht, den Hof zu betreten oder sie zu berühren, tun sie einem nichts. Daher: Ruhe bewahren und zügig, aber nicht hektisch weitergehen. Im Auge behalten sollte man viel mehr die kleinen Kläffer, die sich aber meist leicht verscheuchen lassen.

Bettwanzen

Ein leidiges Thema auf den Jakobswegen sind Bettwanzen (span. »chinches«). Trotz regelmäßiger Schädlingsbekämpfung kommt es immer wieder zu Befällen. Viele Herbergen haben Matratzen mit speziellen Schutzhüllen.
Um das Risiko zu mindern, sollte man den Rucksack möglichst nicht auf der Erde abstellen (was nicht immer zu bewerkstelligen sein wird), keinesfalls sollte man ihn aber auf das Bett legen oder gegen die Wand lehnen, damit die Tiere nicht in die Matratze oder Ritzen gelangen. Bettwanzen-Sprays schützen nur das Gepäck vor einem Befall, nicht aber vor Bettwanzenbissen. Im Fachgeschäft über geeignete Mittel und die richtige Anwendung informieren lassen!
Wichtig ist: Stellt man bei sich oder seinem Gepäck Bettwanzen fest, sollte man dies ohne Scham sofort den Herbergsbetreibern melden, damit diese umgehend die notwendigen Maßnahmen ergreifen können. Wer allergisch auf Insektenstiche reagiert, sollte ein entsprechendes Medikament dabeihaben.

Der Umwelt zuliebe ...

Auch beim Wandern hinterlassen wir einen ökologischen Fußabdruck, aber im Einklang mit der Natur unterwegs zu sein, ist gar nicht so schwer!

VORBEREITUNG UND ANFAHRT

- Sich vorab informieren, worauf in Bezug auf Natur und Umwelt in der jeweiligen Wanderregion besonders zu achten ist.
- Soweit möglich mit Bahn und Bus anreisen, Wander- und Rufbusse nutzen.
- Ist eine Anfahrt mit dem Auto nötig, Fahrgemeinschaften bilden.
- Bei weiten Anfahrten Mehrtagestouren planen oder von einem Quartier vor Ort aus mehrere Touren absolvieren.
- Flugreisen möglichst reduzieren und durch Beiträge zu Klimaschutzprojekten kompensieren.

KLEIDUNG UND AUSRÜSTUNG

- Beim Kauf von Outdoor-Kleidung auf umweltfreundliche und faire Herstellung achten und Kleidungsstücke möglichst viele Jahre nutzen.
- Ausrüstung kann man eventuell auch gebraucht kaufen oder ausleihen.
- Reparieren statt neu kaufen.

VERPFLEGUNG

- Beim Einkauf Bio-Ware, regionale und saisonale Erzeugnisse bevorzugen.
- Hütten und Gasthäuser auswählen, die regionale Produkte verwenden.
- Auf Einwegflaschen und Plastikverpackungen verzichten, stattdessen wiederverwendbare Trinkflaschen und Brotzeitboxen benutzen.

ÜBERNACHTUNG

- Bei lokalen Anbietern buchen, damit Menschen vor Ort profitieren.
- Auf Hütten und in anderen Unterkünften Strom und Wasser sparen.

UNTERWEGS

- Wege benutzen und Abkürzer vermeiden.
- Sperrungen von Wegen und Schutzgebieten respektieren.
- Keine Blumen pflücken und keine Pflanzen entnehmen.
- Waldbrandgefahr beachten.
- Müll wieder mit nach Hause nehmen und dort entsorgen.
- Toilettengänge in freier Natur möglichst vermeiden.
- Lärm vermeiden.
- Hunde an die Leine nehmen.

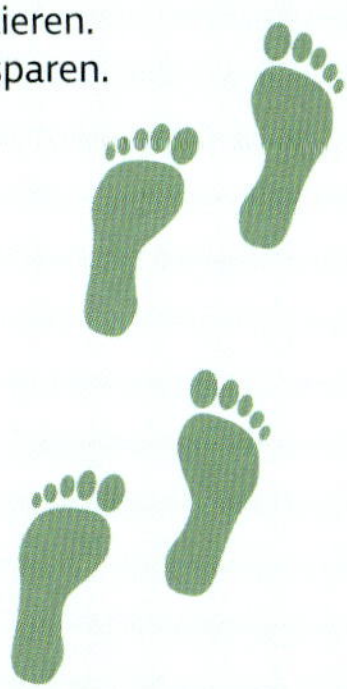

ROTHER
BERGVERLAG

Informationen und Adressen

Allgemein: Alle Öffnungszeiten, Preise und sonstige Angaben entsprechen dem Stand Ende 2023; Abweichungen und Änderungen sind möglich. Besonders Herbergen können unerwartet andere Öffnungszeiten haben, vor allem gegen Ende der Saison.

Apotheken (»Farmacia«): Sie sind meist 9.30–13.30 Uhr und 16.30–20 Uhr geöffnet, in den Großstädten z. T. rund um die Uhr. Bereitschaftsdienste sind oft am Eingang vermerkt.

Banken: In der Regel Mo–Fr ca. 8.30–14/14.30 Uhr, Sa geschlossen.

Geld-/Kreditkarten: Das Bezahlen (auch kleinster Beträge) mit Geldkarten ist verbreitet und inzwischen auch in vielen privaten/touristischen Pilgerherbergen möglich. Allerdings sollte man für den Notfall stets etwas Bargeld dabeihaben. In vielen Orten gibt es Bankautomaten, bei den Etappen sind sie bei »Infrastruktur« mit dem Euro-Zeichen symbolisiert.

Kreditkartensperrung: Der Verein Sperr-Notruf e. V. bietet eine zentrale Rufnummer zur Sperrung von Geldkarten, Handys, digitalen Ausweisen und mehr an (nur für deutsche Kunden). Information zur Funktionsweise: sperr-notruf.de.

Feiertage (nationale): 1. Jan. (»Año Nuevo«, Neujahr), 6. Jan. (»Día de los Reyes Magos«, Dreikönigstag), Karfreitag (»Viernes Santo«), 1. Mai (»Día del Trabajo«, Tag der Arbeit), 15. Aug. (»Asunción de la Virgen María«, Mariä Himmelfahrt), 12. Okt. (»Día de la Hispanidad«, auch »Puente del Pilar« genannt), 1. Nov. (»Todos los Santos«, Allerheiligen), 6. Dez. (»Día de la Constitución«, Tag der spanischen Verfassung), 8. Dez. (»Inmaculada Concepción«, Mariä Empfängnis), 25. Dez.(»Navidad«, Weihnachten).

Feiertage Galicien und Asturien: 25. Juli (»Santiago Apóstol«, Feiertag der Autonomen Gemeinschaft Galicien), 8. Sept. (»Día del Principado de Asturias«, Feiertag des Fürstentums Asturien).

Internet und Smartphones: Das Angebot an WLAN (span. »WiFi«) ist praktisch lückenlos, in fast allen Bars, Cafés, Restaurants und Herbergen ist es (meist gratis) verfügbar. In den meisten Gebieten haben Smartphones 4G- oder 5G-Empfang, in sehr abgelegenen, bergigen und wenig besiedelten Regionen kann dieser jedoch eingeschränkt oder gar nicht funktionieren. Viele neue Herbergen verfügen über Steckdosen neben jedem Bett.

Kirchen, Gottesdienste und Pilgermessen: Leider sind besonders in kleinen Orten die Kirchen geschlossen oder nur zur Messe zugänglich. Manchmal lohnt es sich, im Ort zu fragen, ob die Kirche oder Kapelle geöffnet werden kann. Bei bedeutenden Kirchen oder Kathedralen wird meist ein Eintritt verlangt. Herbergen mit gemeinsamen Andachten gibt es am Camino Primitivo praktisch nicht. Soweit möglich, werden bei den Etappen unter dem Punkt »Infrastruktur« Uhrzeiten und Orte von Gottesdiensten (z. T. mit Pilgersegen) angegeben.

Ladenöffnungszeiten: Allgemein Mo–Fr 9.30–13.30 Uhr und 16.30–20 Uhr; kleinere Läden haben samstags z. T. nur vormittags geöffnet, manche Dorfläden öffnen dafür manchmal auch sonntags. Große Kaufhäuser und Einkaufszentren: Mo–Sa 10–21/22 Uhr.
Notruf: Internationaler Notruf: 112 (Deutsch, Englisch, Französisch).
Pilgerausweis und -urkunde: Der Pilgerausweis (»Credencial«) geht auf den mittelalterlichen Begleitbrief bzw. das Empfehlungsschreiben zurück, das die Pilger als Ausweisdokument mit sich führten. Heute berechtigt er zum Übernachten in den Pilgerherbergen (meist in Verbindung mit einem Ausweisdokument wie Reisepass oder Personalausweis) und dient als Nachweis für den Erhalt der Pilgerbescheinigung in Santiago. Diese erhalten alle Pilgerinnen und Pilger, die mit den Stempeln (»Sellos«) im Pilgerausweis belegen, dass sie wenigstens die letzten 100 km zu Fuß bzw. die letzten 200 km per Rad oder Pferd zurückgelegt haben oder mindestens 1000 Meilen gesegelt und den Rest ab Hafen zu Fuß nach Santiago de Compostela gepilgert sind.
Dabei wird nach religiösen und nicht religiösen Motiven unterschieden: Nur religiös (»pietatis causa«) oder spirituell motivierte Pilger erhalten die offizielle, fast 800-jährige auf Latein verfasste »Compostela« genannte Pilgerbescheinigung; alle anderen bekommen ein Begrüßungsschreiben. Die »Credencial« muss dafür mindestens einmal pro Tag mit Datum gestempelt werden, in der Regel in der Unterkunft, aber auch in Kathedralen, Kirchen, Klöstern oder bei der Polizei oder in Touristenämtern. Laut Pilgerbüro muss für die Pilgerschaft, insbesondere wer nur die letzten 100 km absolviert, einer der offiziellen Jakobswege gewählt werden. Gegen eine Gebühr von 3 € kann man sich das »Certificado de Distancia«, d. h., den Nachweis über die zurückgelegten Kilometer ausstellen lassen.
Gegen Vorlage des ordnungsgemäß gestempelten Pilgerpasses erhält man im Pilgerbüro von Santiago (»Centro Internacional de Acogida al Peregrino« oder kurz »Oficina del Peregrino«, siehe unten) die Pilgerbescheinigung. Es werden nur offizielle, von der Kathedrale autorisierte Pilgerpässe akzeptiert. Auf dem Deckblatt steht »Credencial del Peregrino – Catedral de Santiago«; auf der ersten Seite werden der Name, die Nummer des Personalausweises oder Reisepasses, die Adresse sowie der Ausgangspunkt der Pilgerreise und die Art der Fortbewegung (zu Fuß, Rad oder Pferd) eingetragen.
Sofern noch Platz ist, kann diese »Credencial« auch für die Wanderung nach Finisterre und/oder Muxía verwendet werden (bei Bedarf ist eine neue im Pilgerbüro erhältlich). Auch hier berechtigt sie zur Übernachtung in den Pilgerherbergen und, mindestens einmal täglich gestempelt, dient sie als Beleg für den Erhalt der »Fisterrana« und/oder »Muxiana« (eventuell ist ein Stempel aus Negreira und Olveiroa notwendig, auch für die Übernachtung in den öffentlichen Herbergen der Xunta).
Am besten beschafft man sich den Pilgerpass schon vor Reiseantritt bei einer vom Domkapitel von Santiago autorisierten Jakobswegvereinigung (weitere

Info auf oficinadelperegrino.com, auch auf Englisch unter »Pilgrimage – The Credencial – From authorised Associations worldwide«; dies sind u. a.:

- **Deutschland** (eine kleine Auswahl): **(1)** Deutsche St. Jakobus Gesellschaft e. V., Tempelhofer Str. 21, 52068 Aachen, Tel. +49 241 5100062, deutsche-jakobus-gesellschaft.de. **(2)** Fränkische St.-Jakobus-Gesellschaft Würzburg e. V. Ottostr. 1 – Kilianeum, 97070 Würzburg, Tel. +49 931 38663870, jakobus-franken.de. **(3)** St. Jakobus-Gesellschaft Berlin-Brandenburg e. V., Moorhof 1, 16766 Kremmen, Tel. +49 33055 21292, jakobusgesellschaft-berlin-brandenburg.de. **(4)** Freundeskreis der Jakobuspilger, Busdorfmauer 33, 33098 Paderborn, Tel. +49 5251 50 68 677, jakobusfreunde-paderborn.com.
- **Österreich:** Verein Jakobsweg Wien, Stephansplatz 6 (Zwettlerhof, im »Quo vadis?«), 1010 Wien, Tel. +43 660 22 9 88 66, jakobsweg-wien.at.
- **Schweiz: (1)** Freunde des Jakobsweges, Blvd. James-Fazy 4, 1. Stock, 1201 Genève (Postadresse: Blvd. James-Fazy 4, Case Postale 2066, 1211 Genève 1), Tel. +41 326 822 550, viajacobi4.ch. **(2)** Infos zum Jakobsweg und Bestellung des Pilgerpasses auf pilgern.ch.
- **Spanien:** U. a. in Oviedo in der städtischen Pilgerherberge, in der Kathedrale (an der Kasse), in der Basílica de San Juan el Real (vor/nach der Messe) und im Tourismusbüro; in Lugo in der Sakristei der Kathedrale; in Santiago de Compostela im Pilgerbüro.

Digitaler Pilgerpass: Für die »Credencial digital« in Google Play bzw. im App Store nach »Credencial del Peregrino« suchen und die App auf das Smartphone laden. Um den digitalen Pilgerpass zu »stempeln«, werden in den teilnehmenden Herbergen QR-Codes gescannt.

Pilgerbüro/Oficina del Peregrino in Santiago de Compostela: Rúa das Carretas 33 (unterhalb des Parador Nacional), Tel. +34 981 568 846. Öffnungszeiten: tgl. 9–19 Uhr (Winter 10–18 Uhr); am 25. Dez. und 1. Jan. geschlossen, die Pilgerbescheinigung gibt es dann in der Sakristei der Kathedrale.

Im Eingang des Pilgerbüros muss man einen QR-Code scannen und die verlangten Daten angeben (z. B. Alter, Nationalität, Start und Motiv der Pilgerwanderung, Telefonnummer und E-Mailadresse), dann erhält man eine SMS oder E-Mail mit einem Nummern- und Barcode; der Nummerncode und das Datum der Registrierung müssen in der Credencial neben dem QR-Code eingetragen werden; anschließend erhält man ein Ticket (nur eines pro Person möglich) mit der Wartenummer und einem QR-Code, der die ungefähre Wartezeit angibt.

Beim Pilgerbüro gibt es eine Andachtskapelle, einen Postschalter sowie während der Hauptsaison Schalter der Busunternehmen Alsa (spanienweite Busfahrten) und Monbus (Busse nach Finisterre und Muxía).

Polizei: Die Policía Local ist innerhalb der Kommunen zuständig. Schwerwiegendere Delikte und Verkehrsunfälle fallen in die Zuständigkeit von Guardia Civil (Tel. 062) und Policía Nacional (Nationalpolizei; Tel. 091). Im Notfall kann man sich an jede der drei Stellen wenden.

Mit der kostenlosen App ALERTCOPS (auch auf Deutsch installierbar) kann man direkt (z. B. per Notfall-Button) mit der spanischen Nationalpolizei und Guardia Civil in Kontakt treten und sich im Notfall per Handyortung finden lassen. Die Funktion »Guardián« (Beschützer) wendet sich speziell an Pilger auf dem Jakobsweg. Weitere Informationen auch auf Englisch auf: alertcops.ses.mir.es.

Post/Briefmarken: Postfilialen (»Oficina de Correos«) Mo–Fr 8.30–14.30 Uhr (teils auch 8.30–20.30 Uhr, dafür Sa geschlossen), Sa 9.30–13 Uhr. Briefmarken (»Sellos«) gibt es auch in den Tabakläden (»Tabacos/Estanco«).

Pakete von Spanien ins Ausland sind teuer (ab 2 kg über 25 €). Günstiger ist das »PAQ Peregrino«: Der Versand von einer spanischen Postfiliale zum Hauptpostamt von Santiago (»Oficina principal«, Rúa do Franco 4; nahe Kathedrale, dort gibt es auch eine Gepäckaufbewahrung; praktisch, da die Kathedrale nicht mit Rucksack und Pilgerstab betreten werden darf) von bis zu 15 kg kostet 20,95 €, bis 25 kg: 31,40 € (15 Tage Aufbewahrung gratis; Stand 2023; Infos auf correos.es und elcaminoconcorreos.com »Servicios – Envío de Maletas«).

Sprache: Etwas Spanisch zu sprechen ist ein Vorteil, aber nicht zwingend notwendig. Meist kann man sich auch auf Englisch verständigen. In Galicien ist neben dem Hochspanischen (»Castellano«) die regionale Sprache »Gallego« (Galicisch) zweite Amtssprache. Außer einige ältere Menschen in sehr ländlichen Gebieten sprechen jedoch alle Einheimischen Hochspanisch bzw. jüngere Leute auch Englisch.

Telefon: Spanien: internationale Vorwahl: +34. Alle Telefonnummern sind neunstellig. Ist die erste Zahl eine 9 oder 8: Festanschluss, eine 6 oder 7: Mobiltelefon, 901/803 oder Ähnliches plus sechs weitere Ziffern: kostenpflichtige Servicenummern, 900/800 plus sechs weitere Ziffern: kostenlose Servicenummer.

Trinkgeld: Die Frage, ob und wie viel Trinkgeld man gibt, muss jeder für sich selbst entscheiden. Man sollte es davon abhängig machen, wie zufrieden man mit dem Service ist. Das »Aufrunden« der Rechnung ist in Spanien nicht bekannt. Man bezahlt zunächst den gesamten Betrag und gibt dann das Trinkgeld. Bei mehreren Personen kann man getrennt bezahlen, üblicher ist es jedoch, die Summe durch die am Verzehr beteiligten zu teilen. Hierbei runden die Spanierinnen und Spanier die einzelnen Anteile gerne auf, um am Ende auf ein Trinkgeld zu kommen.

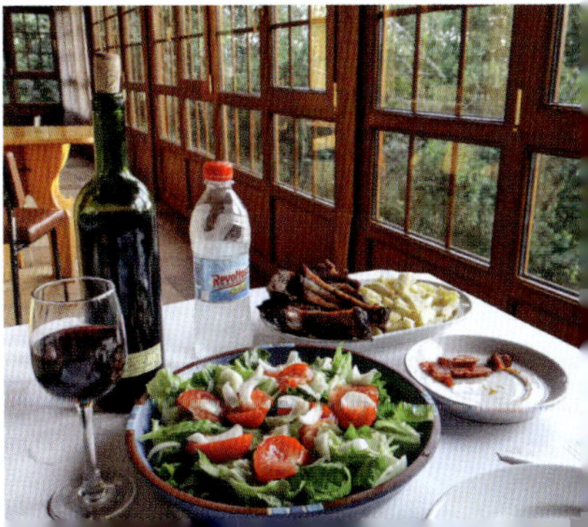

Ein guter Service verdient ein Trinkgeld.

Geschichte des Jakobswegs

Die Vorgeschichte

Bis zum Auffinden des Apostelgrabes herrschte ein reges Kommen und Gehen auf der Iberischen Halbinsel. Phönizier, Griechen, Karthager und Römer hatten sich nacheinander in dem an Bodenschätzen reichen, von iberischen und keltischen Stämmen bevölkerten Land niedergelassen. Mit den Römern kamen die ersten Anhänger des christlichen Glaubens. Im Zuge der der Völkerwanderung besetzten nach dem Niedergang des Römischen Imperiums ab dem 5. Jh. Sueben, Vandalen und Westgoten die ehemaligen römischen Provinzen. 587 konvertierte der westgotische König Rekkared vom arianischen Christentum zum katholischen Glauben. Sein westgotisches Königreich mit der Hauptstadt Toledo umfasste fast ganz Spanien; nur im heutigen Galicien und Nordportugal herrschten weiterhin die Sueben, im Nordosten hielten sich die Basken. 711 setzte Feldherr Tarek mit seinem muslimischen Heer von Nordafrika nach Gibraltar über und überrollte in wenigen Jahren praktisch das gesamte Westgotenreich, nur das kleine Königreich Asturien konnte sich behaupten. 722 schlug ein christliches Heer unter ihrem Anführer Pelayo in der Schlacht von Covadonga die Mauren – damit begann die mehr als 700 Jahre dauernde »Reconquista«: die Rückeroberung der arabisch-islamisch besetzten Gebiete und die Wiedereinführung des christlichen Glaubens.
Doch die fast 700 Jahre währende maurisch-islamische Epoche von Al-Andalus war auch eine kulturelle Blütezeit. Muslime, Christen und Juden forschten und lehrten gemeinsam, die Übersetzung bedeutender arabischer

Auf den Spuren von König Alfonso II.: Aufstieg von Salas nach Bodenaya (Etappe 4).

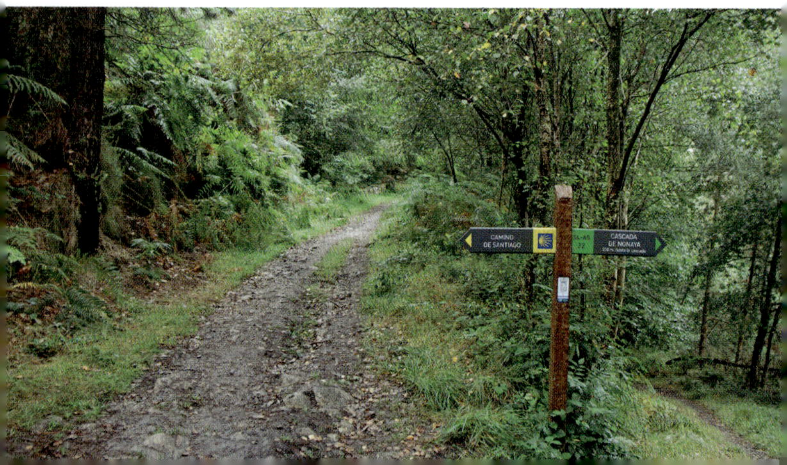

Schriften brachte wertvolles Wissen ins heutige Europa. Christen unter arabischer Herrschaft nannten sich Mozaraber, unter christlicher Herrschaft lebende Araber bezeichneten sich als Mudéjares und prägten den gleichnamigen Baustil. Durch den Kontakt mit islamischen Gelehrten erwärmten sich vor allem südspanische Theologen für die Lehre des sogenannten »Adoptianismus«, der zufolge Jesus, ähnlich wie der Prophet Mohammed, lediglich ein von Gott adoptierter Mensch gewesen sei. Durch diese Nähe zum Islam fürchtete die katholische Kirche in Rom, Einfluss auf der Iberischen Halbinsel zu verlieren. Die Entdeckung eines Apostelgrabes im Norden der Halbinsel, wo man traditionell der Lehre Roms nahestand, kam da gerade recht.

Der erste Pilger: König Alfonso II., der Keusche

Seit Ende des 6. Jh. hatte es Hinweise gegeben, Jakobus (span. Santiago), Bruder des Apostels Johannes, habe nach dem Tode Christi auf der Iberischen Halbinsel missioniert. Nach Palästina zurückgekehrt, sei er auf Befehl von König Herodes Agrippa (reg. 41–44 n. Chr.) geköpft worden. Auf wundersame Weise gelangte sein Leichnam auf einem von Engeln gelenkten Boot von Palästina nach Galicien und landete bei Padrón an. Nach einigen Schwierigkeiten hätten Jakobus' Jünger den Leichnam bestattet. Der Legende nach führte Anfang des 9. Jh. eine Sternenerscheinung den Eremiten Pelagius zu diesem Grab. Bischof Theodomir von Iria Flavia begutachtete die Reliquien und erklärte sie für echt.

Die Kunde vom Apostelgrab erreichte rasch den asturischen König Alfonso II., genannt el Casto, der Keusche. Er war um 760 in Oviedo geboren worden. Acht Jahre später wurde sein Vater, König Fruela, ermordet, den noch unmündigen Alfonso schickte man ins Kloster Samos (Galicien, am Camino Francés). Nach einem kurzen Intermezzo als König im Jahr 783 bestieg er 791 endgütlig den Thron und verlegte die Hauptstadt von Pravia nach Oviedo. 51 Jahre lang bis zu seinem Tod 842 lenkte er sehr erfolgreich die Geschicke seines Reiches. Der streng gläubige Christ legte u. a. den Grundstein für die Kathedrale in Oviedo. Zwar war er verheiratet, doch wurde die Ehe wohl nie vollzogen, weshalb er den Beinamen der Keusche erhielt. Seine Wallfahrt von Oviedo zu den Gebeinen des Jakobus gilt als Beginn des Jakobuskultes.

Er ließ an der Fundstelle, dem »Sternenfeld« (»Campus stellae«, geläufige Erklärung für »Compostela«), eine erste Kirche errichten. Der Grundstein für Santiago de Compostela war gelegt. Der Ruf des Apostelgrabes und der Taten Jakobus' verbreitete sich schnell in der ganzen christlichen Welt. Die immer zahlreicher nach Galicien pilgernden Christen nahmen den Anhängern des Adoptianismus den Wind aus den Segeln. Zudem wurde Jakobus, nachdem er angeblich in der Schlacht bei Clavijo (La Rioja) – die es so wahrscheinlich nie gab – auf einem weißen Ross reitend erstmals in die Reconquista eingriffen hatte, zum »Matamoros« (Maurentöter), »Santiago« zum Schlachtruf der christlichen Heere.

In kürzester Zeit entwickelte sich Santiago neben Rom und Jerusalem zum dritten großen Wallfahrtsziel der Christenheit – wohl auch, weil die Reise nach Jerusalem wegen der Kreuzzüge zu unsicher geworden war. Anfangs nahmen die Gläubigen den Weg, den Alfonso II. gegangen war. Doch das Vordringen der Reconquista in Richtung Süden änderte auch die Landkarte. Nach dem Umzug des Hofs nach León im Jahr 910 verlagerte sich auch der Jakobsweg nach Süden. Die eingenommenen Gebiete wurden mit Stadtgründungen und der gezielten Ansiedlung von Christen gesichert. Mitten hindurch lenkte man die über die Pyrenäen kommenden Pilger durch Pamplona, Logroño, Burgos, León und Astorga nach Santiago.
Diese Route war nicht nur geografisch leichter und bequemer, sondern auch besser organisiert: Brücken wurden gebaut, Klöster und Gasthäuser boten den Pilgern Verpflegung und Unterkunft, Ritterorden wie die Tempel- und die Santiagoritter kümmerten sich um die Sicherheit auf dem Pilgerweg. Damit konnte die beschwerliche Route entlang der Küste nicht mithalten – da die Pilger aus oder zumindest durch Frankreich anreisten, nannten ihn die Einheimischen »Camino Francés«, französischer Weg.

Der Camino Primitivo

Bis heute ist der Wegverlauf des Camino Primitivo nahezu unverändert. Verglichen mit dem Camino Francés, der im Mittelalter großzügig mit Brücken, Kirchen, Klöstern und Kathedralen ausgestattet wurde, sind die Zeugnisse der Pilgervergangenheit auf dem ursprünglichen Weg eher dezent. Orte wie Grado, Salas, Tineo, Pola de Allande, Grandas de Salime, A Fonsagrada und Lugo waren bereits im Mittelalter Etappenziele. Um das Wohl der Pilger kümmerten sich man in Klöstern wie denen in Cornellana (Etappe 4), Obona (Etappe 5) oder im windumfegten Real Hospital de Montouto (Etappe 9). Doch wie der Camino Primitivo selbst verloren sie mit dem Wegbleiben der Pilger an Bedeutung und verfielen in bedauernswerten Zustand. Aber dennoch: Wer mit offenen Augen wandert, wird immer wieder Hinweise darauf finden, dass der Weg seinen historischen Spuren folgt: Sei es über alte Brücklein oder vorbei an Brunnen und Kapellen.

Massenphänomen und Blütezeit

Vom 11. bis Anfang des 13. Jh. erlebte der Jakobskult seine Blütezeit. Scharenweise zog das christliche Europa nach Santiago, bis zu 1000 Pilger kamen täglich ans Apostelgrab. Zeitgenössische Darstellungen geben ein Bild von der typischen Tracht der Jakobspilger: breitkrempiger, vorne hochgeschlagener Hut, weiter Mantel, Pilgerstab, ein Kürbis als Wasserbehälter, eine Tasche für die wichtigen Pilgerdokumente sowie die Jakobsmuschel, anfangs Beweis für die Pilgerschaft, später Erkennungszeichen der Santiagopilger. Die formschöne Muschel (span. »vieira«) galt seit dem 4. Jh. ganz allgemein als Wallfahrtszeichen, bis sie ihre eigene Jakobslegende erhielt: Eine

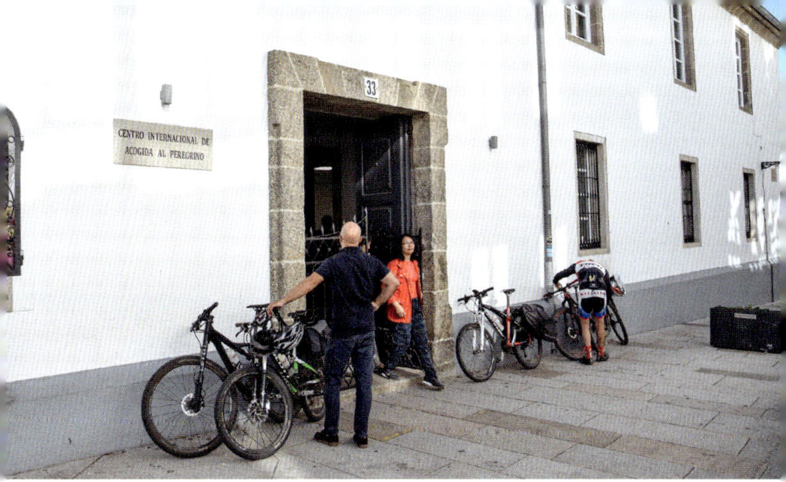

Der Eingang des Pilgerbüros in Santiago de Compostela.

Version besagt, ein bei Iria Flavia ins Meer gestürzter portugiesischer Ritter – Jakobus' leuchtende Gestalt hatte sein Pferd zum Straucheln gebracht – sei über und über mit Jakobsmuscheln bedeckt aus den Fluten gerettet worden. Von 1075 bis 1211 entstand die Kathedrale von Santiago. Es war die Blütezeit der romanischen Baukunst und Bildhauerei, die ihren Höhepunkt im kunstvoll gearbeiteten Pórtico de la Gloria (1168–1188) in der Kathedrale findet. 1122 rief Papst Calixt II. das erste Heilige Jahr aus, das seither gefeiert wird, wenn der 25. Juli (vermutlicher Todestag des Jakobus) auf einen Sonntag fällt (Rhythmus: 11–6–5–6 Jahre). Die nächsten Heilige Jahre sind 2027 und 2032.

Niedergang der Pilgerbewegung

Im Jahr 1469 legten Isabel I. von Kastilien und Fernando II. von Aragonien, genannt die »Reyes Católicos«, die katholischen Könige, durch ihre Heirat die beiden mächtigsten spanischen Königreiche zusammen. Unter ihrer Herrschaft beendete die Eroberung Granadas 1492 die Reconquista. Danach führten Pestepidemien, die Spaltung der Christenheit durch die Reformation und Religionskriege im späten Mittelalter zum Abflauen des Pilgerbooms. Ab dem 15. Jh. trieben Räuber und abenteuerlustige Scheinpilger ihr Unwesen auf der weniger frequentierten und bewachten Route. 1589 wurden die Apostelreliquien vor dem englischen Seefahrer und Piraten Francis Drake versteckt – und vergessen. Die ohnehin schon angeschlagene Pilgerbewegung kam in den folgenden Jahrhunderten nahezu ganz zum Erliegen. Im 18. Jh. waren Pilgerfahrten wegen ihrer Nähe zum Aberglauben verpönt. Anfang des 19. Jh. erlitt die spanische Kirche durch die Verstaatlichung der Kirchengüter zur Auffüllung der Staatskassen einen schweren Rückschlag. Im Heiligen Jahr 1867 fanden sich gerade mal 40 Pilger zum Festgottesdienst am 25. Juli in Santiago ein. Um den Jakobskult neu zu beleben, suchte man die Reliquien. 1879 fand man sie zwischen den Mauern der Apsis. Eine Bulle von Papst Leo XIII. erklärte sie, um Zweifler zum Schweigen zu bringen, für echt.

Jakobsweg unter Franco

Leichte Ansätze einer Wiederbelebung der Wallfahrten fanden spätestens im Spanischen Bürgerkrieg (1936–1939) ein jähes Ende. Nichtsdestotrotz vereinnahmte Diktator Franco Jakobus für seine Zwecke. Er behauptete, eine der großen Schlachten hätten die Nationalisten dank Jakobus gewonnen. Per Dekret wurde Santiago unter der Diktatur Francos wieder zum Schutzpatron Spaniens ernannt. Zunächst interessierten sich vorwiegend Historiker für die kunsthistorischen Schätze und Bauwerke am Jakobsweg. Mit der zaghaften Öffnung Spaniens in Richtung Europa in den 60er-Jahren kamen erstmals auch wieder religiös motivierte Pilger, besonders aus Frankreich.

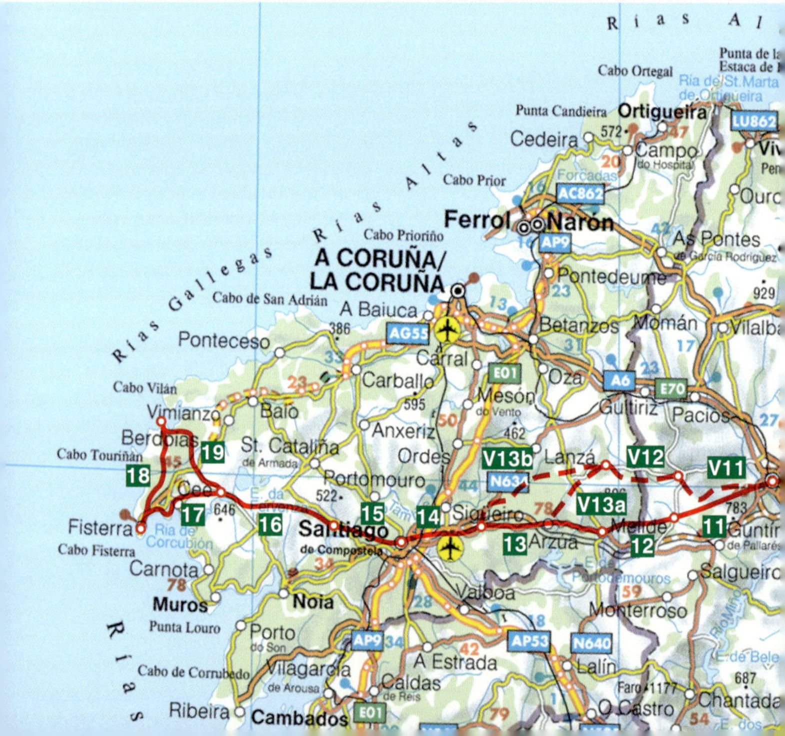

Die moderne Pilgerbewegung

Nach dem Tode Francos (1975) und der Verabschiedung der demokratischen Verfassung (1978) rückten das Apostelgrab und der Jakobsweg wieder in das internationale Bewusstsein. Papst Johannes Paul II. besuchte 1982, im ersten Heiligen Jahr im demokratischen Spanien, sowie 1989 die Apostelstadt. 1987 wurde der Camino Francés zum europäischen Kulturweg ernannt, 1993 in die Liste des Weltkulturerbes der UNESCO aufgenommen. Seit den 80er-Jahren setzte sich der gelbe Pfeil als Wegweiser durch. Die Heiligen Jahre 1993 und 1999 wurden erstmals auch international äußerst erfolgreich vermarktet.

Seither stieg die Zahl der Jakobspilgerinnen und -pilger Jahr um Jahr an und erreichte 2019 mit 347.578 vom Pilgerbüro in Santiago ausgestellten Pilgerbescheinigungen einen neuen Rekord. Das Corona-Jahr 2020 war mit nur knapp 54.000 Pilgerinnen und Pilgern die schlimmste Zäsur in der jüngeren Jakobsweggeschichte. Durch die historisch einzigartige Verlängerung des Heiligen Jahres 2021 auf das Jahr 2022 erholte sich der Weg rasch: 2022 wurden knapp 440.000 Pilgernde gezählt, für 2023 zeichnet sich ein ähnlicher Zulauf ab.

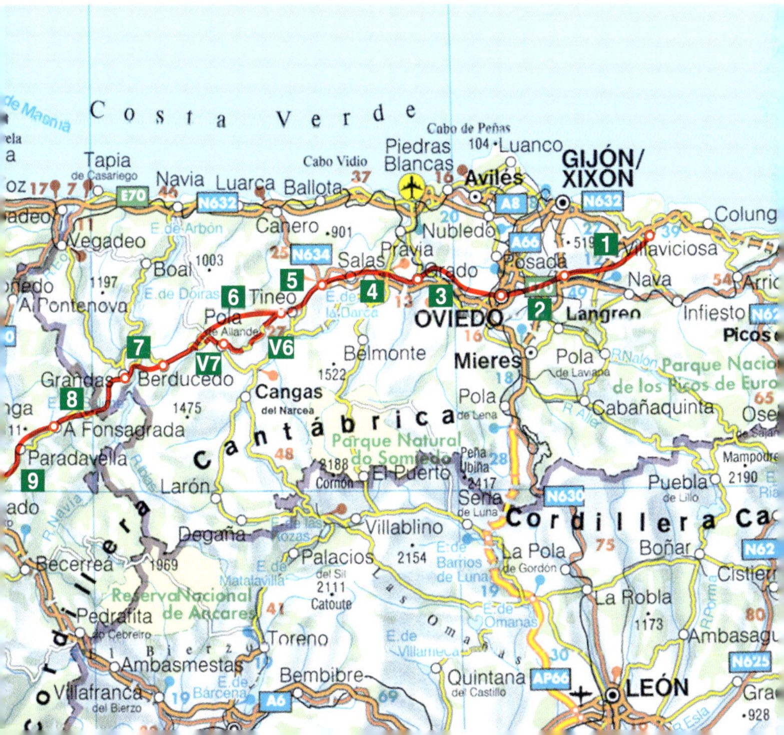

Principado de Asturias – Fürstentum Asturien

Asturien erstreckt sich über eine Fläche von 10.606 km² und hat rund 1 Mio. Einw. (Bevölkerungsdichte: 95,5 Einw./km²). Die Hauptstadt ist Oviedo.

Schon vor 200.000 Jahren siedelte hier der Neandertaler. Vor rund 9000 Jahren tauchten die namensgebenden Asturer auf und vermischten sich später mit den Kelten. Von 29 bis 19 v. Chr. machten sie den Römern im »Bellum Asturicum« das Leben schwer, die Romanisierung des Nordens verlief entsprechend zäh und weniger tiefgreifend als andernorts. Auch als ab dem Jahr 711 die aus Nordafrika kommenden muslimischen Berberstämme die Iberische Halbinsel förmlich überrollten, wehrten sich das kleine Asturien und das heutige Baskenland erfolgreich. 718 wurde der westgotische Heerführer Pelayo zum ersten asturischen König gekrönt, im Jahr 722 verbuchte sein Heer bei der Schlacht von Covadonga am Fuß den ersten Sieg gegen die Mauren. Dies gilt als Beginn der »Reconquista« und damit einer paradoxen Situation: Während von Norden her die christliche Rückeroberung der arabisch besetzten Gebiete einsetzte, entwickelte sich Al-Andalus mit Städten wie Córdoba, Sevilla und Granada in der maurischen Epoche – auch dank langer Religionstoleranz zwischen Islam, Judentum und Christen – zu einzigartigen kulturellen und wissenschaftlichen Zentren.

Die Entdeckung der Gebeine des Apostels Jakobus Anfang des 9. Jh. und die erste Pilgerreise von König Alfonso II., el Casto (ca. 760–842) muten wie ein genialer Schachzug an: In den folgenden Jahrhunderten strömten massenweise christliche Pilger ins Land, Kirchen und Klöster wurden errichtet und die eroberten Gebiete christlich besiedelt. 910 ging Asturien im Königreich León auf. Permanente Aufstände asturischer Fürsten gegen die leonesischen, später kastilischen Machthaber führten 1388 zur Einrichtung des Fürstentums von Asturien. Bis heute tragen die spanischen Thronfolger den Titel Fürst(in) von Asturien (»Príncipe/Princesa de Asturias«).

Mit der industriellen Revolution im 19. Jh. wandelte sich Asturien von einer Agrar- in eine Industrieregion mit Schwerpunkt Schwermetall und Bergbau. Die »Revolución de Octubre del 1934«, der Aufstand der Minenarbeiter, wurde von der damals rechtsgerichteten republikanischen Regierung niedergeschlagen, was als Test für den Staats-

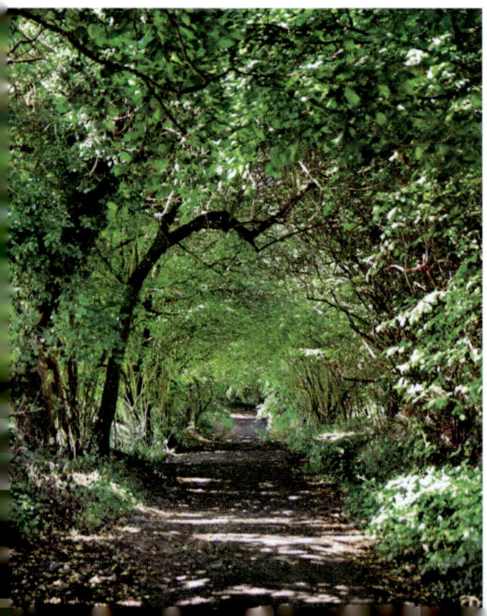

Auf dem Weg nach Tineo (Etappe 5).

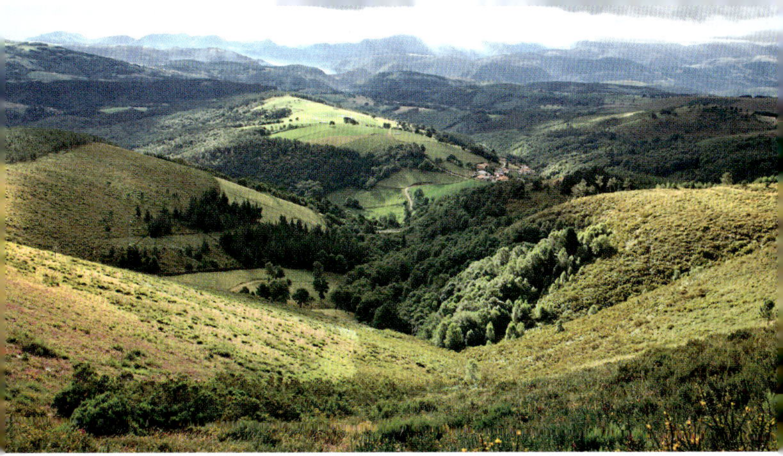

Noch Asturien oder schon Schweizer Voralpenland? (Etappe 6, Ruta de los Hospitales).

streich Francos zwei Jahre später angesehen wird. Während des Franco-Regimes trieb die Landflucht Arbeitssuchende in die Ballungsgebiete rund um Oviedo, Gijón und Avilés. Wachsende soziale Konflikte führten in den 50er Jahren zur Gründung der ersten Arbeitergewerkschaft Spaniens. Die internationale Schwerindustriekrise der 70er-/80er-Jahre traf Asturien hart, doch der Eintritt Spaniens in die EU und Gelder aus den europäischen Strukturfonds milderten die schlimmsten Folgen.

Heute trumpft das mit Atlantikküste und Bergen gesegnete Asturien mit seinen Naturschätzen auf. Rund ein Drittel der gesamten Region steht unter Naturschutz, darunter findet sich auch der älteste Nationalpark Spaniens, die Picos de Europa. Die vielfältigen Naturräume machen Asturien auch zum kulinarischen Paradies. Das Meer liefert Fisch und Meeresfrüchte, das bergige Hinterland unzählige Käsesorten und exzellentes Rindfleisch. Die bekanntesten Spezialitäten sind der deftige Bohneneintopf »Fabada« und das asturische Nationalgetränk »Sidra«, der im hohen Bogen ins Glas gegossene Apfelmost.

Gutes Essen haben Pilger auf dem Camino Primitivo auch nötig. Denn Asturien ist so etwas wie die Schweiz unter den Jakobsweg-Anrainern: Von den rund 8000 Höhenmetern des gesamten Camino Primitivo entfallen alleine auf die rund 200 km durch Asturien 5300 m im Auf- und 4400 m im Abstieg. Die Königsetappe ist die »Ruta de los Hospitales«. Aber auch die restlichen Abschnitte warten mit großer Naturnähe und von Oviedo abgesehen mit kleinen Städten und Dörfern auf. Das Herbergsangebot ist außer zu Stoßzeiten ausreichend und am Wachsen. Das Klima ist verglichen mit anderen Regionen Spaniens eher rau, besonders in den Höhenlagen. Selbst im Sommer sollten Regenschutz und warme Kleidung stets griffbereit sein.

1 Villaviciosa – Pola de Siero

7.30 Std.
27,4 km

Herbergen: Villaviciosa (11 m, 15.000 EW), **(1)** TH, , 30 B/je nach Saison 14–17 € (DZ 38 €, EZ 20 und 23 €). El Congreso, Pl. del Ayuntamiento 25, Tel. 985 891 180, albergueelcongreso.com. Küche, W/T. 7–23 Uhr, März–Nov. **(2)** TH, , 24 B/je nach Saison 15–18 € MF. Alb. Hostel Villaviciosa, C/ Marqués de Villaviciosa 5, Tel. 985 891 555, alberguevillaviciosa.com. Küche, W/T, Frühstück. Check-in 14–21 Uhr, März–Okt. **Monasterio de Santa María de Valdediós** (135 m), KH, , 32 B/HP 20 €, in 4er-Zi. HP 25 € (4 EZ HP 45 €, 4 DZ HP 60 €). Betreiber: Erzbistum Oviedo, Tel. 626 734 812, monasteriovaldedios.com. W/T, kleine Kochgelegenheit, aber gemeins. Abendessen und Frühstück im Preis inbegriffen; Garten. Schlichte, aber stimmungsvolle Herberge in uraltem Kloster. Andachten in der Klosterkirche. Check-in 15.30–19 Uhr, Mai–Okt. **La Vega de Sariego** (290 m, 160 EW), SH, , 16 B/10 €. Pl. la Vega (Zentrum), Schlüssel in Taberna La Casuca (nach dem Platz), Tel. 680 380 053. Einfache Herberge, Mikrowelle. Ganzjährig. **Pola de Siero** (220 m, 12.600 EW), V/SH, , 30 B/10 €. Alb. de Peregrinos Casona de San Miguel, C/ Celleruelo 57 (am Weg, rund 400 m nach dem Zentrum), Tel. 662 596 195 (keine Reservierung). Geräumiger Schlafsaal, große Wiese rund um die Herberge, Mikrowelle. Ab 13.30 Uhr, ganzjährig.

Alternative Unterkünfte: Villaviciosa: **(1)** Hotel El Manquín (EZ 45–65 €, DZ 60–80 €, Ermäßigung für Pilger), Pl. Santa Clara 2, Tel. 985 890 024, hotelmanquin.com. Schönes Ambiente. **(2)** Hotel Casa España (12 Zi. in altem Herrenhaus), Pl. Carlos I, Tel. 985 892 030, hcasaespana.com. **(3)** Hotel Neptuno (EZ/DZ ab 40 €, 3er-Zi. ab 60 €), Pl. Obdulio Fernández 8, Tel. 985 891 302, hotelcafeneptuno.com.

Die Strecke: Gut markiert (Muscheln, gelbe Pfeile). Bis auf den Aufstieg auf den 403 m hohen La-Campa-Pass recht einfache Etappe. Vorwiegend kleine Sträßchen, nur wenige unbefestigte Wege.

Höhenunterschied: 620 m im Auf-, 410 m im Abstieg.

Kritische Stellen: **(1)** Evtl. ist die Markierung vor und nach Valdediós verblasst. **(2)** Nach El Castru muss man rund 200 m an der AS-331 gehen. Es fahren wenige Fahrzeuge, die aber teils schnell. Möglichst ganz links gehen und den entgegenkommenden Verkehr im Auge behalten!

Landschaft: Der Weg schlängelt sich gemütlich durch die sanfthügelige, sehr grüne Landschaft. Unterwegs werden einige kleine Dörfer passiert, in denen Hektik und Stress Fremdworte sind. Apfelbäume erfreuen im Frühjahr mit ihren weißen Blüten, im Spätsommer mit ihren Früchten. Allenthalben ist das Läuten von Kuhglocken zu hören.

Infrastruktur: Villaviciosa A i € C/ Álvarez Miranda 4, Tel. 985 892 288 Igl. de las Clarisas Mo–Fr 20 Uhr, Sa/So 9 Uhr, Igl. Parroquial de Santa María (Pl. de San Francisco) Sa 20 Uhr, So 12 Uhr (Okt.–Mai 12.30 Uhr), Igl. de Santa María de la Oliva So 10.30 Uhr; Amandi (10 m, 440 EW); Valdediós (einfache Bar ein Stück vor dem Kloster); La Carcavá (285 m, 80 EW) (Do Ruhetag); La Vega de Sariego A Tel. 985 748 554; Pola de Siero A i

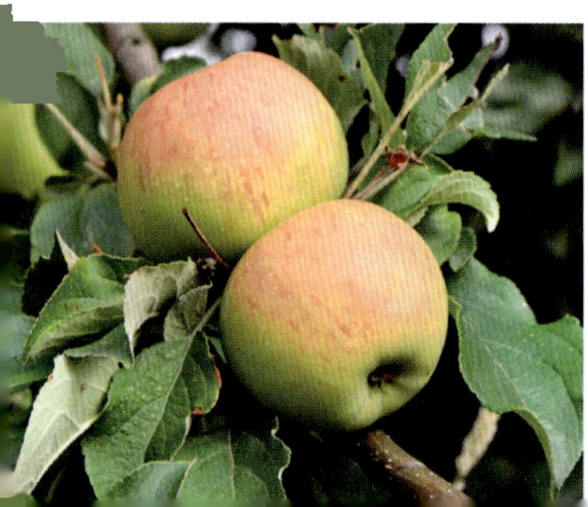

Wer kommt da nicht in Versuchung?

✉ € ≈ ✚ C/ Maestros Martín Galache 2, Tel. 985 725 487 ⛪ Igl. de San Pedro Apóstol Mo–Fr 19.30 Uhr, Sa 19 Uhr, So 9, 12 und 19 Uhr.

Variante: Es gibt zwei Wege auf den La-Campa-Pass: Der offizielle Weg führt geradeaus über Arzabal. Dieser ist 500 m kürzer, hat fast den gleichen Höhenunterschied und ist mit Pfeil und Muschel markiert, kommt allerdings nicht am Kloster von Valdediós vorbei. Dafür bietet er schöne Blicke auf die Klosteranlage und bei gutem Wetter Sicht bis hin zum Meer. Auf der Höhe von Ambás kann man an der Landstraße hinunter zum 1,7 km entfernten Kloster gehen.

Anmerkung: Eine Führung (auf Spanisch) durch das Kloster von Valdediós lohnt sich (Di–So, erste Führung um 10.30 Uhr), Mitte Juli–Mitte Aug. gibt es freitags um 20.30 Uhr Orgelkonzerte; genauere Info S. 46.

i *In Asturien eine **Sidra** zu trinken, ist ein kleines Erlebnis: Damit der naturtrübe Apfelmost für kurze Zeit sein volles Aroma und seine Spritzigkeit entfalltet, muss er mit »Schmackes« ins Glas gegossen werden. Deshalb wird immer die ganze Flasche serviert, nur ein kleiner Schluck (sp. »culin«, dt. »Popo«) ins Glas gegossen und zügig ausgetrunken. Wer es nicht glaubt: Einfach mal eine konventionell eingeschenkte Sidra probieren. Die »escanciado« genannte Prozedur wird entweder manuell durchgeführt, oder mit allerlei lustigen Vorrichtungen. Typisch asturisch sind »espichas«, bei denen Freunde und Nachbarn in die Mosterei eingeladen werden, um den neuen Apfelwein direkt ab Fass – und mit reichlich Nahrhaftem – zu verkosten.*

*Schon die alten Ägypter und Griechen schätzten den leicht vergärten Apfelsaft und auch auf der Iberischen Halbinsel ist Sidra seit Menschengedenken etabliert. Erste schriftliche Erwähnungen von Apfelplantagen (asturisch: »pomarada«) stammen aus dem 8. Jh., die Produktion in großem Stil begann im 18./19. Jh. Das mitten im größten Apfelanbaugebiet Spaniens gelegene **Villaviciosa**, zu deutsch etwa »fruchtbare Stadt«, mauserte sich zur »Apfelhauptstadt«. Die namhaftesten Hersteller des asturischen Nationalgetränks haben hier ihren Sitz, ebenso der Kontrollrat, der streng über die Qualität des spritzigen Apfelweins wacht. Im Zentrum kullern riesige Bronzeäpfel aus einem Bronzehut, auf dem Straßenpflaster laden rote Äpfelchen zu einem Stadtrundgang im Zeichen des Apfels ein. Bei der **Fiesta de la Sidra** am ersten Samstag im September schenken die Erzeuger (span. »lagareros«) Kostproben aus. In einem Wettbewerb messen sich die geschicktesten Sidra-Eingießer (»escanciador«) miteinander. Jeweils in ungeraden Jahren dreht sich Mitte Oktober beim **Festival de la Manzana** alles um den Apfel: Bei dem großen Herbstmarkt werden alle*

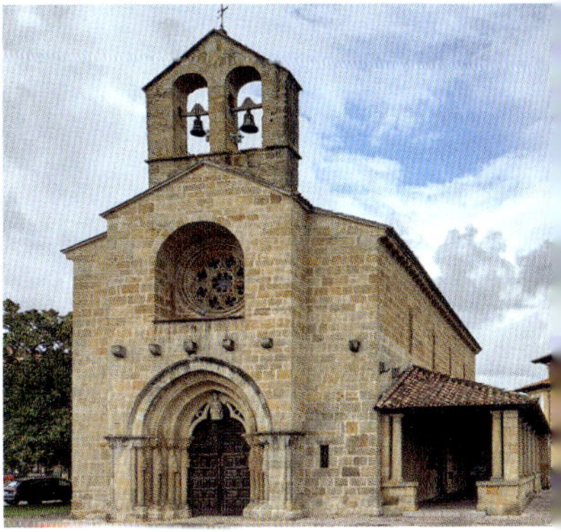

Iglesia de Santa María de la Oliva.

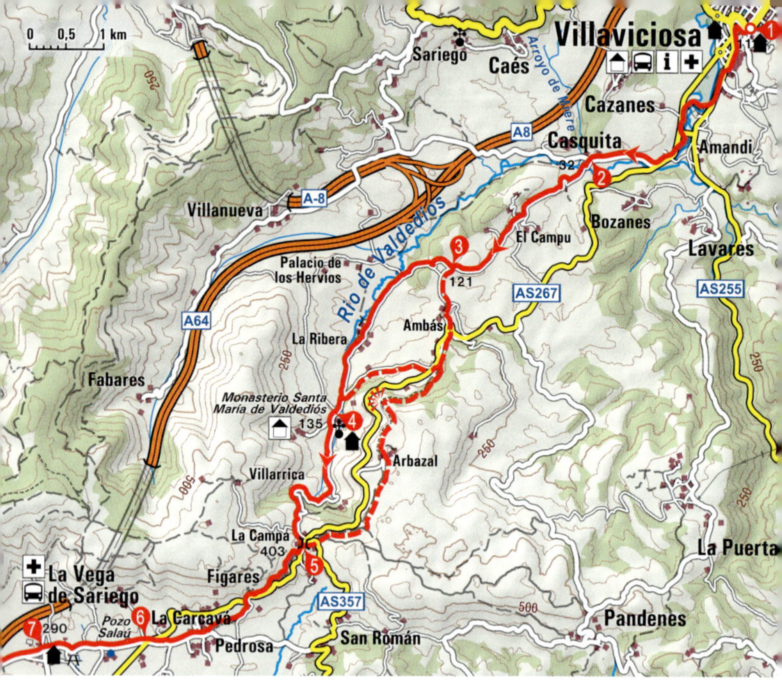

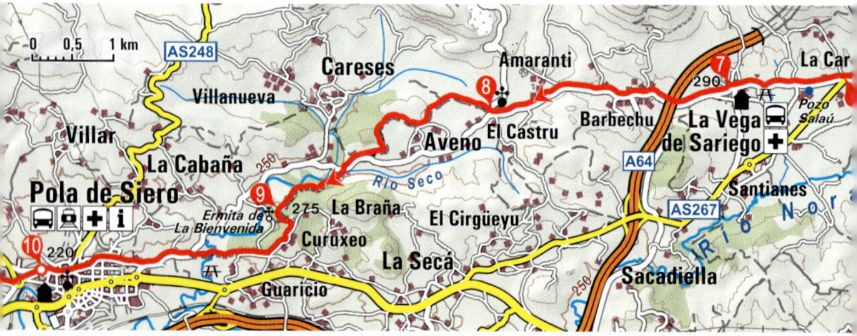

erdenklichen Apfelprodukte feilgeboten, die schönsten Äpfel gekürt und die gepflegtesten Plantagen ausgezeichnet.
Die Geschichtsschreibung von Villaviciosa beginnt im Jahr 1270 mit der Verleihung der Stadtrechte durch König Alfonso X., den Weisen. Kurz danach wurde die am Jakobsweg gelegene ***Iglesia de Santa María de la Oliva*** *als neue Stadtkirche er-*

baut, stilistisch befindet sie sich am Übergang von Romanik zu Gotik. Mit besonderem Stolz erfüllt die Stadt ein Ereignis, das nur vier Tage dauerte: Am 19. September 1517 betrat der junge Habsburger Prinz Karl von Gent (Gent/Belgien 1500–Yuste/Extremadura/Spanien 1558) im weiter nördlich an der Küste gelegenen Tazones erstmals spanischen Boden und weilte anschließend vier Tage in Villaviciosa in der Casa de los Hevia (heute Touristeninformation). Am 9. Februar 1518 wurde er in Valladolid als ***Carlos I.*** *zum ersten gesamtspanischen König gekrönt, der über das spanische Weltreich, »in dem die Sonne niemals untergeht«, herrschen und als römisch-deutscher Kaiser* ***Karl V.*** *(sp. Carlos V) in die Geschichte eingehen sollte. Jeweils Ende August werden seine Ankunft in Tazones und sein Aufenthalt Villaviciosa aufwendig nachgespielt und gefeiert.*
Tipp: *Wer Zeit hat, kann eine Apfelmosterei (span. »Llagar« oder »Bodega«) oder eine Plantage (»Pumarada«) besichtigen. Adressen und Infos auf turismovillaviciosa.es unter »Qué ver y hacer – La Sidra«.*
Wochenmarkt: *Seit dem 13. Jh. mittwochs im Parque del Pelambre.*
Oficina de Turismo: *Casa de los Hevia, C/ Agua 29, Tel. 985 891 759, Frühling/Sommer Mi–So (Herbst/Winter Di–Sa, Juil/Aug. tägl.) 10–14.30 und 15.30–18 Uhr; turismovillaviciosa.es und villaviciosa.es.*

Wir starten auf dem Rathausplatz im Zentrum von **Villaviciosa (1)**. An seinem spitzen Ende folgen wir der verkehrsberuhigten C/ Valle Ballina y Fernández und biegen rechts in die C/ Sol ein. Diese passiert erst dio Plaza

Blick von der Variante auf das Monasterio de Valdediós, links oben der La-Campa-Pass.

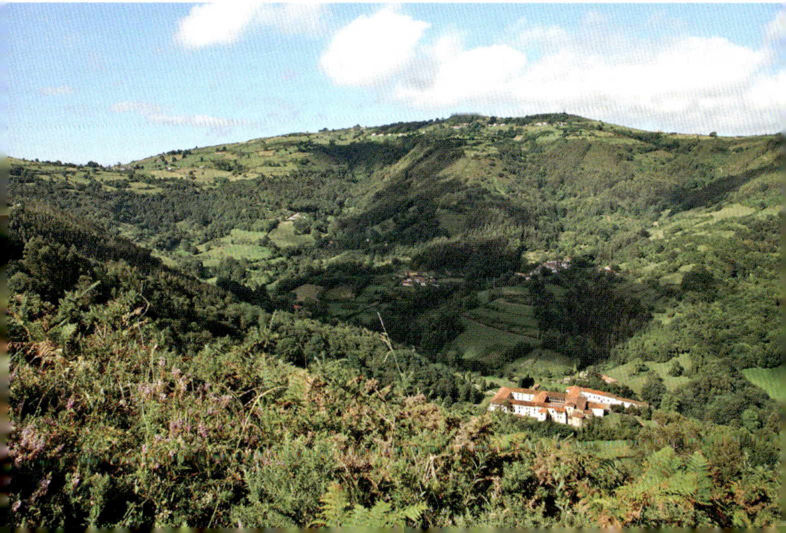

de Carlos I (links hinter dem Hotel Casa España: Casa de los Hevia), dann die Plaza de José Caveda y Nava mit einer Palme, einer Büste von Karl V. und dem 200 Jahre alten, wappengeschmückten Stadtpalais der Familie Valdés. Am Teatro Riera vorbei kommen wir zur romanischen Iglesia de Santa María de Oliva und schlagen dahinter links die C/ Cabanilles ein. Wir folgen ihr geradeaus, bis wir an einer spitzen Gabelung nach rechts zu einer Parkanlage geleitet werden. Nun wandern wir auf dem Fußweg neben dem Bach weiter. Dann überqueren wir nach rechts den Bach und bleiben nach links auf dem Fußweg bis zu seinem Ende. Hier gehen wir rechts und gleich links in die AS-267. Nach 200 m verlassen wir sie nach rechts (gleich darauf Wasserhahn mit Trinkwasser) und wandern auf der VV-10 nach **Casquita (2)** mit der Capilla de San Blas (1 Std.; evtl. Tisch mit Obst und Säften gegen Spende). Hier verabschieden wir uns nach links in Richtung Oviedo vom Camino del Norte, dem Küstenweg.

Nun leitet uns die Muschel auf dem Sträßchen (einmal wird eine Kurve abgekürzt) in den Weiler **El Campu** (rund 20 Min.). Knapp 200 m nach links befindet sich das hübsche Kirchlein San Juan Evangelista aus dem 13. Jh. (schöner Pausenplatz). Weiter auf dem auf- und absteigenden Sträßchen kommen wir nach knapp 30 Min. zu einer Art Verkehrsinsel mit Tisch und Bank **(3)**. Hier verzweigt sich der Weg (Markierungen evtl. verblichen bzw. übermalt).

Weg über Arbazal: Geradeaus auf dem Sträßchen, bzw. kurz auf einem Feldweg hinauf zur Iglesia de San Pedro bei **Ambás** (gut 20 Min.), dann rechts in die AS-113 und gleich nach links durch ein paar Gehöfte (an der AS-113 Abzweig nach rechts unten nach Valdediós) und auf einem teils steinigen, teils grasigen Weg steil bergan durch ein Wäldchen. Nach ca. 30 Min. treten die Bäume zurück, der Pfad schwenkt nach links und gibt den Blick auf das Kloster von Valdediós unten im Tal frei. Geradeaus bzw. leicht rechts ist der La-Campa-Pass zu erkennen. Der Pfad verliert etwas an Höhe, geht in einen Feldweg über und bringt uns nach **Arbazal** (15 Min.). Vor der Kirche links und nach rechts steil bergauf, dann auf dem fast flachen, aussichtsreichen Sträßchen geht es zum flachen Pass bei **La Campa** (30 Min.).

Hauptweg: Wir gehen nach rechts und hinter dem Haus mit der Palme nach links auf dem Sträßchen weiter. Nach gut 10 Min. führt der Weg in einer Rechtskurve geradeaus. Rund 20 Min. später kündigt das Haus mit der Auf-

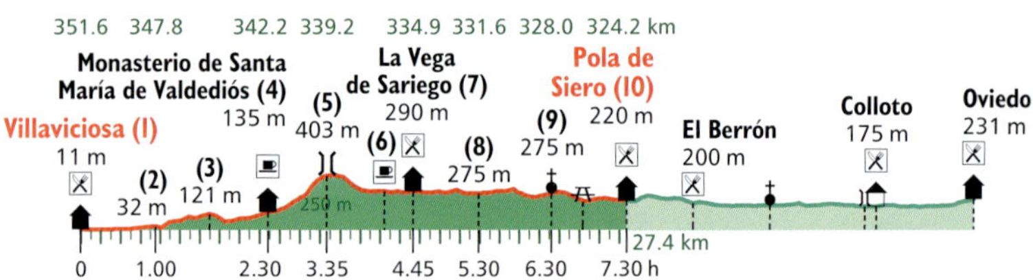

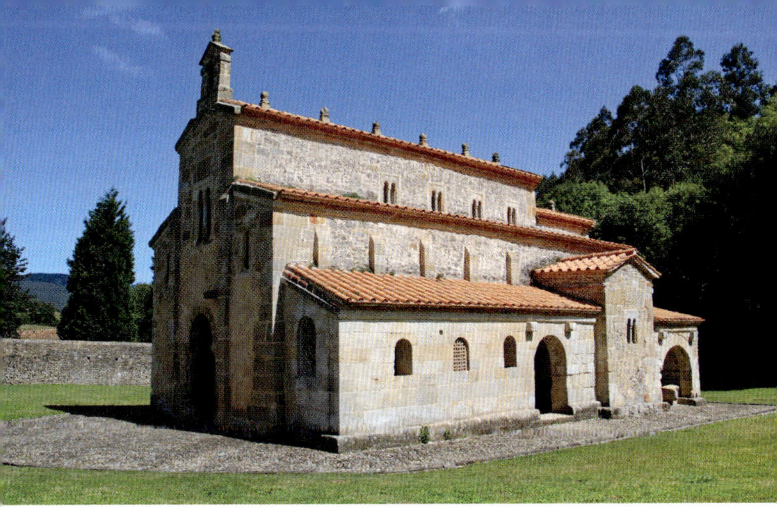

Das über 1000 Jahre alte »Conventín«.

schrift »Plazoleta del Diablu« (dt. etwa »Teufelsplätzchen« den langgestreckten Weiler La Ribera an, wenig später passieren wir die Fuente La Ribera. Wir gehen geradeaus (evtl. vorhandene Pfeile in Gegenrichtung ignorieren) und links des Bachs bergan bis zu einem Stoppschild (gut 10 Min.). Geradeaus gelangen wir zum **Monasterio de Santa María de Valdediós (4)**.

i *Das **Monasterio de Santa María de Valdediós** ist einer jender Orte, die dem Jakobsweg seine ganz eigene Magie geben. Der rund 1100 Jahre alte Klosterkomplex liegt einsam im Tal und blickt doch auf eine wechselvolle Geschichte zurück. Das letzte Kapitel währte leider nicht lange. 2016 zogen erstmals Frauen ein. Die jungen Nonnen des Karmeliterordens brachten Lebensfreude, Weltoffenheit und Modernität in die alten Gemäuer. Sie posteten fröhliche Selfies, wilde Schneeballschlachten und besinnliche Gedanken auf Social-Media-Plattformen, die Mutter Oberin betrieb einen eigenen Internet-Blog. 2020 wurden sie an andere Orte entsandt, inzwischen leben wieder zwei Nonnen und ein Pfarrer im Kloster.*
*Ursprung des Klosters ist die kleine **Iglesia de San Salvador de Valdediós**, oder kurz **El Conventín** (das Klösterchen) genannt. Sie ist eine der letzten von etwa 14 im vorromanischen Stil errichteten asturischen Kirchen und etwas jünger als die ab etwa 842 erbauten berühmten präromanischen Kirchen bei Oviedo, Santa María del Naranco und San Miguel de Lillo (beide UNESCO-Weltkulturerbe). Alfonso III. el Magno (der Große; 848–910), der letzte asturische König, ließ sich das Kloster als Rückzugsort errichten. Eine Marmortafel an der Südseite berichtet von nicht weniger als sieben Bischöfen, die zur Kirchweihe am 16. September 893*

sogar aus dem fernen Galicien und Portugal angereist waren. Das mitten auf der Wiese stehende Kirchlein – die dazugehörigen Klosterbauten existieren nicht mehr – weist typisch asturische (kubische Kapitelle) und mozarabische, d. h. arabisch-andalusische Elemente auf, wie etwa die Hufeisenbögen an den Fenstern. Durch sie flutet erstaunlich viel Licht in das nur 2,8 m breite und knapp 9 m hohe Hauptschiff und lässt es hell und freundlich wirken. Die noch erhaltenen Wandmalereien lassen erahnen, wie farbenprächtig die Wände einst waren. Auch hier ist der arabische Einfluss erkennbar: Die Künstler stellten keine Heiligen dar, sondern schmückten die Wände mit Ornamenten, Blumenmustern und christlichen Symbolen wie etwa dem Christusmonogramm. Die drei Altarkapellen sind Santiago (links), Jesus dem Erlöser (Mitte) und Johannes dem Täufer (rechts) geweiht. Auf der kleinen Empore über dem Eingang verfolgte der König die Messe.

Unfug sollte man in der Kirche besser bleiben lassen. Die über 1100-jährige Inschrift auf dem Türsturz warnt unmissverständlich: Dieser Tempel sei Christus dem Erlöser geweiht, heißt es da, die Erde solle jeden, der hier mutwillig Schaden anrichtet, bei lebendigem Leib verschlucken, er »möge zum Bettler werden und die Lepra seine Nachfahren heimsuchen«.

Im Jahr 1200 schenkte Alfonso IX. das Boiges genannte Tal dem Zisterzienserkloster von Sobrado dos Monxes (in Galicien, vgl. S. 145). Die Mönche benannten es in ***Valle de Dios*** *(Tal Gottes) um und errichteten in nur knapp acht Jahren (1218–1225) das neue* ***Kloster Santa María la Real****. Dabei stellten sie sich jedoch nicht so geschickt an wie Erbauer des Conventín daneben: Statt den Lauf des Río Asta (heute Río Valdediós) zu respektieren, leiteten sie ihn um den neuen Bauplatz herum. Die etwas windschiefe Nordfassade und der asymmetrische Innenraum der Klosterkirche offenbaren, dass die Baumeister mit dem schwammigen Untergrund kämpften. Noch schlimmer: Immer wieder bahnte sich der Fluss seinen alten Weg durch das Kloster, 1691 stand das Wasser in der Klosterkirche 2,5 m hoch. Bei der letzten Überschwemmung 1994 lüpfte ein beherzter Mönch seinen Habit, watete durch das hüfthohe Wasser und öffnete den Fluten das Nordportal.*

Bis zur Enteignung der Kirchengüter 1835 war das Kloster ununterbrochen in Betrieb. Nach dem Bürgerkrieg (1936–39) bis 1954 beherbergte es ein Priesterseminar, in dem auch Waisenknaben unterrichtet wurden, danach überließ man den 4000 m^2 großen Komplex dem Verfall. Ehemalige Schüler begannen ab den 1980er-Jahren mit der Restaurierung, die 2011 einen vorläufigen Abschluss fand. Von 1992 bis 2009 lebten nochmals Zisterziensermönche in Valdediós.

Messe: *Jeden Sonntag, Uhrzeit vor Ort erfragen. Pilgersegen tägl. 19.30 Uhr.*

Besichtigung: *Das Kloster kann individuell mit Audioguide oder im Rahmen einer Führung besichtigt werden. April–Sept. Di–So 10.30–13.30 und 16–19 Uhr, Okt.–März Di–So 10.30–13.30 Uhr), Führungen 6 €, Pilger oder mit Audioguide 4 €.*

Tipp: *Mitte Juli bis Mitte August gibt es jeweils freitags um 20.30 Uhr im Conventín einen Konzertzyklus auf der alten Barockorgel. Pilger haben ermäßigten Eintritt.*

Information: *monasteriovaldedios.com.*

Wir gehen am Klostereingang vorbei und halten uns bei der alten Schule links in Richtung Vallinaoscura (dt. dunkles Tälchen). Erst eben, dann ansteigend kommen wir durch das idyllische Tälchen mit seinen Apfelgärten in den Weiler Vallinaoscura, schwenken rechts und steigen nach nach Villarrica auf. Erst durch Wald, dann über offene Weiden klettert der Weg teils steil bergan zur AS-113 (rechts: Tankstelle), überquert sie und bringt uns nach rechts (von links: Variante) zum höchsten Punkt der Etappe am Pass bei **La Campa** (**5**; 1 Std.).

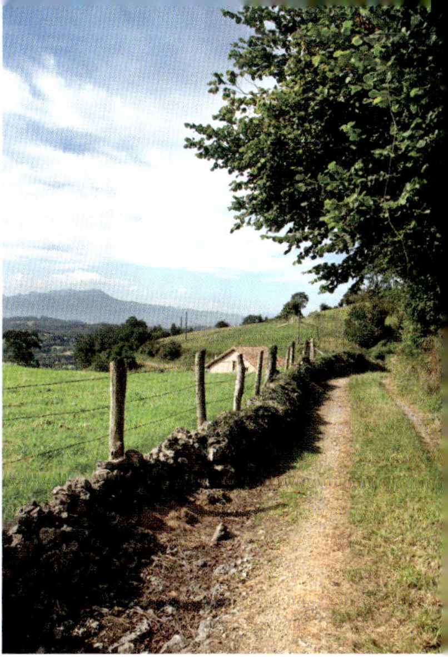

Abstieg vom La-Campa-Pass.

Kurz danach geht es erneut über die AS-113 in den Camín del Monte und links in den aussichtsreichen Feldweg. Schon nach 15 Min. stoßen wir wieder auf die Landstraße, biegen aber gleich links nach Figares (dt. etwa »Ort, wo es Feigenbäume – span. Higueras – gibt«) ab. Kurz nach dem Weiler folgen wir rechts dem Feldweg (Camín de la Platería) in das weite, ebene Tal und gelangen wieder auf Asphalt durch Pedrosa nach **La Carcavá** (**6**; 30 Min.). An der Gabelung nach der Bar gehen wir rechts in Richtung La Vega; kurz darauf liegt links der **Pozo Salaú**, der salzige Brunnen, am Weg: Das brackige Wasser ist tatsächlich salzig. Weiter geradeaus gelangen wir nach **La Vega de Sariego** (**7**; knapp 30 Min.).

Immer auf dem Sträßchen bleibend unterqueren wir die Autobahn, kommen durch Barbechu (rechts oben 1 km entfernt: Iglesia de Santa María de Narzana, Ende 12. Jh.) und Aramanti nach **El Castru** (**8**; gut 45 Min.), wo die Asphaltmonotonie vorläufig endet. Bei der Kreuzung gehen wir rechts und links in den Kiesweg (Wandertafel; die Angabe »Pola de Siero 7,5 km« entspricht der Entfernung bis zur Herberge). Der Weg führt erst geradeaus, dann nach links schwenkend durch ein sehr schönes, weites Tal mit von Feldhecken getrennten Weiden. Bei einem Gehöft bleiben wir geradeaus und nehmen dann rechts den Hohlweg (Fahrräder/bici geradeaus). Der Weg schlägt einen weiten Linksbogen, stößt auf eine T-Kreuzung und bringt uns nach rechts hinunter zur AS-331 (gut 30 Min. ab El Castru). Dieser müssen wir 200 m folgen. Vorsicht, der Gegenverkehr kommt aus einer Kurve und kann Fußgänger evtl. erst spät sehen!

Dann verlassen wir sie nach links und schlagen nach der Brück rechts den Waldweg ein. Wo dieser nach links schwenkt, halten wir uns geradeaus auf dem Pfad und gelangen wenig später zur einsam auf einer Lichtung stehenden **Ermita de La Bienvenida** (**9**; knapp 30 Min. ab AS-331).

i *Ein paar Jahrhunderte früher wäre jetzt ein Mönch auf uns zugestürzt und hätte uns ein Pfund Brot und einen mit Maisblättern gefüllten Sack als Lagerstatt angeboten. Der Prior eines längst verschwundenen Klosters soll auf diese Weise die vorbeiziehenden Pilger willkommen geheißen haben. Heute grüßt uns nur noch weit weniger überschwänglich die* ***Ermita de La Bienvenida****. Die Kapelle gilt als Schutzpatronin des Wegs, jeden letzten Sonntag im Mai findet hier eine kleine Wallfahrtfeier statt.*

Wir gehen vor der Kapelle links und biegen dann rechts in das Sträßchen ein. Rechter Hand sehen wir bald Pola de Siero im Tal liegen. Bei der Kreuzung kurz nach der Häusergruppe biegen wir rechts ab. Erst auf einem Sträßchen, dann auf einem schmaleren Weg kommen wir zu einem Picknickplatz am **Río Seco** (knapp 30 Min. ab La Bienvenida).

i *Schon im Mittelalter konnten die Jakobspilger dank des Brückchens den* ***Río Recuna*** *bzw.* ***Río Seco*** *trockenen Fußes in Richtung Pola de Siero überqueren. Pech, wer in die Gegenrichtung musste: Bei Marcenado befand sich seit dem 1274 eines der ersten Leprahospitäler Asturiens, in dem bis ins 18. Jh. hinein aber auch andere Krankheiten und malade Reisende behandelt wurden.*

Ein Betonweg bringt uns zur AS-331, die wir nach dem Schwimmbad geradeaus in die C/ El Rebollar verlassen (links sieht man die große Halle des Viehmarkts). Im Stadtzentrum gehen wir bei der Ein-Zapfsäulen-Tankstelle schräg links in die C/ Celleruelo (Hinweis zur Albergue). Sie führt an der Iglesia de San Pedro vorbei (durch die Gasse rechts vom Kirchenportal kommt man über einen Platz zum Más-y-Más-Supermarkt und zur Post) bis zu einem Kreisverkehr mit der Herberge von **Pola de Siero (10)** links davon (gut 30 Min. ab Río Seco).

i *Wer hat den Größten? Um diese Frage streiten sich die Junggesellen und die verheirateten Männer von* ***Pola de Siero*** *alljährlich in einem sehr speziellen Wettstreit. In der Nacht vom 23. auf den 24. Juni (San Juan – Johannisnacht) stellen die Junggesellen auf der Plaza de Les Campes eine riesige Pappel auf. Am 29. Juni (San Pedro – Sankt Peter) rücken die Verheirateten mit einer Eiche an, die natürlich die Pappel der Grünschnäbel um Längen überragen muss.*
Das ist nicht die einzige Eigenheit des auf den ersten Blick eher unscheinbaren Städtchens (Pola = asturisch für sp. pueblo, Dorf) im Herzen Asturiens. Es ist der einzige Ort Spaniens, in dem zu Ostern kunstvoll Eier bemalt werden. Aus Mittel-

und Osteuropa (Frankreich, Rumänen, Bulgarien, Russland) eingewanderte Minenarbeiter sollen die im asturischen Dialekt ***Güevos Pintos*** *genannte Tradition im 19. Jh. mitgebracht haben. Ein weiteres Kuriosum lässt sich an der* ***Rathausuhr*** *entdecken: Die römische Ziffer vier ist statt IV als IIII dargestellt. Und die dreieckige Markthalle (****Plaza Cubierta****) im Zentrum könnte man auf den ersten Blick für eine Bausünde der 1970er-Jahren halten. Tatsächlich wurde die Beton- und Glaskonstruktion bereits 1928 errichtet und war damals nachgerade revolutionär. Sie gilt als eines der bedeutendsten Gebäude des frühen 20. Jh. in Asturien.*
In ganz großem Stil wird auch im ***Mercado de Ganado*** *in der Nähe des Schwimmbads gehandelt, im größten Viehmarkt Spaniens und einem der größten in Europa. In die 1992 erbaute Halle passen 4500 Kälber und 1200 Rinder, jeweils montags und donnerstags wird hier national und international gehandelt. Jedes Jahr wechseln dabei über 100.000 Kühe, Schweine, Pferde, Schafe und Ziegen die Besitzer.*
Der Markt geht bis auf das Jahr 1270 zurück, als König Alfonso X, el Sabio (der Weise), dem Ort die Stadt- und Marktrechte verlieh. Obwohl schon seit der Frühzeit besiedelt, brachte erst der Jakobsweg den entscheidenden Entwicklungsschub. Das erste schriftliche Dokument aus dem Jahr 905 berichtet von Kirchenschenkungen durch König Alfonso III., 1141 gründete die Edeldame Doña María Ordóñez nahe der heutigen ***Iglesia de San Pedro*** *(erbaut 1801–1842) das Armen- und Pilgerhospital Alberguería de San Pedro, um das die Stadt entstand. Dank Landwirtschaft, Industrie (in der Vergangenheit vor allem Kohlebergbau) und dem Dienstleistungssektor zählen Stadt und Landkreis heute zu den wohlhabendsten Regionen Asturiens.*
Sehenswert: *Der* ***Stadtpark Alfonso X El Sabio*** *war einst der Garten des* ***Palacio de los Marqueses de Santa Cruz de Marcenado*** *aus dem 17. Jh.; am Westende steht das* ***Rathaus*** *(19. Jh.); die* ***Plaza de Les Campes*** *war früher der Marktplatz, heute ist sie das kulinarische Zentrum der Stadt mit vielen Cafés und Sidrerías. Die* ***Pilgerherberge*** *ist in der* ***Casona de San Miguel*** *untergebracht, einem typischen Landhaus aus dem 17. Jh.*
Gastronomie: *Sehr fleischlastig:* ***Embutidos*** *(getrocknete Schinken, Salami, Dauerwürste) aus Rind- und Schweinefleisch; Gerichte mit* ***Callos*** *(Kutteln) und* ***Molleja*** *(Kalbsbries),* ***Sopa de Hígado de Cerdo*** *(Suppe mit Schweineleber);* ***Queso de Varé*** *(Schafskäse aus Varé);* ***Sidra*** *(die Region ist mit 12 Lagares (Mostereien) der drittwichtigste Erzeuger Asturiens).*
Wochenmarkt: *Seit 1270 jeden Dienstag in und bei der Plaza Cubierta.*
Feste: Festival de Güevos Pintos*, Dienstag nach Ostern im Parque Alfonso X El Sabio; seit dem Jahr 1695* ***El Carmín****, bekannt auch als »Romería de Asturias« (Wallfahrt Asturiens) bekanntes zweiwöchiges Fest zu Ehren der Muttergottes vom Karmelberg (Virgen del Carmel), Haupttag ist der 16. Juli mit dem großen Festzug von der Plaza de Les Campes zum Festgelände beim Viehmarkt.*
Information: *Im Palacio de los Marqueses de Santa Cruz de Marcenado (zuletzt geschlossen); ayto-siero.es (unter »Soy turista«)*

2 *Pola de Siero – Oviedo*

4.15 Std.
17,5 km

Herbergen: Oviedo (231 m, 200.500 EW), **(1)** SH, ◎◎, 66 B/7,50 €. Alb. de El Salvador, C/ Leopoldo Alas 20 (700 m vom Hauptweg entfernt: von der C/ Postigo Alto links in die C/ Padre Suárez, geradeaus am Park El Campillín vorbei, bis dieser als spitze Mauer mit Hecke und Bäumen endet. Dort rechts durch die C/ San Roque (gelbes Schild »Albergue«) hoch zum großen, grauen Haus mit der Herberge; von hier 800 m bis zur Kathedrale: aus der Herberge kommend links durch die C/ Leopoldo Alas, geradeaus über die große Kreuzung in die C/ Magdalena, geradeaus über die Plaza de la Constitución in die C/ Cimadevilla bis zur Kathedrale), Tel. 985 228 525 (keine Reservierung). Mikrowelle, W/T, Information, Ausstellung Pilgerpass. 16 (Winter 16.30)–21 Uhr, ganzjährig. **(2)** TH, ◎◎◎, 10 B/20–25 €. La Hospedería Oviedo, C/ Schultz 7 (bei Kathedrale), Tel. 630 806 587. Küche, W/T, gute Betten mit Bettzeug. Gemütlich, mit Terrasse im Innenhof. Check-in 12–18 Uhr, ganzjährig. **(3)** TH, ◎◎◓, 26 B/je Saison 25–30 €. Alb. La Peregrina, C/ Covadonga 8 (am Weg, 500 m nach Kathedrale), Tel. 687 133 932. Küche, W/T. 13–21 Uhr (Gäste erhalten Schlüssel), ganzjährig.

Alternative Unterkünfte: Oviedo: (1) Pensión Fidalgo (DZ ab 50 €), C/ Jovellanos 5 (nördlich von Kathedrale), Tel. 985 213 287, hostalfidalgo.es. **(2)** HiHome Hostel (Schlafsaal 20 €, DZ 50 €, 3er-Zi. 65 €), C/ Uría 33 (nahe Bhf.), Tel. 684 604 265, oviedo.hihomehostel.com; schickes, modernes Hostel. **(3)** Green Hostel (Schlafsaal ab 21 €, DZ ab 58 €), C/ Magdalena 3 (in der Altstadt), Tel. 985 022 668, greenhostel.es.

Die Strecke: Bis auf den Weg nach Oviedo hinein gut markiert; einfach, fast ausschließlich eher wenig befahrene Sträßchen.

Höhenunterschied: 160 m im Auf-, 150 m im Abstieg.

Kritische Stellen: Ab kurz vor Oviedo evtl. schlecht markiert, aber gut zu finden.

Landschaft: Die unattraktivste Etappe des ganzen Wegs. Die erste Stunde bis kurz hinter Berrón verläuft nahe der Autobahn, danach ein angenehmeres Intermezzo, ab dem Einzugsgebiet von Oviedo Gewerbe- und Industriegebiete.

Infrastruktur: El Berrón (200 m, 3600 EW) Av. Langreo 29, Tel. 985 743 439; Colloto (175 m, 3300 EW) C/ Luis Suárez Ximielga, Tel. 985 794 315; Oviedo alles C/ Uria, Tel. Renfe 912 320 320, renfe.es neben Bhf., estaciondeautobusesdeoviedo.com Aeropuerto de Asturias (50 km nördlich, per Bus 45 Min.), aena.es Hospital Universitario Central de Asturias (Uni-Klinik), Av. de Roma s/n, Tel. 985 108 000, Centro de Salud la Lila, C/ la Lila 2 (Zentrum), Tel. 985 108 900 Kathedrale Mo–Sa 9.15 Uhr (Capilla de Sta. Bárbara), 12 Uhr (Capilla del Rey Casto), Sa auch 18.30 Uhr (Hauptaltar), So/Fei 10, 11, 12, 13 und 18.30 Uhr (Hauptaltar); Igl. Parroquial de Santa María la Real de la Corte Mo–Fr 19.30 Uhr (mit Pilgersegen).

Anmerkungen: (1) Nahe der Herberge von Pola de Siero hat morgens evtl. noch keine Frühstücksbar offen. **(2)** In Oviedo ist der Pilgerpass in der städtischen Herberge, in der Kathedrale, in der Basílica de San Juan el Real und im Tourismusbüro erhältlich. **(3)** Im Rest. Las Tablas del Campillín (C/ Arzobispo Guisasola 24, nahe der städtischen Herberge von Oviedo) isst man gut, reichlich und günstig, vor allem die lokale Spezialität Cachopo (Art Super-Cordon-Bleu; 2021 als drittbestes Cachopo Spaniens ausgezeichnet, tablasdelcampillin.com).

Aus der Herberge von **Pola de Siero (1)** kommend folgen wir der Straße nach links und verlassen sie nach dem Kreisverkehr in das erste Sträßchen rechts. Wir gehen durch **Forfontía** (**2**; 10 Min.) geradeaus, bis wir bei Müllcontainern rechts und gleich wieder links über die Autobahn geleitet werden. Danach folgen wir dem Sträßchen bis zur AS-246, gehen nach links über die Kreuzung und dann rechts in die Geschäftsstraße von **El Berrón** (**3**; knapp 45 Min.). An ihrem Ende weist die Muschel in die Av. de los Campones (30er-Zone). Nach Überqueren der Eisen- und Autobahn wird die Umgebung etwas ländlicher und freundlicher. In einem Rechts-links-Schwenk unterqueren wir die AS-17, passieren den Weiler Fonciello und die Fuente Fanxul (links). An der Gabelung kurz danach zeigt die Muschel in das Sträßchen geradeaus, die Pfeile links und rechts. Der Weg geradeaus ist 500 m kürzer; wir gehen jedoch links und passieren die große Wiese mit Picknickplatz beim **Santuario de la Virgen de la Cabeza** (**4**; 1 Std.). Rundherum erstrecken sich die Weiden des großen Pferdegestüts von Meres. Vor dem Bach biegen wir rechts ab, kommen in die Wohnsiedlung Meres und gehen nach dem großen Gebäude (Zentrum zur Förderung von Menschen mit Behinderung) auf einem Kiesweg links zum **Palacio de Meres** (**5**; 20 Min.).

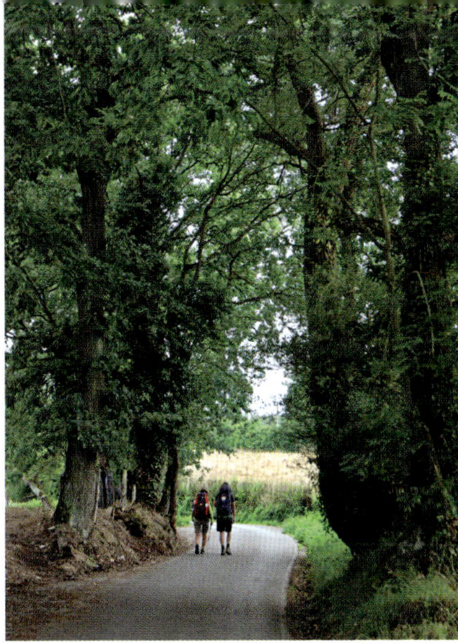

Eines der schöneren Wegstücke.

i *Wenige Immobilien dürften so treue Bewohner haben wie der* ***Palacio de Meres****. Seit nunmehr 14 Generationen ist er im Besitz der gleichen Familie. Der aktuelle Bau geht auf die Mitte des 15. Jh. zurück, im 16. und 17. Jh. bauten Pedro Argüelles, el Negro (der Schwarze) und dessen Nachfahre, der Markgraf von Paranza ihn grundlegend aus und um. Um das Palais von innen zu besichtigen, müsste man schon eine Hochzeit oder andere Festlichkeit organisieren: Das stattliche Anwesen, zu dem auch eine Kapelle gehört, wird heute als edle Kulisse für feierliche Anlässe vermietet. Information: palaciodemeres.com.*

Nach dem Palais überqueren wir eine Straße und einen Bahndamm ohne Schranke und wandern kurz durch ein Wäldchen, dann wieder auf Asphalt durch locker besiedeltes Gebiet nach **Granda** (**6**; 30 Min.) mit einer kleinen Kirche links. Weiter geradeaus unterqueren wir eine Bahnbrücke (Radfahrer/bici werden nach links geleitet) und kommen durch Llugarín zur N-634. Wir

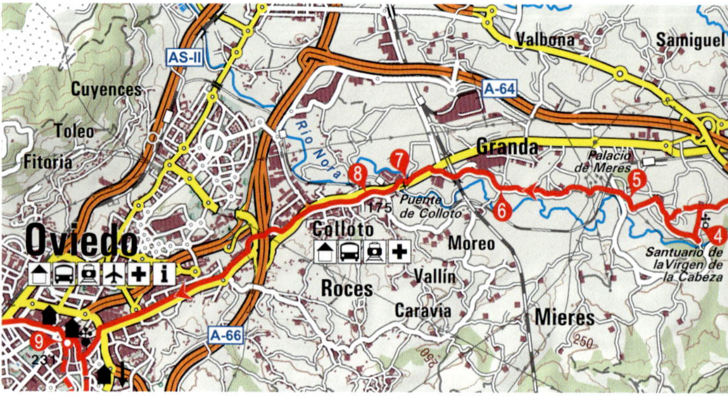

folgen ihr nach links und machen vor dem Río Nora einen Schlenker nach links über die **Puente de Colloto** (**7**; 20 Min.).

In den frühen Morgenstunden des 20. Juli 1936 trieben junge Milizionäre mit Hammer und Meißel Sprenglöcher in die ***Puente de Colloto****. Tags zuvor hatten die Volksfront (Frente Popular) und verbündete Anarchisten mit der Belagerung des von den Nationalisten besetzten Oviedo begonnen. Mit der Brückensprengung sollte den nachrückenden franquistischen Truppen der Weg abgeschnitten werden. Doch dann stieß der Meißel am Mittelpfeiler in einen Hohlraum. Darin: Goldmünzen. Ehe jemand von dem Fund Wind bekam, suchten die jungen Männer das Weite, ohne die Brücke wie geplant in die Luft zu jagen. Später sollten die Münzen das wahre Alter der Brücke offenbaren: Sie stammten nämlich aus dem 4./5. Jh. Somit hatten bereits die Römer die Brücke errichtet. Bis dahin hatte man sie für ein Bauwerk aus dem Mittelalter gehalten.*

Nach der Brücke gehen wir links und geradeaus durch das langgestreckte **Colloto (8)** bis zur N-634 (knapp 30 Min.). Bei der Ampel gehen wir rechts über die Straße und dann links am Gewerbegebiet entlang bis zu einem

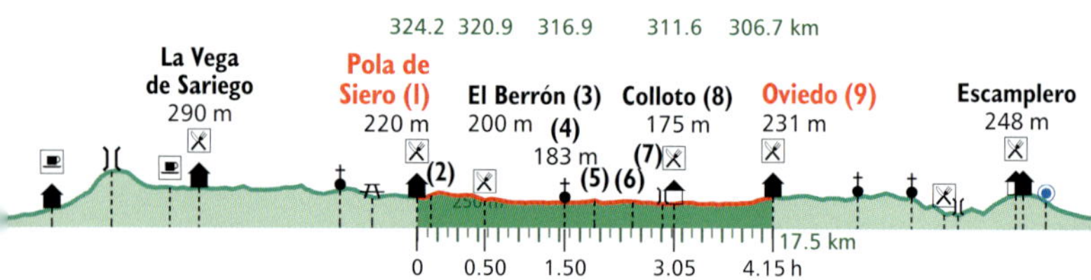

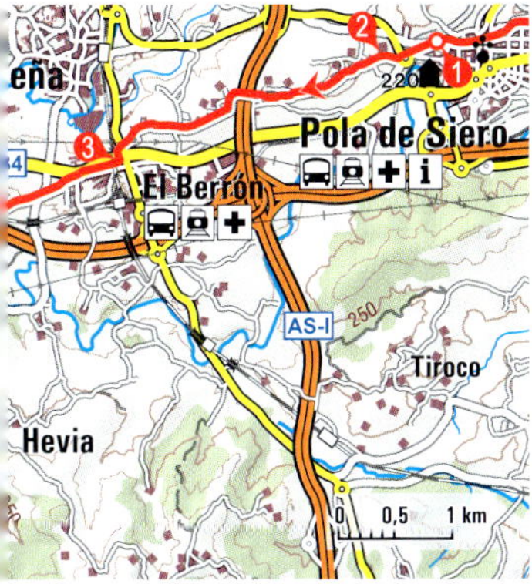

Kreisverkehr. Dort nach schräg links in die C/ Finlandia, unter der Autobahn hindurch und links hinauf, um wieder nach rechts in die N-634 einzubiegen.

Ab jetzt fehlt eventuell die Markierung. Wir laufen gut 30 Min. immer geradeaus durch die Vorstadt in Richtung Oviedo. Zuletzt steigt die jetzt C/ Tenderina genannte Straße an (rechts einige stattliche alte Villen und Gärten mit Palmen) und stößt auf die breite, quer verlaufende C/ Adelantado de la Florida/Ronda Sur. Wir gehen links der Kreuzung über die Ampel, dann links und gleich rechts in die C/ Postigo Bajo (30er-Zone). Diese steigt an, schwenkt bei einer Gabelung leicht nach rechts, passiert eine breite Treppe (rechts) und gelangt erneut an eine Gabelung: Die Straße schwenkt als C/ Padre Suárez nach links (auf ihr der Weg zur städtischen Herberge: siehe Punkt »Herbergen«). Wir aber gehen geradeaus auf der verkehrsberuhigten C/ Postigo Alto bis zur nächsten Querstraße (C/ Mon) und auf dieser nach rechts zur Kathedrale von **Oviedo** (**9**; 10 Min. ab Ronda Sur).

i *»Quien va a Santiago y no al Salvador, visita al criado y no al Señor«, zu Deutsch etwa: Wer zum Grab des Jakobus geht, ohne Christus, dem Erlöser, die Ehre zu erweisen, der besucht nur den Diener, nicht aber den Herrn. Der Spruch aus dem 11. Jh. war eine Art früher Werbeslogan für* ***Oviedo*** *(Asturisch:* ***Uviéu****). Nachdem König Alfonso II. el Casto, der Keusche (ca. 760–842) zum frisch entdeckten Apostelgrab nach Galicien gepilgert war, lief zunächst alles bestens für die noch junge Hauptstadt seines Reichs: Die Pilger machten hier Station, um das* ***Santo Sudario*** *(Schweißtuch von Jesus Christus) zu besichtigen. Mit dem Vordringen der Reconquista in Richtung Süden wendete sich das Blatt. Nach der Verlegung des Hofs nach León im Jahr 910 wurde der über Pamplona, Logroño und Burgos verlaufende Camino Francés populär. Mit dem oben zitierten Hinweis, dass Jakobus ja doch nur ein Heiliger zweiten Ranges sei, versuchte König Alfonso VI. von León (ca. 1040–1109) den Pilgerstrom wieder über Oviedo zu leiten. Der erhoffte Effekt blieb aus, doch den »Camino del Salvador«, der Weg des Erlösers, von León nach Oviedo gibt es noch immer.*

Als Gründungsväter gelten die Mönche Máximo und Fromestano. 761 gründeten sie ein kleines Kloster, König Fruela I. (722–768) fügte eine Kirche und einen Palast hinzu. Erst 30 Jahre nach Fruelas Tod bestieg sein Sohn Alfonso II., el Casto, 791 den Thron. Während seiner 51-jährigen Regentschaft brachte er Asturien und Oviedo zu politischer und kultureller Blüte. Der streng gläubige, wegen seiner kin-

derlosen Ehe »el Casto«, der Keusche, genannte König ließ über der 794 von den Mauren zerstörten Kirche seines Vaters eine Basilika errichten und Jesus, dem Erlöser (»el Salvador«) weihen. Im 14.–16. Jh. wurde sie zur gotischen ***Catedral de Oviedo*** *ausgebaut. Nur die* ***Cámara Santa****, die einstige Hofkapelle von Alfonso II., blieb im Original erhalten. In ihr wird bis heute der Kirchenschatz aufbewahrt: das* ***Cruz de los Ángeles*** *(Engelskreuz), das Symbol Oviedos; das* ***Cruz de la Victoria*** *(Siegeskreuz), das Pelayo 722 bei seinem Sieg über die Mauren mit sich trug, ziert heute die asturische Flagge; die* ***Caja de las Ágatas*** *(Achat-Truhe), eine Spende von Fruela II. aus dem Jahr 910; in der* ***Arca Santa*** *(heilige Truhe) wurde früher u. a. das Santo Sudario aufbewahrt. Jüngste Studien ergaben, dass es mit großer Wahrscheinlichkeit die gleiche Person bedeckte wie das Turiner Grabtuch – allerdings ist dessen Alter bis heute umstritten.*

Öffnungszeiten: *Nov.–Feb. Mo–Sa 10–13 und 16–17 Uhr, März–Mai und Okt. Mo–Sa 10–13 und 16–18 (Sa nur bis 17) Uhr, Juni Mo–Sa 10–13 und 16–19 (Sa nur bis 17) Uhr, Juli/Aug. tgl. 10–19 (Sa nur bis 17) Uhr; Sept. tgl. 10–18 (Sa nur bis 17) Uhr, Eintritt 7 €, Pilger 4 €, Kathedralturm 8 €; catedraldeoviedo.com.*

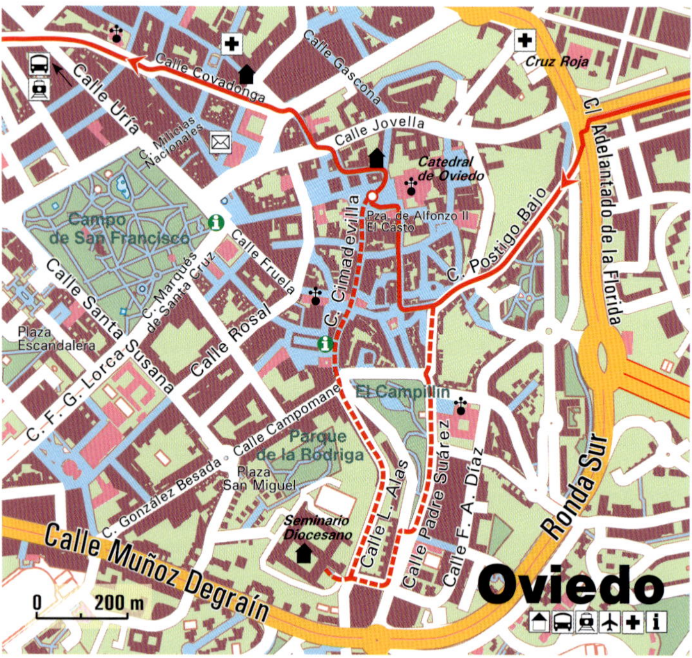

Unter Alfonso II. und seinem Nachfolger Ramiro I. (ca. 790–850) verbreitete sich in Asturien die vorromanische Architektur. Vorromanisch deshalb, weil die rund 14 im 8. bis 10. Jh. entstandenen Bauten der eigentlichen Romanik rund 200 Jahre voraus waren. Ihre Erbauer inspirierten sich an der römisch-griechischen und westgotischen Ornamentik und schufen damit etwas Neues, das den christlichen Kirchenbau nachhaltig beeinflussen sollte: Bögen, Arkaden, Säulen und Fenster zierten die streng gegliederten, sehr harmonischen Gotteshäuser. Zum Schutz vor arabischen Angriffen standen sie oft an abgelegenen, schwer zugänglichen Orten. Das Kloster von Valdediós (Etappe 1) war eines der letzten Werke jener Epoche. Zwei der bedeutendsten und stilreinsten vorromanischen Bauten befinden sich rund 4 km nördlich von Oviedos Zentrum: die **Iglesia de Santa María del Naranco** und die **Iglesia de San Miguel de Lillo** (beide seit 1985 UNESCO-Weltkulturerbe). Sie waren Teil der Sommerresidenz von Ramiro I. Die elegante Santa María del Naranco diente dabei ursprünglich als »aula regia«, also königliche Empfangshalle, erst im 12. Jh. wurde sie zur Kirche geweiht. San Miguel de Lillo hingegen wurde als Kirche errichtet.
Öffnungszeiten: April–Sept. Di–Sa 9.30–13 und 15.30–19 Uhr, So/Mo 9.30–13 Uhr; Okt.–März Di–Sa 10–14.30 Uhr, So/Mo 10–12.30 Uhr, Besichtigung außer montags nur mit Führung (Dauer ca. 30 Min.) 4 €, Mo Eintritt frei; Tickets in Iglesia de Santa María del Naranco; santamariadelnaranco.es. Anfahrt mit Bus A-2 in Richtung Centro Asturiano, zurück mit Bus A-1 in Richtung Llamaquique, Fahrzeit ca. 15 Min., 1,20 €, Haltestellen u. a. in C/ Uria/ggü. Campo de San Francisco; https://www.tua.es unter »Líneas y Horarios«.

Nach dem Umzug des Hofs nach León verlor Oviedo an politischer Bedeutung, blieb aber dank seiner bedeutenden Reliquien ein religiöses Zentrum. 1388 wurde Oviedo Hauptstadt des neu gegründeten Fürstentums (»Principado«) Asturien. Die spanischen Thronfolger tragen noch immer den Titel Fürstin bzw. Fürst von Asturien (»Princesa/Príncipe de Asturias«), aktuell ist dies die 2005 geborene Tochter von Königin Letizia und König Felipe VI, Infantin Leonor.
Das Versiegen des Pilgerstroms führte zu finanziellen Einbußen. 1521 zerstörte ein verheerender Brand praktisch die ganze Stadt. Danach wurde sie besser strukturiert wiederaufgebaut. Ab dem 19. Jh. brachten die Industrie – u. a.

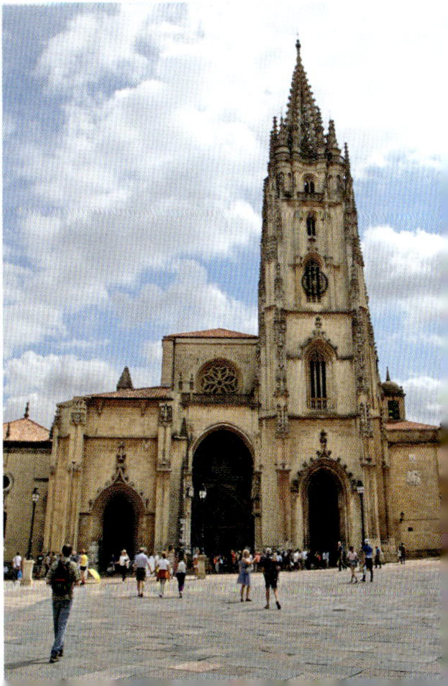

Kathedrale von Oviodo.

durch die Verlegung der Waffenschmiede vom Baskenland nach Oviedo und die Ansiedlung von Eisenhütten – und die Universität neue Impulse. Ab dem 20. Jh. gewannen aufgrund der günstigen zentralen Lage Verwaltung und Handel an Bedeutung. Im Bürgerkrieg war Oviedo als einzige nordspanische Stadt 90 Tage lang (19. Juli–16. Okt. 1936) in der Hand der Faschisten. Während der Belagerung durch Anhänger der Republik entstanden starke Schäden. Heute lädt die verkehrsberuhigte Altstadt zum Bummeln und Verweilen in einer der vielen Tavernen ein.
Alljährlich werden in Oviedo Verdienste in Kultur, Sport Wissenschaft oder auch soziales Engagement mit dem **Preis Princesa de Asturias** gewürdigt. Zu den Preisträgern gehören Hans-Dietrich Genscher, Steffi Graf, Michael Schumacher, aber auch der Jakobsweg, 2023 erhielten ihn u. a. Meryl Streep und Haruki Murakami.
Seit 1979 ist Oviedo die Partnerstadt von Bochum. Der Spitzname der Einwohner Oviedos ist **Carbayón** (vom asturischen »Carbayu«, Eiche). Die Eiche galt den Asturern und Cantabrern als heiliger Baum. Ein uraltes Exemplar musste 1879 dem Bau der Calle Uria weichen. An seiner Stelle wurde gegenüber dem großen Stadtpark **Campo de San Francisco** unweit der Plaza de la Escandalera eine Denkplakette in den Bürgersteig eingelassen. Ganz in der Nähe, vor dem Teatro Campoamor, steht die aktuelle Eiche auf der **Plaza del Carbayón**.
100 über die ganze Stadt verteilte Skulpturen machen Oviedo zum Freiluft-Museum. Als prominentester Künstler platzierte der Kolumbianer **Fernando Botero** (1932–2023) sein **La Maternidad** genanntes Kunstwerk auf der Pl. Escandalera, eine 2,45 m hohe und 800 Kilo schwere in Bronze gegossene Hommage an die Mutterschaft. In Sichtweite ragt der 4 m hohe **Culis Monumentalibus**, ein monumentaler Hintern, aus der verkehrsberuhigten C/ Pelayo. Sein Erschaffer, der Maler und Bildhauer **Eduardo Úrculo** (1938–2003), gilt als einer der bekanntesten Pop-Art-Künstler Spaniens. In der C/ Milicias Nacionales steht ein lebensgroßer **Woody Allen**; nach den jüngsten Skandalen um sexuelle Gewalt und Missbrauch forderten Aktivisten die Entfernung der Skulptur. Über alle Zweifel erhaben ist die vom argentinischen Zeichner Quino (Argentinien, 1932) ersonnene Comicfigur **Mafalda**. Das vorwitzige, aber auch sehr lebenskluge Mädchen sitzt im Campo de San Francisco auf einer Bank beimEntenteich.

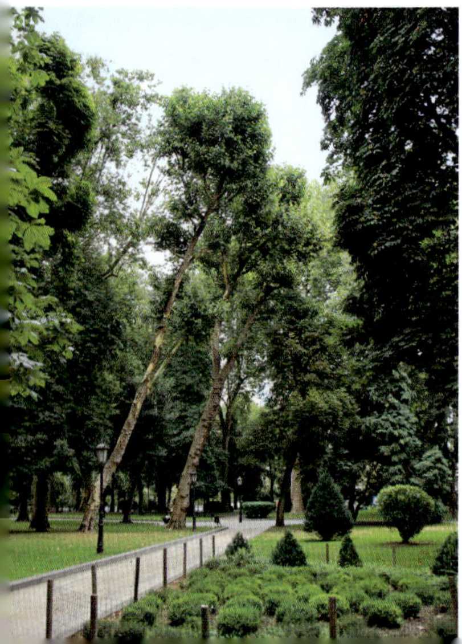

Oviedos grüne Lunge: der Stadtpark Campo de San Francisco.

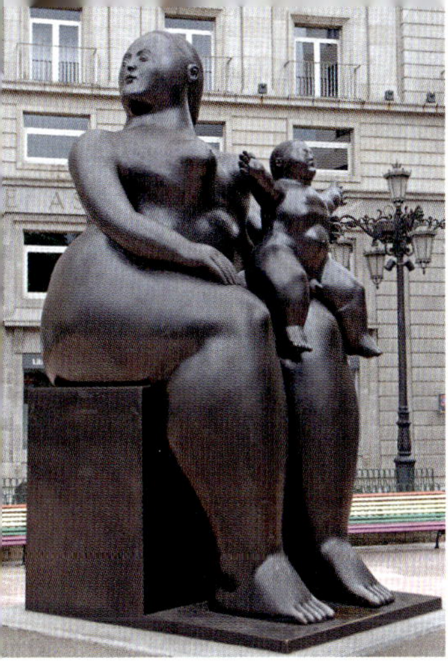

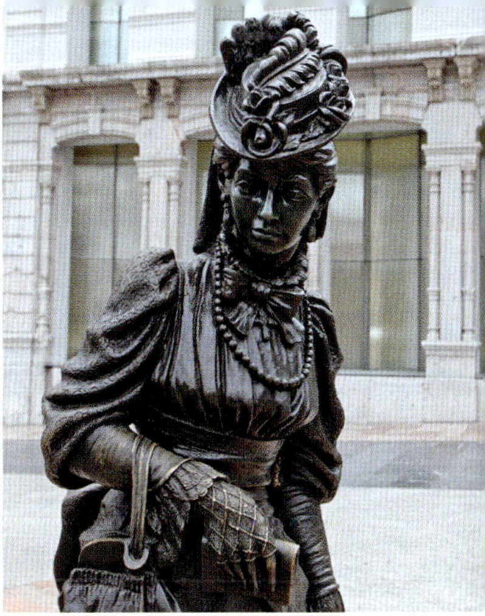

Kontraste: links »La Maternidad« von Fernando Botero, rechts »La Regenta«, die Hauptfigur aus dem gleichnamigem Roman von Leopoldo Alas »Clarín«.

Leopoldo Alas »Clarín« *(Zamora 1852–Oviedo 1901) sähe es sicher mit Genugtuung, dass seine* **Regenta** *auf dem Kathedralplatz stets von Touristen umschwärmt ist. Die elegante »Regentin« ist die Hauptfigur seines gleichnamigen zweibändigen Romans aus dem Jahr 1884/85, der seinerzeit einen handfesten Skandal auslöste. Die rund um Ana Ozores, frustrierte und gelangweilte Gattin eines Gerichtsvorstehers, gesponnene Geschichte behandelt u. a. Themen wie Ehebruch, auch mit einem Pfarrer. Über 100 Romanfiguren lassen die Bewohner der fiktiven Provinzhauptstadt Vetusta als vulgär, heuchlerisch, unkultiviert, Adel und Klerus als korrupt und verdorben erscheinen. Niemand zweifelte daran, dass keine andere Stadt als Oviedo gemeint war. Heute gilt die Saga in Spanien als eines der wichtigsten literarischen Werke des 19. Jh.*

Feiertage: Antroxu, *Karneval; um Christi Himmelfahrt* **Feria de la Ascensión**, *eine der wichtigsten Veranstaltungen Asturiens mit großem Markt auf dem Kathedralplatz, Konzerten und vielem mehr; Pfingstdienstag* **La Balesquida** *oder* **Martes al Campo**, *Fest mit fast 800-jähriger Tradition, Ursprung ist das Jahr 1232, als die wohlhabende Doña Velazquita Giráldez ihren ganzen Besitz wohltätigen Zwecken spendete; heute wird es mit zahlreichen Veranstaltungen, Umzügen und vor allem Picknicks mit* **Bollos Preñaos** *(dt. schwangere Brötchen, mit Chorizo-Wurst oder Schweinespeck gefülltes Hefegebäck) und Wein gefeiert (martesdecampo.com); um den 21. September* **San Mateo**, *Konzerte an vielen Plätzen in der Stadt, Umzüge und Picknicks etwa im Campo de San Francisco.*

Oficina de Turismo: *Plaza de la Constitución 4, Tel. 984 493 560, 16. Juni–15. Sept. tgl. 9–19 Uhr, sonst Mo–Fr 9–17.30 Uhr, Sa/So 10–17 Uhr, visitoviedo.info.*

3 Oviedo – Grado

7.00 Std.
25,5 km

Herbergen: Escamplero (248 m, 230 EW), SH, , 26 B/6 €. Anmelden am Ortsanfang in Rest. El Tendejón de Fernando, Tel. 985 799 005 (Mi geschl., dann in der kleinen Metzgerei anmelden). Einfach, aber ordentlich. Kleine Küche. Ganztags (außer 10–12 Uhr), ganzjährig. **Paladín** (59 m, 20 EW), TH, , 30 B/ ab 18 € (EZ ab 40 €, DZ ab 60 €). Villa Palatina Superior Hostel, Tel 603 402 500, villapalatina.es. Bar/Rest., W/T, gute Betten mit Bettzeug, Garten, Pool. 13–22 Uhr, ganzjährig. **Grado** (75 m, 9.600 EW), **(1)** SH, , 16 B/Spende. Alb. de Peregrinos Villa de Grado (nett betreut von internationalen Hospitaleros), C/ Maestra Benicia 1 (rechts oberhalb des zentralen Parks), Tel. 985 752 766. Küche, Frühstück, Waschm., Schließfächer. Evtl. nachts störende Lüftung. 15–22 Uhr, Feb.–Okt. **(2)** TH, , 35 B/ab 15 € (DZ ab 50 €). Alb. La Quintana (prächtige Villa am Weg/ Hauptstraße), Tel. 640 377 256, alberguelaquintana.com. Küche, Cafeteria, W/T, Garten. 12–23 Uhr, März–Mitte Nov.

Alternative Unterkünfte: Escamplero: Rest. El Tendejón de Fernando (Mi geschl.), Tel. 985 799 005, eltendejondefernando.es. **Grado:** Hotel Auto-Bar (Pilger EZ DZ 20 €/Person), C/ Flórez Estrada 29 (an Hauptstraße am Weg, 800 m nach SH), Tel. 985 751 127 und 625 389 577, autobargrado.com, gute Hausmannskost.

Die Strecke: Gut markiert, in Oviedo Bronzemuscheln auf dem Boden, aber bei den Abzweigen im Stadtgebiet immer gut auf Pfeile und Muscheln achten; Wechsel von Asphalt, Wald- und Feldwegen; die ersten 17 km ständiges Auf und Ab, dann im Tal des Río Nalón bis nach Grado flacher.

Höhenunterschied: 460 m im Auf- und 620 m im Abstieg.

Kritische Stellen: Hinter Peñaflor muss man ein kurzes Stück an der N-634 gehen. Der Gegenverkehr kommt aus einer Linkskurve, daher kann ggf. die rechte Straßenseite sicherer sein.

Landschaft: Wir befinden uns nun auf dem eigentlichen Camino Primitivo, dem Weg, den König Alfonso II. der Keusche als erster Jakobspilger nahm. Die ersten 4 km/1 Std. verlaufen noch durch Oviedo, dann wird es ländlicher, grüner und hügeliger – ein erster Vorgeschmack auf das, was an Höhenmetern noch auf uns zukommt.

Infrastruktur: La Bolguina (107 m, 10 EW); Escamplero (Metzgerei mit kleinem Laden); Valduno (65 m, 270 EW) (200 m links von Weg); Paladín; Peñaflor (65 m, 230 EW) (Mo Ruhetag); Grado Pl. los Moscones, Tel. 985 752 830.

Varianten: Bei Valduno kann man einen kurzen Abstecher nach links zu teilweise freigelegten römischen Thermen machen.

Anmerkungen: (1) Für den Fall, dass Einkehrmöglichkeiten geschlossen sind, mit Proviant und Getränken vorsorgen. **(2)** Mittwochs und sonntags ist Markt in Grado, daher sind montags die meisten Läden zu.

Auf das Hauptportal der Kathedrale von **Oviedo (1)** schauend wenden wir uns nach links in die C/ Águila, wo sich der Weg verzweigt: Geradeaus führt der »Camino de la Costa« nach Avilés am Camino del Norte. Wir biegen nach links in die C/ Schultz ein (benannt nach Wilhelm Phillip Daniel Schulz, der im 19. Jh. in Asturien tätige deutsche Geologe und Bergbauingenieur verwendete als Erster den Namen »Picos de Europa« in einer Landkarte). Dann rechts in die C/ San Juan, links in die C/ Jovellanos und gleich rechts in die C/ La Luna. Unten über den Zebrastreifen, dann links und an der Verkehrsinsel in die zweite Straße rechts (C/ Covadonga). Am Beginn ist das Portal des ehemaligen Convento de Santa Clara zu sehen (kurz danach rechts: Alb. La Peregrina). Nun immer geradeaus, an der Basílica de San Juan el Real vorbei zur breiten C/ de la Independencia (ggü.: Wohnblocks mit orange-weiß-grünen Fassaden). Wir gehen nach links, wechseln die Straßenseite und weiter nach links bis vor den Kreisverkehr. Dort biegt der Weg nach scharf rechts ab und überquert dann nach links den rot gepflasterten Platz mit Brunnen. Danach geht es geradeaus über den Kreisverkehr in die C/ Argañosa, auf ihr zuletzt nach rechts schwenkend bis zur Bahnhaltestelle La Argañosa, wo wir gut 30 Min. ab Start den ersten Wegstein mit Muschelkachel finden **(2)**. Wir überqueren die Brücke und biegen in die Straße rechts ein (links ist ein großer Supermarkt zu sehen), dann gleich links in die C/ José María Fernández Buelta, nach rechts über den Zebrastreifen in die C/ Illas und auf dieser über die nächste Straße hinweg bis zur breiten Straße Paseo de la Florida (begrünter Mittelstreifen). Nach links gelangen wir zu einem Kreisverkehr, gehen geradeaus über den Zebrastreifen, biegen dann rechts ab (Jakobusfigur am Ende des Mittelstreifens) und schlagen hinter der Schule links den Fußweg neben dem Parque del Camino de Santiago ein. Am seinem Ende leitet die Markierung nach rechts, dann nach links an den Wohnblocks vorbei und in die zweite Straße nach rechts. An deren Ende steigen wir leicht bergan zu den Ruinen des ehemaligen Leprosenhauses **San Lázaro de Paniceres** (**3**; 30 Min.).

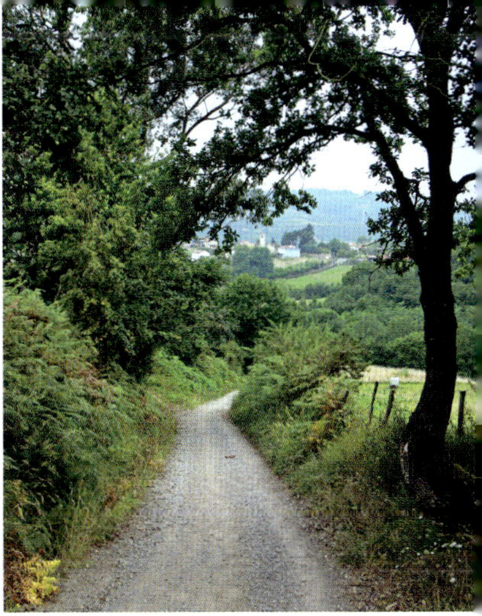

Kurz nach der Capilla de el Carmen.

i *Im Mittelalter fürchteten die Menschen die Lepra als entsetzlichste Geißel Gottes. Aus Angst vor Ansteckung wurden die Aussätzigen in Siechenhäusern wie* ***San Lázaro de Paniceres*** *außerhalb der Städte isoliert. Wenn sie betteln gingen, mussten sie mit Glocken oder Klappern auf sich aufmerksam machen. Dennoch galt es als größter Akt christlicher Nächstenliebe, sich um die Betroffenen zu kümmern. Daher standen viele Leprastationen unter der Schirmherrschaft von Adligen oder Königen. Heute gilt Lepra als eine der ältesten dokumentierten Infektionskrankheiten der Menschheit. Ihr Ursprung wird in Indien vermutet. Es ist unklar, wann und wie das Lepra-Bakterium nach Europa kam; eine Theorie besagt, Soldaten Alexander des Großen hätten es im Jahr 327 v. Chr. von einem Feldzug in Indi-*

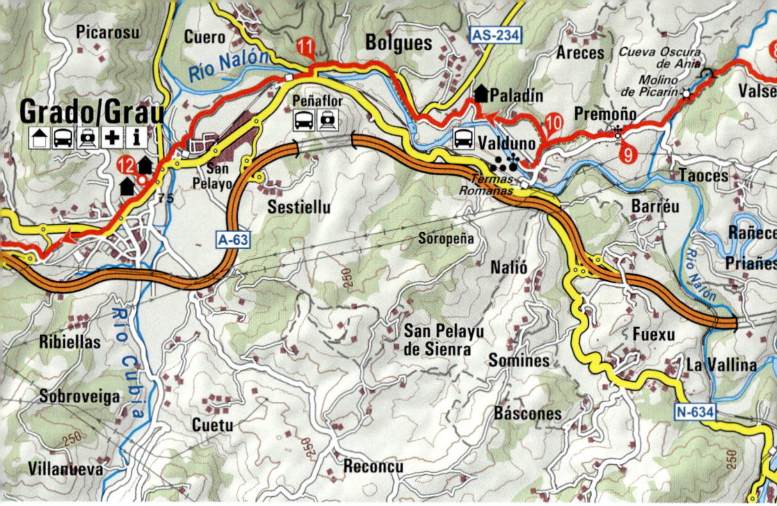

en in den Mittelmeerraum eingeschleppt. Doch erst die Kreuzzüge sorgten vom 11. bis 13. Jh. für eine epidemische Ausbreitung der Lepra in ganz Europa. Ironischerweise waren es die großen Pestepidemien, die Mitte des 14. Jh. die Verbreitung in Europa stoppten: Geschätzt ein Drittel der europäischen Bevölkerung fiel dem »Schwarzen Tod« zum Opfer, wer schon Lepra hatte, dem gab die Pest den Rest. Verbesserte hygienische Bedingungen verhinderten weitere Lepraepidemien. Inzwischen ist die Krankheit heilbar, doch laut Hilfsorganisationen infizieren sich noch immer alljährlich über 200.000 Menschen mit Lepra, vor allem in armen Ländern.

Das Stadtgebiet liegt nun hinter uns. Wir folgen dem Sträßchen geradeaus. Nach der scharfen Kehre nach links in Richtung Villamar achten wir auf den rechts abzweigenden betonierten Weg. Nun wandern wir im leichten Auf und Ab und mit Blicken auf die Berge links von uns bis zur **Capilla de el Carmen (4)** bei Lampaxuaga (knapp 45 Min.). Ein Kiesweg bringt uns hinunter zu einem alten Waschplatz bei einem Bächlein, anschließend steigen wir auf einem Sträßchen hinauf nach **Lloriana (5)**, wo wir bei der seit dem 12. Jh. dokumentierten Iglesia de Santa María gutes Brunnenwasser trinken kön-

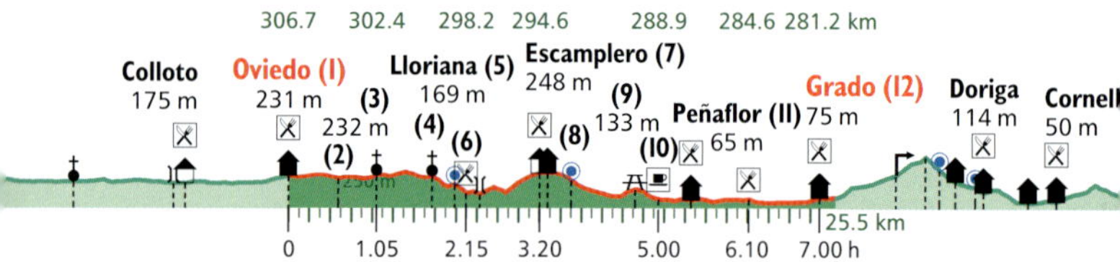

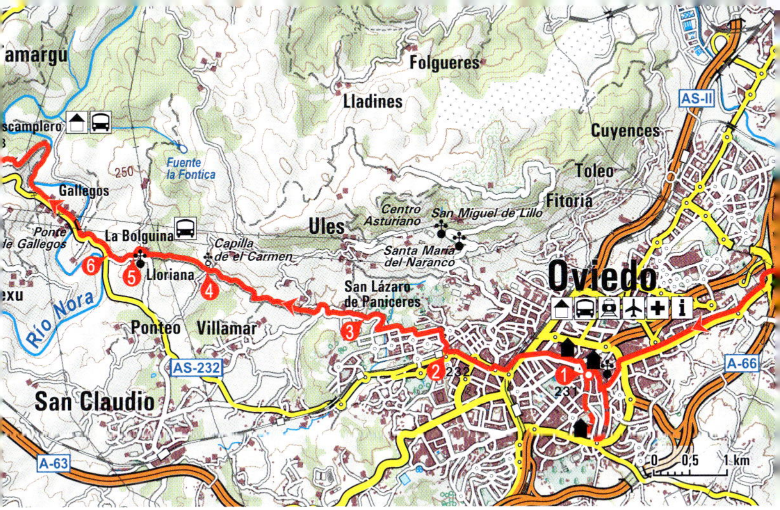

nen (20 Min.). Wieder bergab stoßen wir nach 10 Min. bei **La Bolguina (6)** auf die AS-232. Wir folgen ihr nach rechts, überqueren in einem kleinen Schlenker über die Ponte de Gallegos den Río Nora und gehen wieder an der Straße bergauf, bis wir nach rechts auf einen schönen Waldweg geleitet werden. Auf dem nur anfangs felsigen Weg wandern wir hinunter zum Río Nora, begleiten ihn kurz und steigen dann mit einer scharfen Linkskehre auf einem Forstweg bergan. Durch die Wohnsiedlung Los Arroxos gelangen wir abermals zur AS-232 und nach rechts hinauf zum Rest. El Tendejón de Fernando in **Escamplero** (**7**; gut 1 Std.).

Rund 400 m weiter passieren wir die Herberge (links vom Weg) und verlassen die Straße nach wenigen Minuten nach links. In Taraniello bringt uns ein am Ende steinig-felsiger Feldweg wieder zur AS-232 und diese nach **Valsera (8)** mit der Capilla de Fátima (knapp 30 Min.). Im 15. Jh. war sie noch der Muttergottes Maria geweiht, das aktuelle Gebäude stammt aus dem 20. Jh. Gleich danach biegen wir zweimal links ab und wandern auf einem Sträßchen in das hübsche, weite Tal. Vor dem roten Haus biegen wir links in den Feldweg ein und finden uns sogleich in einem schönen Wald wieder. Unterwegs zeigt ein Schild rechts zur Molino de Picarín, der Abstieg zur alten Mühle lohnt aber nicht unbedingt. Weiter geradeaus überqueren wir den Bach und steigen auf Asphalt bergan, passieren einen Picknickplatz und erreichen die Capilla de Santa Ana in **Premoño** (**9**; knapp 1 Std.).

i *Wem jetzt schon die Beine schmerzen, der sollte kurz innehalten, denn hier in der Gegend gilt Anna, die Mutter der Jungfrau Maria, also die Großmutter von Jesus Christus, als Schutzpatronin der Fußkranken. Ein altes asturianisches Sprichwort besagt: »Todos los coxos van a Santana, allá voy con mi pata galana« – alle Hinkenden gehen zur heiligen Anna, so komme auch ich mit meinem lahmen Bein. Daher war es womöglich kein Zufall, dass die Wahl für eine Schutzpatronin der kleinen Kapelle am Pilgerweg auf sie fiel. Über das genaue Alter der* ***Capilla de Santa Ana*** *herrscht Unklarheit, sicher existierte sie im 17. Jh. zusammen mit einem Pilgerhospital, in dem alle Wallfahrer auf dem Weg nach Galicien für 24 Stunden Unterschlupf fanden. Im Inneren ist eine Skulptur der heiligen Anna aus dem 18. Jh. zu sehen, die ihrer Tochter Maria ein Buch zeigt. Jeweils um den 10. Juli ehren die Anwohner von Premoño ihre Heilige mit einem großen Fest.*

Am Ortsende nimmt uns ein Pfad nach rechts auf. Durch den Wald kommen wir hinunter zum Abzweig nach **Valduno** (**10**; 20 Min.). Die Bar befindet sich 200 m links des Wegs (Mo Ruhetag), ein Stück weiter die Ausgrabungen der römischen Thermen und die Iglesia de Santa Eulalia.

i *Seit dem 19. Jh. vermutete man römische Siedlungsspuren in* ***Valduno****, doch erst der Fund einer großen Schrifttafel im Jahr 1947 nahe der Kirche schaffte Gewissheit. Die dem »Sestio Munigalicio« gewidmete römische Stele wird heute im Archäologischen Museum von Oviedo aufbewahrt. Ausgrabungen brachten auf einer Fläche von knapp 50 m² die Reste der alten Therme aus dem 1./2. Jh. n. Chr. zum Vorschein.*

Der Weg führt geradeaus weiter und verläuft nun eben im Tal des Río Nalón (der mit 153 km längste Fluss Asturiens; bei Soto del Barco kreuzt er den Camino del Norte und mündet kurz danach ins Meer). Der Kiesweg nähert sich wieder dem Fluss und gelangt auf dem Sträßchen daneben nach **Paladín** (rechts: Herberge Villa Palatina). Dort biegen wir links ab und werden nach wenigen Minuten nach links auf einen schönen Pfad neben dem Fluss geleitet. Dieser stößt erneut auf die AS-232, neben der wir (zuletzt auf einem Gehweg) **Peñaflor (11)** erreichen (1.15 Std.). Der Río Nalón sägte an dieser Engstelle einen schmalen Durchbruch in den quer verlaufenden Höhenzug.

Wir überqueren den Fluss nach links und folgen nach rechts der N-634. Vorsicht: Der Gegenverkehr kann auf der linken Straßenseite laufende Fußgänger evtl. erst spät

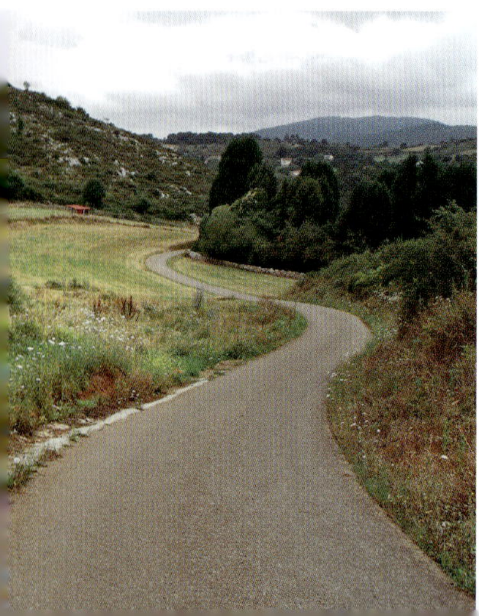

Schönes Tal hinter Valsera.

erkennen, die rechte Seite ist ggf. etwas sicherer. Nach knapp 300 m verlassen wir beim Schild »Feve« die Straße nach rechts, gehen geradeaus durch den Ort und achten dann auf den etwas unvermuteten Abzweig nach rechts und unter der Bahn hindurch. Danach wandern wir nach links durch das breite Tal auf Grado zu. Nach dem Bahnübergang am Ortsrand gehen wir geradeaus (links: Radfahrer/»bici«), dann links in den Fußweg, die Treppe hinauf und rechts in die Hauptstraße. Am ersten Kreisverkehr nach der Brücke über den Río Cubia zweigt rechts die Av. Vistalegre ab (Pension Ca Teo), wir gehen geradeaus bis zum nächsten Kreisverkehr. Der Jakobsweg schwenkt hier nach links in die Altstadt, zur städtischen Herberge von **Grado (12)** gehen wir geradeaus am Park vorbei und an seinem Ende rechts hinauf (gut 45 Min.). Die Herberge La Quintana liegt dem Camino folgend 300 m weiter rechts an der Hauptstraße, das Hotel Auto Bar weitere 500 m weiter links an der Hauptstraße.

i *Moscones, zu Deutsch »Schmeißfliegen« oder auch »Nervensägen«, nennen sich die Einwohner von **Grado** (asturisch **Grau**) voller Stolz. Doch sind sie keines von beiden, sondern durch den jahrhundertelangen Kontakt mit Menschen aus vielen Ländern und Kulturen sehr gastfreundlich und aufgeschlossen. Schon in der Altsteinzeit nutzten Menschen die fruchtbare Ebene nahe dem Río Nalón. Ab dem 1. Jh. v. Chr. durchquerten Reisende auf der Römerstraße von Astorga (Castilla y León) nach Lugones (nordöstlich von Oviedo) den Ort. Dieser »Camín Real de la Mesa« blieb bis ins 19. Jh. der wichtigste Verbindungsweg zwischen Asturien und Zentralspanien. Dank der günstigen Distanz zu Oviedo wurde Grado zum Etappenort am Camino Primitivo, von Beginn an machten hier Pilger aus der damals bekannten Welt Station. Im 13. Jh. erhob König Alfonso X., der Weise, den Ort zur Stadt. Das damit verbundene Marktrecht beschert Grado bis heute einen prall gefüllten Marktkalender (s. u.). Prächtige Anwesen wie der **Palacete Velázquez** (auch **Capitolio** genannt) direkt neben der Pilgerherberge verraten, dass auch viele Bürger Grados im 19. Jh. in Übersee lukrative Geschäfte machten und als reiche **Indianos** in die Heimat zurückkehrten.*

*Uneinigkeit herrscht über den Ursprung des Spitznamens **Moscones**. Die einen verorten ihn im frühen Mittelalter bei der reichen Familie Mosca. Die anderen behaupten, im Unabhängigkeitskrieg gegen Frankreich Anfang des 19. Jh. hätten die Anwohner Grados an der Klamm von Peñaflor den Angreifern Salven von Gewehrkugeln wie summende Fliegen (sp. Moscas) um die Ohren gejagt.*

***Sehenswert:** Am Ende des Parks links der Hauptstraße ehebt sich der stattliche **Palacio de Miranda Valdecarzana**; der markgräfliche Palast entstand im 15. Jh. und wurde im 17./18. Jh. im barocken Stil umgebaut (Casa de Cultura/Kulturzentrum). Links daneben ist ein Stück der mittelalterlichen Stadtmauer (**Muralla Medieval**) erhalten. Dahinter steht die 1713–1717 aus rotem Kalkstein erbaute barocke **Capilla de Nuestra Señora de los Dolores**. Nach der Plünderung und Zerstörung durch die Franzosen 1812 mussten die Kirchenglocken durch Holzimi-*

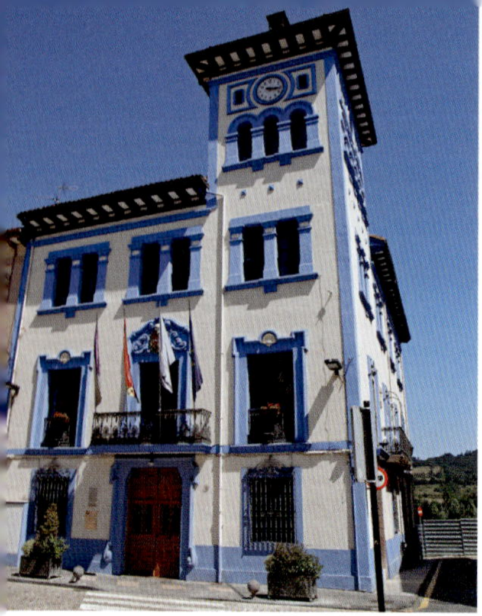

Rathaus von Grado.

tate ersetzt werden. Heute dient die Kirche als Festsaal. Links daran vorbei gelangt man zum schönen, himmelblau-beigen **Ayuntamiento** *(Rathaus, Mitte 19. Jh.) und über den Vorplatz nach rechts auf den zentralen Platz mit der* **Casa de Los Arcos** *(auch Casa de Arias Miranda) und der* **Casa de Los Fernández de Miranda**, *beide 18./19. Jh. Die Bronzeskulptur einer Marktfrau ist allen Händlern gewidmet. Rechts, in der C/ la Magdalena, befindet sich die Pfarrkirche* **Iglesia de San Pedro** *(Ende 19. Jh., im Bürgerkrieg innen stark beschädigt).*

Wochenmarkt: *Mittwochs und besonders sonntags großer Besucherandrang, rund 200 Stände und alle Läden geöffnet (dafür montags geschlossen).*

Märkte und Feste: *Jeden ersten Sonntag im Monat* **Mercado de Ganado** *(Viehmarkt). Sonntag nach Ostern* **Feria de la Primera Flor de Grado**, *erstes Frühlingsfest und Viehmarkt, 6 Wochen später* **Mercadón de Primavera y Segunda Flor** *(zweiter Frühlingsmarkt); Wochenende um den 19. März (San José, Sankt-Josef-Tag)* **Feria de Muestras de Grado** *(große Messe des lokalen Handels und Handwerks); gegen Ende Mai* **Certamen Ganadero**, *Rindermarkt; um den 25./26. Juli* **Mercado de Artesanía de Santiago** *und* **Fiesta de Santa Ana**, *Hauptfest von Grado und Kunsthandwerkermarkt anlässlich der Schutzheiligen Jakobus und Anna; Mitte September* **Certamen de la Escanda**, *Dinkel-Fest mit Produkten rund um das Getreide; um den 12. Okt.* **Mercadón de Otoño**, *großer Herbstmarkt; 28. Okt.* **Feria de San Simón** *(Pferdemarkt).*

Museen: *Das etnografische Museum* **Villa ya Mercáu**, *C/ La Cardosa s/n widmet sich dem Markt und Leben in Grado und beherbergt eine Ausstellung historischer Fotoaparate sowie eine Sammlung von Akkordeons (Öffnungzeit wie Oficina de Turismo). Im* **Llagar de sidra** *(Palacio de Miranda Valdecarzana/Casa de Cultura) kann man eine alte Sidra-Presse besichtigen (Mo–Fr 10–20.45 Uhr, Sa/So 10–14 u. 15–20.45 Uhr, Juli/Aug. Mo–Fr 9–14.30 Uhr).*

Gastronomie: Tocinillo de Cielo *(wörtlich »Himmelsspeckchen«, Süßspeise aus Eigelb und Sirup),* **Quesu Afuega'l Pitu** *(Kuhkäse, der beim Schlucken im Hals (ast. »Pitu«) einen leicht pelzig-bitteren Geschmack hinterlässt, die rote Variante mit Paprikapulver ist leicht scharf),* **Pan de Escanda** *(Dinkelbrot).*

Oficina de Turismo: *Palacio de Fontela, C/ Eduardo Sierra 10, Tel. 985 753 206 oder 636 909 088, Mi–So 11–15 und 16–19 Uhr, Mo/Di sowie 4.–9. Aug., 4.–19. Sept. und 6.–14. Nov. geschl., ayto-grado.es.*

8.30 Std.
31 km

Grado – La Espina **4**

Herbergen: 900 m rechts vom Weg: **San Juan de Villapañada** (240 m, unter 50 EW), SH, , 20 B/7,50 €. Tel. 670 596 854 (Domingo). Küche (vorher einkaufen, vor Ort nur ein paar einfache Lebensmittel), W/T; kein WLAN. Abseits, aber sehr schön und ruhig gelegen. 15–22 Uhr, ganzjährig. **San Marcelo** 187 m, 20 EW), PH, , 4 B/Spende. Casita Madala, Tel. 613 014 607. Private Pilgeraufnahme, klein, aber fein. Küche, gemeins. Abendessen, Frühstück. Ganztags, ganzjährig. **Doriga** (114 m, 30 EW), PH, , 12 B/12 €. Acogida Cá'Pacita, Tel. 684 613 861. Holzbungalow; Waschm., Bar-Rest.Ganztags, ganzjährig (vorher informieren ob offen). **Los Verdugos** (42 m, 10 EW), PH, , 12 B/Spende. Alb. Roca Madre, Tel. 638 176 862. Gemeins. Abendessen, Frühstück; Waschm. 14–22 Uhr, 18. März–Okt. **Cornellana** (50 m, 700 EW), S/VH, , 30 B/7 €. Alb. del Monasterio de San Salvador (im alten Kloster), Tel. 635 485 932. Küche, W/T, großer Innenhof, viel Platz. Ab 14 Uhr (Stempel, Check-in 19.30–21.30 Uhr), ganzjährig. **Casazorrina** (148 m, 40 EW), TH, , 13 B/17 € (6 DZ 65–70 €). Hotel Rural La Figal do Xugabolos, Tel. 659 113 721 und 649 643 231, lafigaldexugabolos.es. W/T, Bar-Rest. (auch veg.), gute Betten mit Bettzeug; Terrasse. Schönes Landhotel. Check-in 11–16 Uhr, April–Okt. **Salas** (240 m, 4800 EW), **(1)** SH, , 16 B/7,50 €. Vor dem Zentrum 350 m rechts des Wegs: bei Supermarkt Alimerka und rotem Haus Schild nach rechts, an der kleinen Tankstelle vorbei über die Brücke und bei Caja Rural rechts; Herberge in Erdgeschoss von Wohnblock schräg rechts hinter Salón Municipal. Mikrowelle, W/T. 12–22 Uhr, ganzjährig. **(2)** TH, , 20 B/14 € MF. Alb. Valle del Nonaya (Zentrum, vor Kirche rechts), C/ Arzobispo Valdés 5, Tel. 626 527 073, alberguevallenonaya.com. W/T, Mikrowelle, Frühstück. Check-in 13–20 Uhr, April–Okt. **(3)** PH, , 21 B/13 € (5 DZ 40 €, als EZ 30 €). Alb. El Tulipán de Salas, Pl. de la Campa (nach Kirche durch den Torbogen, jenseits des Platzes in Straße links), Tel. 643 158 850, tulipandesalas.com. Charmantes Altstadthaus. Küche (bis 17 Uhr), W/T; gemeins. Abendessen (Bio/veg.), Frühstück, Musikinstrumente, Yoga. Check-in 13–18 Uhr, April–Okt. **(4)** TH, , 14 B/18–20 € (im Hotel 10 EZ 59–69 €, 10 DZ 69–78 €). Casa Sueño (Ortsende, 500 m nach dem Zentrum), Tel. 673 914 308, casasueno.es. Küche, W/T, Bar-Rest., gute Betten mit Bettzeug; geräumig, hell, Garten. Check-in 13–19 Uhr, Mitte März–21. Dez. (Hotel Mitte März–7. Jan.). **Bodenaya** (630 m, 130 EW), PH, , 10 B/Spende. Tel. 645 888 984. Eine legendäre Herberge am Camino Primitivo. Gemeins. Abendessen, Frühstück, W/T. Schöne Pilgeratmosphäre. Kein WLAN Ab 15 Uhr, Mitte März–Mitte Okt. **La Espina** (655 m, 440 EW), **(1)** PH, , 18 B/13 €. Alb. Casa Aladino, Tel. 630 608 812. Mikrowelle, Waschm. Check-in 14–18 Uhr, ganzjährig (Winter mit Reservierung). **(2)** PH, , 10 B/Spende. Alb. El Cruce, Av. Constitución 5 (am Weg, nach der Kirche an der Hauptstraße), Tel. 639 365 210 und 985 837 381. W/T, Mikrowelle; Stockbetten und normale Betten; älteres Haus, aber geräumig und sauber. 13–22 Uhr, ganzjährig.

Alternative Unterkünfte: Salas: (1) Hotel Castillo Valdés (DZ 54–79 €), Pl. de la Campa, Tel. 985 830 173, castillovaldessalas.es. **(2)** Hotel Soto (etwas günstiger), C/ Arzobispo Valdés 9, Tel. 985 830 037. **La Espina:** Pensión Dakar, Av. de la Constitución 41, Tel. 985 837 062.

Die Strecke: Gut markiert. Asphaltsträßchen, Feldwege und (teils unbequeme) Pfade. Das Geländeprofil wird anspruchsvoller: Gleich zu Beginn fast 300 Hm Anstieg auf 6 km, dann bis Salas moderateres Auf und Ab. Zuletzt anstrengender Aufstieg von Salas nach Bodenaya (420 Hm/7 km) und eher flach bis La Espina.

Höhenunterschied: 1070 m im Auf-,

490 m im Abstieg.

Kritische Stellen: Keine, aber bei Nässe herrscht auf manchen Pfaden erhöhte Rutschgefahr.

Landschaft: Wir wandern durch das ländliche Asturien mit kleinen Dörfern, Wäldern, Weiden und Feldern. Die nahe Autobahn A 63 und die N-634 trüben das Naturerlebnis zum Teil etwas. Zwar stellenweise anstrengend, aber sehr schön ist der Aufstieg von Salas durch das bewaldete Tal des Río Nonaya nach Bodenaya.

Infrastruktur: Doriga; Cornellana A €; Casazorrina (bei Tankstelle an N-634); Salas A i € Av. de Chamberí 25-23, Tel. 985 830 849; La Espina A €.

Varianten: **(1)** Die Herberge von San Juan de Villapañada liegt 900 m abseits des Wegs. **(2)** Vor Cornellana kann man ab der Brücke über den Río Narcea am Fluss entlang direkt zum Kloster von Cornellana gehen (rund 100 m kürzer, kommt aber nicht durch das Zentrum): nach der Brücke links in den Fußweg (Sendero del Salmón), bei erster Gelegenheit links über das Brücklein des Seitenflusses, danach rechts und an der folgenden Gabelung links (oder am Fluss weiter).

Anmerkungen: **(1)** Die Etappe ist sehr lang und anstrengend, wird aber von vielen Pilgern so gegangen. Weniger geübte Wanderer benötigen speziell für den Aufstieg von Salas nach Bodenaya evtl. länger als die angegebenen Gehzeiten. Die Übernachtung in Bodenaya oder La Espina hat den Vorteil, dass danach die eher einfache Etappe 6 bis Campiello (gut 25 bzw. gut 24 km) folgt. Campiello ist der ideale Ausgangsort für die lange und anspruchsvolle Etappe über die Ruta de los Hospitales bis Berducedo. **(2)** Wer mehr Zeit hat bzw. kürzere Etappen bevorzugt, kann den Weg auch anders aufteilen, etwa Grado–Salas (22 km), Salas–Tineo (20 km), Tineo–Campiello (13 km). **(3)** Falls die Ruta de los Hospitales nicht gegangen werden möchte oder kann, geht auch Campiello–Pola de Allande (14 km) oder Tineo–Pola de Allande (26 km), Pola de Allande–Berducedo (18 km). **(4)** Nicht zu empfehlen ist, die Etappe Campiello–Berducedo via Pola de Allande an einem Tag zu machen, da sie mit 32 km und 1200 m im Auf- und 910 m im Abstieg zu anstrengend ist, zumal mit Rucksack. **(5)** Bei sehr hohem Pilgeraufkommen speziell im August kann aufgrund des größeren Bettenangebots die Übernachtung in Salas sogar notwendig sein. **(6)** In Salas ist das Rest. Casa Pachón (Pl. de la Campa) wegen seiner üppigen asturischen Hausmannskost bei Pilgern sehr beliebt.

In **Grado (1)** gehen wir auf der Hauptstraße bergan. Kurz nach dem Hotel Auto-Bar verlassen wir sie geradeaus in das kleine Sträßchen. Es steigt erst steiler bergauf und wird nach wenigen Minuten als Feldweg ebener. Wir überqueren nach rechts den Autobahnzubringer, passieren die Weiler La Barrera und El Cascayal/Acebéu und gelangen hinauf zu einer Wegverzeigung (**2**; 1 Std.). Zur **Herberge** von **San Juan de Villapañada** geht man auf dem Sträßchen nach rechts und nach 900 m an der Kirche vorbei. Der Jakobsweg folgt dem Sträßchen geradeaus hinauf zum kleinen Pass bei **El Freisnu** (**3**; gut 30 Min.). Rechts oben sieht man das Santuario de Nuestra Señora del Fresno.

i *Schon im 9. Jh. soll an dieser exponierten Stelle des Jakobswegs und des Camín Real de la Mesa eine Kirche gestanden haben, ein altes steinernes Wegkreuz erinnert noch daran. Das heutige* ***Santuario de Nuestra Señora del Fresno*** *wurde im 17./18. Jh. im ländlich-barocken Stil errichtet und danach mehrfach umge-*

baut. Den Namen hat das Kirchlein von der heiligen Muttergottes der Esche (sp. Fresno, ast. Freisnu). Sie wird am 8. Sept. gefeiert, am 28. Sept. findet eine Wallfahrt zu Ehren des Erzengels Michael (San Miguel) statt. An sehr klaren Tagen reicht der Blick von der Kapelle aus nach Osten bis zur Sierra del Sueve an der Küste und etwas rechts der Sierra bis zu den höchsten Gipfeln der Picos de Europa.

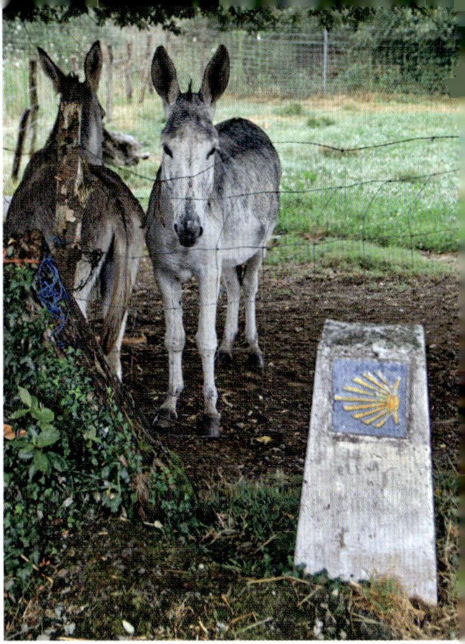

Zaungäste am Pilgerweg.

Wir gehen geradeaus neben der Autobahn auf dem Kiesweg bergab, passieren die Puente de la Meredal und einen Brunnen (17./18. Jh.), überqueren die Autobahn und wandern dann auf Asphalt durch San Marcelo. An der Stoppstelle nach dem Ort folgen wir nach links der Straße. Vor dem Kreisverkehr biegt der Weg etwas unvermutet nach links in einen Feldweg ein, der zum schmalen Pfad neben einem Bach wird. Nach einem Hof und der Fuente La Reaz unterqueren wir wieder auf Asphalt die Autobahn und erreichen **Doriga (4)** mit der Iglesia de Santa Eulalia aus dem 12. Jh. und dem Palacio de Doriga auf dem Anwesen rechts davon (45 Min.).

i *Was haben das Königshaus in Madrid und der* ***Palacio de Doriga*** *gemeinsam? Die Kloschüsseln. Ursprünglich stammen die sanitären Einrichtungen von der Pariser Weltausstellung von 1900; nach deren Ende wurden zwei davon nach Spanien verkauft. Im Palast von Doriga fanden sie in einem Badezimmer von bahnhofshallenartigen Ausmaßen Platz. Der Besitzer des Gebäudes, Juan Fernández Bao aus Grado, konnte sich derartige Extravaganzen leisten. Er war in Kuba mit der Tabakfabrik »Romeo y Julieta« reich geworden. 1890 hatt er den Palast dem Burggrafen von Cerro abgekauft, der sich beim Glücksspiel finanziell völlig ruiniert hatte.*
Im ältesten Gebäudeteil, dem Wehrturm aus dem 14. Jh., gab es – wenn überhaupt – sicher nur ein Plumpsklo; im 15. und 16. Jh. kamen die repräsentativeren und wohnlicheren Anbauten hinzu. Bis heute ist der Palast in Privatbesitz. Fotos des Palastinneren zeigt der Fotograf Alejandro Braña auf seinem Blog Asturias por Descubrir (asturiaspordescubrir.com, unter »Buscar en el Blog« Palacio de Doriga eingeben). Auf dem Blog werden auch andere Herrschaftshäuser und Casonas de Indianos (Villen von reich zurückgekehrten Auswanderern) vorgestellt.

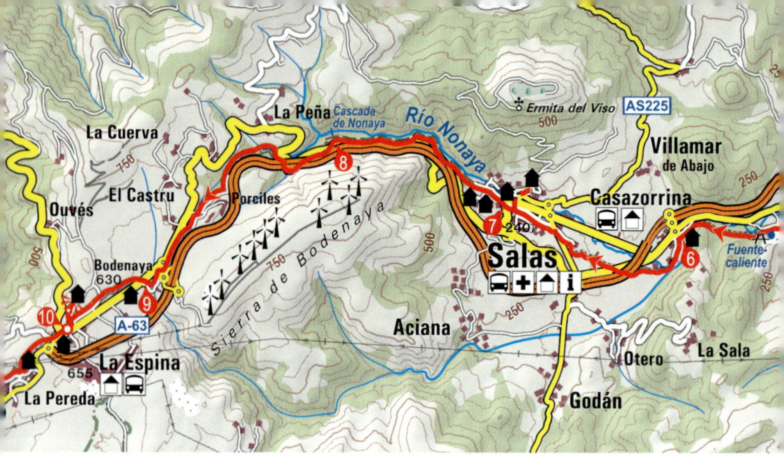

Wir gehen geradeaus an der **Ca'Pacita** vorbei auf dem Sträßchen bergan und werden wenig später unter der Autobahn hindurchgeleitet. Gleich danach geht es nach links auf einem teils felsigen, bei Nässe auch rutschigen Pfad wieder bergab ins Tal des Río Narcea und durch einen Pferdehof zur AS-15 bei La Ponte/Casas del Puente. Früher führte hier eine Brücke über den Río Narcea, heute müssen wir der Straße nach rechts an einer Kiwi-Plantage vorbei folgen. Beim Kreisverkehr gehen wir links (rechts hinter dem Hórreo: Alb. Roca Madre) am Picknickplatz vorbei (Informationstafeln zum Lebenszyklus des Lachses, sp. Salmón) und gelangen über den Río Narcea nach Cornellana (gleich nach der Brücke: Abzweig links der Variante am Fluss entlang). Im Ort leiten Pfeil und Muschel von der Hauptstraße weg nach links zum Kloster von **Cornellana (5)**. Zur Herberge gelangt man durch den Durchgang rechts des Klosters (gut 45 Min.).

i *Die kleine Infantin Cristina, Tochter von König Bermudo II. von León, konnte kaum gehen, da verlief sie sich im tiefen Wald. Es wäre ihr sicherer Tod gewesen, hätte sich nicht eine Bärin ihrer angenommen, sie bis zu ihrer Rettung gesäugt und vor wilden Tieren beschützt. So erzählt es zumindest die Legende. Als Cristina lange danach im Jahr 1024 das* ***Monasterio de San Salvador de Cornellana*** *gründete, ließ sie die Szene in Stein verewigen: Über dem Torbogen vor dem Hof der Pilgerherberge sind die Bärin und das Kind zu sehen. Nach dem Tod ihres Ehemanns zog sich Cristina in das Kloster zurück. Ihre Nachfahren überließen es 1122 der Abtei von Cluny, dessen Benediktinermönche es zur Blüte brachten. In den folgenden Jahrhunderten wurde es immer wieder erweitert, im 18. Jh. erhielt es die Barockfassade. Mit der Enteignung der Kirchengüter 1835 endete das Klosterleben. Inzwischen ist eine Renovierung bitter nötig, doch mangels Geld verläuft diese nur schleppend (derzeit keine Besichtigung innen möglich).*

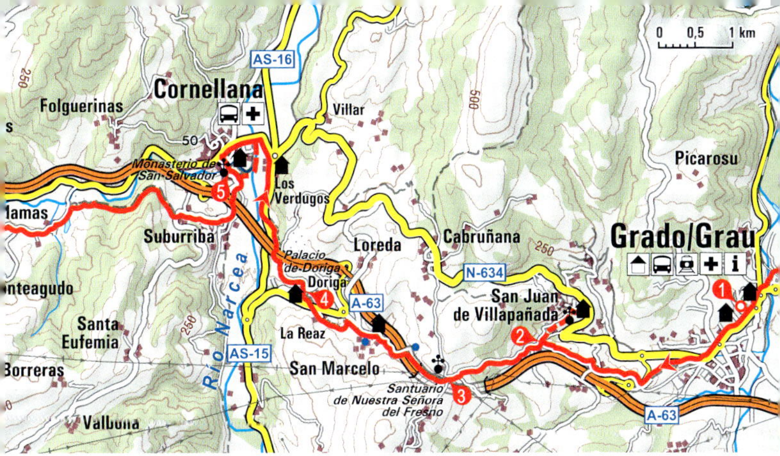

*Der **Río Narcea** legt zwischen Fuentes de Narcea und dem Río Nalón 123 km zurück und ist nach dem Nalón (153 km) der zweitlängste Fluss Asturiens. Er gilt als sehr lachsreich.*
***Feste und Feiertage:** Mitte April **Feria del Salmón**, Lachsfest zur Eröffnung der Angelsaison; 24. Juni **Fiestas de San Juan**, Johannisfest; 15. Aug. **Romería de Nuestra Señora de Cornellana**, Wallfahrt zu Ehren der Muttergottes.*

Wir folgen dem Sträßchen nach links um das Kloster herum und schlagen nach der Klostermauer das Sträßchen nach rechts oben ein. Oben unterqueren wir abermals die Autobahn und wandern im Rechtsbogen durch den Streuweiler Suburriba. Danach bringt uns ein schmaler Fußweg in den Wald. Der teils steinige Waldweg verläuft bergan und wieder bergab ins Tal des Río Nonaya. An einem kleinen Silikat-Werk vorbei kommen wir durch **Llamas** (1 Std.; Getränkeautomat) und bleiben weiterhin auf dem Sträßchen, bis der Weg vor einem roten Haus unvermittelt rechts abzweigt und kurz danach links dem Feldweg folgt (Vorsicht! Lkw-Verkehr). Geradeaus gelangen wir zum Picknickplatz an der Fuente de Santiago unterhalb von **Quintana**. Wei-

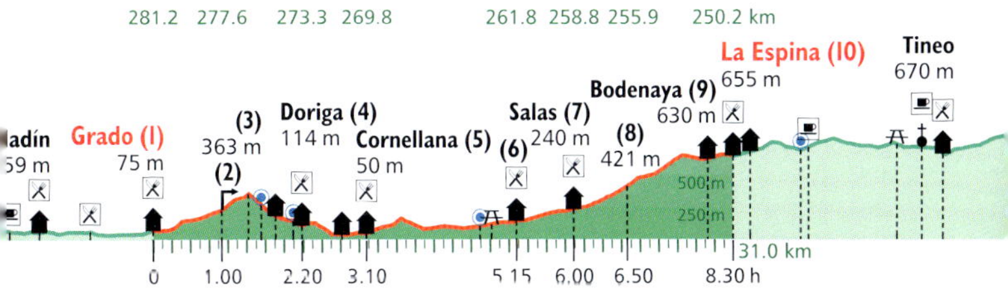

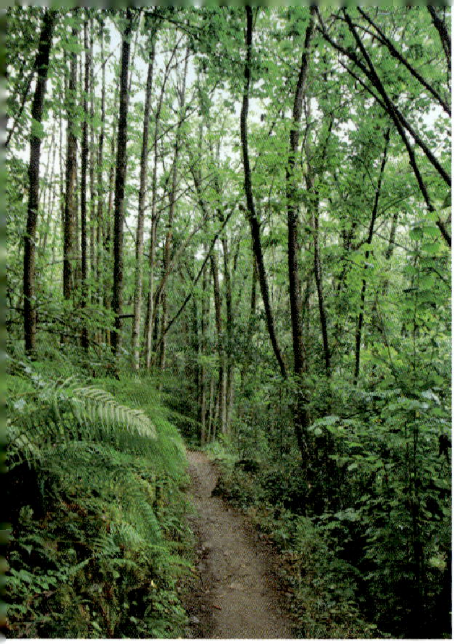

Auf dem Weg nach Salas.

ter geradeaus passieren wir einen Steinbruch und den Sitzplatz mit Brunnen Fuencaliente. Kurz danach lenkt uns die Muschel nach links auf einen schönen, leicht ansteigenden Waldweg. Über die Puente de Casazorrina (17./18. Jh.) verlassen wir den Wald und wandern auf dem Sträßchen durch **Casazorrina** (**6**; gut 1 Std. ab Llamas). Dort biegen wir links in einen Feldweg ein, überqueren die Pasarela de la Debesa und werden dann uns rechts haltend unter der Autobahn hindurchgeleitet. Kurz danach gehen wir vorsichtig über die N-634 und folgen dem teils steinigen Pfad bergan. Wieder auf Asphalt durchqueren wir den Weiler Mallecín, gehen am Ende über die Straße und geradeaus nach Salas hinein. Beim Supermarkt Alimerka ist nach rechts die städtische Herberge angeschrieben, weiter geradeaus sind wir gleich im Zentrum von **Salas** (**7**; 45 Min.).

i *Ein gefürchteter Inquisitor, eine schlaue Familie inklusive Nobelpreisträger, wilde Cowboys und süße Mandelplätzchen – so verschlafen, wie **Salas** auf den ersten Blick wirkt, ist es gar nicht. Der **Palacio de Valdés Salas** (16. Jh.) gehörte der Familie von Fernando Valdés-Salas (Salas 1483–Madrid 1568. Dieser gründete die Universität von Oviedo und eine Schule für Waisenmädchen. Als Großinquisitor unter Kaiser Karl V. machte er aber den Protestanten das Leben zur Hölle und erstellte den ersten Index verbotener »ketzerischer«, d. h. protestantischer Bücher. Heute beherbergt der Palast ein Hotel, die Touristeninformation und das Kulturhaus von Salas. Ein Torbogen verbindet ihn mit dem **Torre Medieval** aus dem 14. Jh. Seine letzte Ruhe fand Valdés-Salas in der **Colegiata de Santa María la Mayor**. Er selbst hatte den Bau im Zentrum von Salas in Auftrag gegeben. Das vom italienischen Bildhauer Pompeyo Leoni um 1582 gestaltete Alabastermausoleum gilt als eines der prächtigsten Renaissance-Kunstwerke Asturiens (Osterwoche und 15. Juni–15. Sept. tgl. 11–14 und 16–20 Uhr; im Winter Schlüssel in Touristeninformation holen).*
*In Salas nahm auch die **Saga de los Álvarez** ihren Anfang, die vier Generationen übergreifende Geschichte der **Wissenschaftlerfamilie Álvarez**. Als 13-jähriger Waisenknabe wanderte der in Mallecina bei Salas geborene Luis Fernández Álvarez (1853–1937) wie so viele Asturianer mit seinem Onkel nach Kuba aus. Er*

studierte in den USA Medizin und erforschte später auf Hawaii die Lepra und andere Infektionskrankheiten. Sein Sohn Walter Clement Álvarez (1884–1978) wurde als »Amerikas Familiendoktor« berühmt. Dessen Sohn ***Luis Walter Álvarez*** *(1911–1988) war Physiker. Während des Zweiten Weltkriegs war er an der Entwicklung des Radars beteiligt, ab 1943 arbeitete er im Team von* ***Robert Oppenheimer*** *am Bau der Atombombe mit. Nach dem Krieg widmete er sich u. a. kosmischen Strahlungen, 1963 gehörte er der Kommission zur Untersuchung der Ermordung* ***John F. Kennedys*** *an, 1968 erhielt er den* ***Nobelpreis für Physik*** *für seine Erkenntnisse über Elementarteilchen. Zusammen mit seinem Sohn, dem Geologen Walter Álvarez (1940), entwickelte er 1980 die Theorie, dass ein Asteroideneinschlag die Dinosaurier ausrottete.*

Auch ohne auszuwandern betritt man bei Salas den »wilden Westen« Asturiens. Hier beginnt die ***Comarca Vaqueira****, das Gebiet der* ***Vaqueiros de Alzada****, der Berghirten, die mit ihren Kuhherden ein nomadenhaftes Leben im Wechsel der Jahreszeiten zwischen den »Brañas« (Almweiden) und den Tälern führen. In der nächsten Etappe, in Tineo, werden wir ihnen nochmals und ausführlicher begegnen.*

Die berühmteste gastronomische Spezialität von Salas sind die ***Carajitos del Profesor****, ein Gebäck mit Geschichte: Ab 1918 traf man sich zum Nachmittagskaffee im Café La Casa del Profesor. Stammgästen wurden dabei hausgemachte, aber namenlose Mandelkekse gereicht. Ein Rückkehrer aus Südamerika behalf sich mit einem typisch südamerikanischen Wort für alles und nichts und verlangte einen von diesen »carajos«, was man kernig mit »gib mir doch einen von dem Scheiß da« übersetzen könnte. Bis heute werden die Kekse im inzwischen gleichnamigen Café Carajitos del Profesor verkauft (Av. de Galicia 21).*

Etwas außerhalb, beim Friedhof, befindet sich die ***Iglesia de San Martín****. Im 8./9. Jh. im präromanischen Stil erbaut, wurde sie im 10., im 15. und im 17./18. Jh. mehrfach umgestaltet. Viele ihrer präromanischen Steinmetzarbeiten wurden durch Kopien ersetzt und die Originale ins* ***Museo del Prerrománico de San Martín*** *von Salas gebracht (im Ortszentrum, Eintritt frei, prerromanicosanmartin.com). Vor der Kirche steht eine uralte, als Naturdenkmal geschützte* ***Eibe*** *(sp. Tejo, ast. Texu, bot. Taxus baccata).*

Feste und Feiertage: *Letztes Wochenende im April (So–Di)* ***Feria de Abril*** *(Frühlingsfest und Jahrmarkt); 15. Aug.* ***Romería del Viso****, Wallfahrt und Fest zum Santuario de Nuestra Señor del Viso, der Kapelle auf dem Berg nördlich von Salas; am Wochenende darauf (bzw. falls der 15. Aug. auf einen Do/Fr/Sa/So fällt, das übernächste)* ***Fiestas del Bollo****, große Patronatsfeiern mit vielen Veranstaltungen.*

Oficina de Turismo: *Plaza de la Campa, Tel. 985 830 988; Mi–Sa 10–14 und 15–19 Uhr, So 10–13 Uhr, ayto-salas.es.*

Der Weg verlässt die Stadt durch den Torbogen. Schon kurz nach dem Ort beginnt auf einem Waldweg der Aufstieg durch Tal des Río Nonaya in Richtung La Espina. Ein galgenhumoriger Spruch besagt, wenn das der Stachel (La Espina) ist, wie ist dann erst der Stock (El Palo, in Anspielung auf den

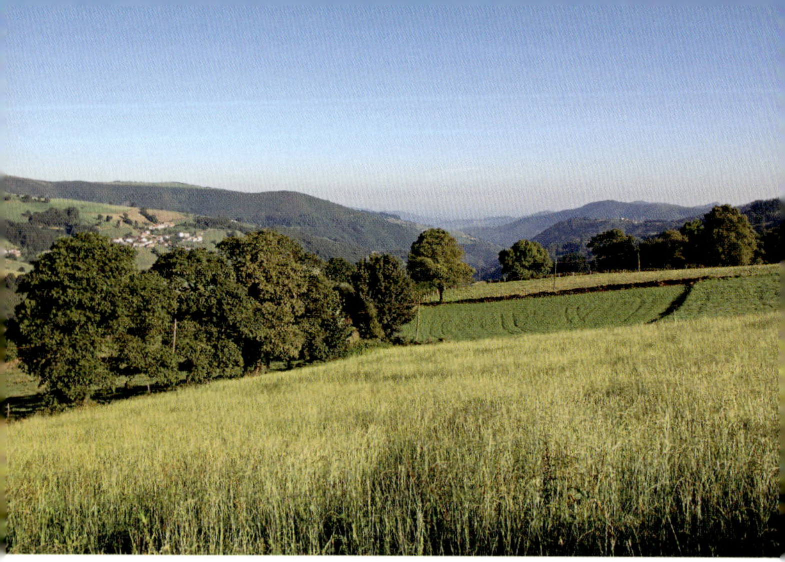

Ein kurzer Abstecher in La Espina beschert diesen schönen Ausblick.

steilen Aufstieg zum Puerto del Palo von Pola de Allande aus). Der mal gute, mal unbequeme Weg steigt vorwiegend im Wald bergan. Nach gut 45 Min. könnte man nach rechts einen Abstecher hinunter zum 250 m entfernten Wasserfall Cascada de Nonaya machen **(8)**. Da danach aber nochmals steile Rampen warten, sollte man sich das aber gut überlegen. Nach einer scharfen Kehre wird der Pfad kurz steinig und mündet in die alte, wenig befahrene N-634. Dieser folgen wir, nun etwas flacher, für rund 1 km nach rechts, unterqueren zweimal die Autobahn und verlassen die Straße auf einem Waldweg nach links. Mit wechselnder Steilheit kommen wir zu einem Kies-, dann Asphaltsträßchen neben der Autobahn und biegen kurz nach Passieren einer Brücke rechts ab. Rechts bieten sich schöne Blicke ins Tal und auf die Hügel gegenüber, dann enden die Aufstiegsstrapazen bei einem Sitzplatz bei **Porciles** (gut 1 Std. ab Abzweig Nonaya). Leicht bergab folgen wir dem Sträßchen nahe der Autobahn, unterqueren einen Zubringer und kommen am Friedhof vorbei nach **Bodenaya** (**9**; 20 Min.). Nach der Herberge von David überquert der Weg die N-634 und schwenkt dann nach links. Nach der ersten Herberge und der Kirche gehen wir links und rechts an der Hauptstraße zur zweiten Herberge von **La Espina** (**10**; 20 Min.).
Tipp: Geht man bei der Kirche nach rechts am Spielplatz vorbei, bietet sich kurz nach der Friedhofsmauer an klaren Tagen ein herrlicher Ausblick durch das Tal bis zum Meer.

6.30 Std.
23,8 km

La Espina – Campiello **5**

Herbergen: La Pereda (687 m, 20 EW), PH, 🐚🐚🐚, 20 B/mind. 5 € Unkostenbeitrag. Alb. El Minero, Tel. 607 314 746 (Reservierung empfohlen). Küche, W/T, gemeins. Abendessen (auch vegetarisch, vegan etc.), Frühstück; Garten, Platz für Zelte. Ab 14 Uhr, ganzjährig, 15. Okt.–März nur mit Reservierung. **Tineo** (670 m, 9000 EW), **(1)** SH, 🐚🐚, 24 B/7 €. Alb. de Peregrinos Mater Christi, C/ Cabezas de San Juan (rund 1 km vor Zentrum; nach Parque de San Roque Hinweis nach links, unten rechts in die Straße und durch die Linkskurve bis zur Herberge; 600 m ab Abzweig; von dort entweder zurück zum Weg oder zur Straße unter der Herberge und auf dieser nach rechts bis ins Zentrum, knapp 1 km; ab dort weiter wie von Alb. Palacio de Merás), Tel. 698 822 152. Mikrowelle, W/T. Einfach, aber ordentlich. Ganztags, ganzjährig. **(2)** PH, 🐚🐚🐚, 16 B/14 €. Alb. La Plaza (im Zentrum: bei der Kirche nicht rechts mit dem Weg weiter, sondern geradeaus hinunter zum zentralen Platz; rechts die Herberge), Tel. 684 614 517. Küche, Frühstück, W/T. 11–23 Uhr, ganzjährig. **(3)** PH, 🐚🐚🐚, 54 B/16 €. Alb. Palacio de Merás (schräg rechts jenseits des zentralen Platzes im Untergeschoss des gleichnamigen Hotels; Palast aus dem 16. Jh., zurück zum Weg scharf rechts in die C/ Calvo-Sotelo, nach 200 m rechts in die Venera da Conda, oben nach links mit dem Jakobsweg weiter), Tel. 985 900 111, alberguepalaciodemeras.com. W/T, Betten mit Bettzeug, Bar/Rest.; zu bestimmten Zeiten Nutzung von Sauna und türkischem Bad möglich (kleiner Aufpreis). Ab 12 Uhr, März–Sept. **Campiello** (610 m, 10 EW), **(1)** PH, 🐚🐚🐚, 26 B/13 € (2 DZ 40 €). Alb. Casa Ricardo, Tel. 985 801 776, alberguecasaricardo.es. Das Haus war um 1800 das erste im Ort und ein Gasthof. Küche, W/T, Bar/Rest., kleiner, ruhiger Innenhof. Alles recht neu, geräumig. 13–22 Uhr, April–Okt. **(2)** TH, 🐚🐚(½), 18 B/ab 13 € (EZ/DZ ab 44 €). Alb. Casa Herminia, Tel. 985 800 011, casaherminiatineo.com. W/T, Bar/Rest., ein großer Schlafsaal. Ganztags, ganzjährig.

Alternative Unterkünfte: Tineo: (1) Hotel Palacio de Merás (4-Sterne-Hotel), Tel. 985 900 111, palaciodemeras.com. **(2)** Pensión La Posada (DZ ca. 50€), Av. de González de Mayo 25 (Hauptstraße, Verlängerung der C/ Calvo-Sotelo in Richtung Ortsausgang), Tel. 985 800 410 und 686 485 738, pensionlaposada.com.

Die Strecke: Gut markiert. Vorwiegend unbefestigte, meist gute Wege, nur kurze Passagen auf Landsträßchen. Trotz einiger An- und Abstiege, speziell hinter Tineo, eine der moderatesten Etappen in Asturien.

Höhenunterschied: 550 m im Auf-, 600 m im Abstieg.

Kritische Stellen: Keine. Lediglich bei Regen und Nässe werden einige unbefestigte Wege rutschig.

Landschaft: Eine landschaftlich sehr ansprechende Etappe. Bis Tineo wandern wir mit schönen Ausblicken am Südosthang der Sierra de Tineo, anschließen überqueren wir deren Westausläufer und werden mit wunderbaren Weitblicken belohnt.

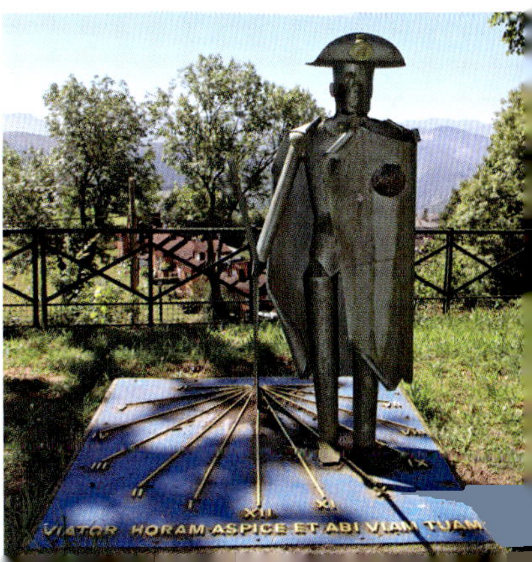

Pilger und Sonnenuhr vor Tineo.

Infrastruktur: El Pedregal (720 m, 150 EW); Campo de San Roque (720 m; Park oberhalb von Tineo) bei Picknickplatz und Brunnen; Tineo C/ José María Velasco 12, Tel. 985 801 717 Igl. de San Pedro Di–Sa 19.30 Uhr, So 12.30 Uhr; Obona (an Variante, 20 Min. oberhalb des Klosters; 669 m, 190 EW); Campiello.

Variante: Rund 1.15 Std. vor Etappenende kann man einen 400 m langen Abstecher zum alten Kloster von Obona machen. Pilger berichten von einem Hinweisschild bereits am Pico de Puliares, der Weg führe direkt zum Kloster, sei aber nicht markiert und daher nicht ohne Weiteres zu finden.

Anmerkungen: In Tineo letzter Bankautomat, Apotheke und Arzt, die nächsten befinden sich in Grandas de Salime (Etappe 8, knapp 60 km), bzw. in Pola de Allande (Etappe V6, knapp 27 km).

Wir gehen geradeaus durch **La Espina (1)**, folgen am Ende dem Pfad nach rechts um den Kreisverkehr herum und gelangen nach wenigen Minuten nach **La Pereda** mit der kleinen Capilla del Cristo de los Afligidos (15. Jh.; Kapelle des Christus der Gequälten, früher soll es hier ein Pilgerhospital gegeben haben). Nach der Kapelle folgen wir dem Betonweg nach rechts oben und werden dann auf einen Feldweg am Hang geleitet. Nach links bieten sich schöne Ausblicke, leider ist auch die nahe Straße (AS-216) zu hören. An- und wieder absteigend (bei Nässe matschig) gelangen wir nach **El Espín (2)** mit dem Sitzplatz El Rincón del Peregrino (gut 45 Min.). Danach

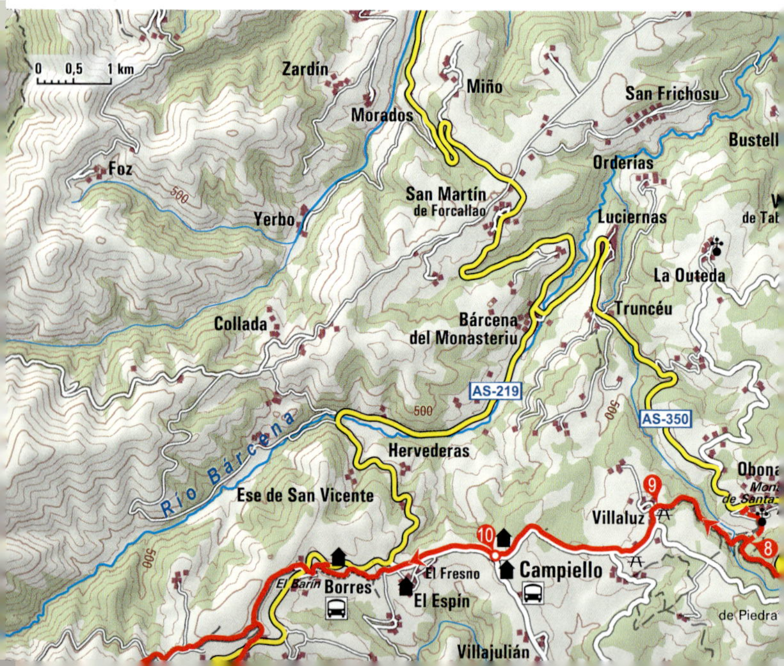

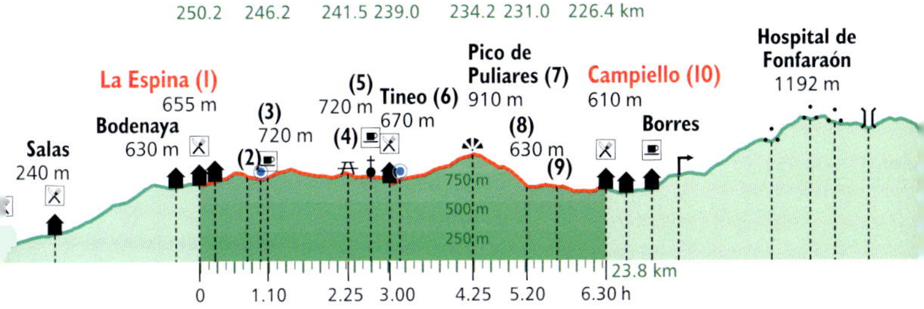

wieder auf einem Feldweg und nach einem Brunnen und Getränkeautomat kurz entlang der AS-216 erreichen wir **El Pedregal** (**3**; 20 Min.). Rund 200 m nach der Iglesia de San Justo y Pastor verlassen wir die Straße in den Weg nach rechts (steinernes Wegkreuz links, auf dem Höhenzug der Sierra de Tineo Windkrafträder) und biegen dann links ab. Bei der nächsten Gabelung nimmt uns geradeaus ein Feldweg auf. Nun wandern wir geraume Zeit immer von den Muscheln geleitet im Auf und Ab auf Feld- und Forstwegen, die

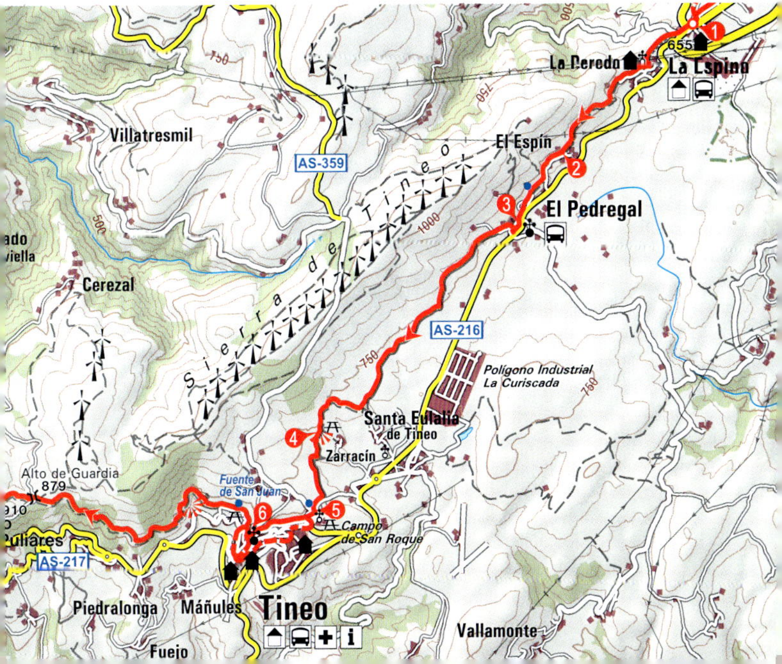

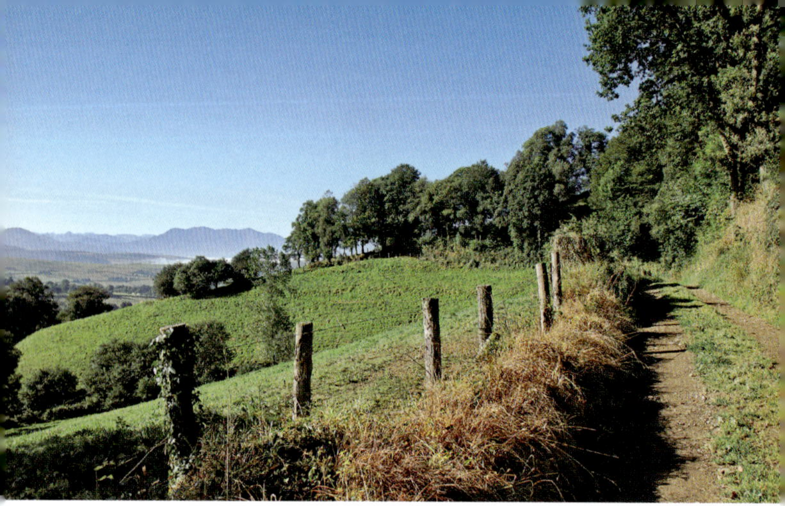

Unterwegs nach El Espín.

bei Nässe teils matschig sind. Aussichtsreiche Passagen wechseln mit kurzen Waldstücken, lediglich die Geräusche der Straße und des Industrie- und Gewerbegebiets bei El Crucero links von uns trüben die Idylle etwas.
Erst nach rund 1 Std. kommen wir wieder in die Nähe eines Gehöfts (links, dahinter der Ort Santa Eulalia de Tineo); hier schlagen wir nach rechts oben den anfangs sandigen, dann ggf. matschigen Feldweg nach rechts ein und erreichen nach rund 15 Min. einen aussichtsreich gelegenen Sitzplatz **(4)**. Bei der T-Kreuzung danach müssen wir rechts und gleich wieder links gehen. Wenig später biegen wir vor dem Sportgelände rechts ab und gelangen zum **Campo de San Roque** (**5**; 20 Min.; Brunnen, Bar, Kapelle, große Wiese).

i *Französische Pilger sollen die Verehrung des heiligen Rochus nach Spanien gebracht haben. Der Heilige (sp.* ***San Roque****, fr. Saint Roch) ist stets als Pilger in Begleitung eines Hundes dargestellt. Zu seinen Lebensdaten gibt es unterschiedliche Angaben; als sicher gilt, dass er aus einem reichen Elternhaus in Montpellier stammte und die großen Pestepidemien des 14. Jh. erlebte. Nachdem ihn der Schwarze Tod in jungen Jahren zum Waisen machte, verzichtete er auf seinen Reichtum. Während seiner Pilgerreise nach Rom kümmerte er sich um Pestkranke. Auf der Rückreise brach die Krankheit auch bei ihm aus. Von allen verstoßen zog er sich in eine Hütte zurück, wo er von einem Engel gepflegt und von einem treuen Hund mit Brot versorgt wurde, bis er wieder genesen war.*
Anlässlich seines Todestags findet alljährlich am 16. August ein großes Fest bei der ***Capilla de San Roque*** *statt. Bereits am 15. August wird auf der Bolera-Anlage*

kurz nach der Kapelle ein großes Bolo-Turnier ausgetragen. Das ***Bolos*** *genannte Spiel ähnelt dem Kegeln und soll schon von den alten Griechen und Ägyptern gespielt worden sein. Im Norden Spaniens erfreut es sich größter Beliebtheit, sogar Wettkämpfe werden ausgetragen. Die Besonderheit der* ***Bolos de Tineo*** *oder auch* ***Bolo Celta*** *(keltisches Kegeln) genannten, einer nur hier in der Region verbreiteten Variante, ist die hohe Anzahl der »Bolos«: 20 achteckige, in einer Linie ausgerichtete 15–18 cm hohe und 3 cm durchmessende Holzstifte müssen aus einer Entfernung von bis zu 25 m mit möglichst wenigen Kugelwürfen umgeschmissen werden.*

Wir folgen geradeaus dem Sträßchen (Paseo de los Frailes, Weg der Mönche), das schöne Blicke über die Stadt ins Umland eröffnet. Kurz nach dem Schwimmbad zweigt bei der Pilgerskulptur mit Sonnenuhr nach links unten der Weg zur städtischen Herberge ab. Die Inschrift zu Füßen des Pilgers besagt »Wanderer, beachte die Zeit und setze deinen Weg fort«. Knapp 15 Min. später erreichen wir die Iglesia de San Pedro im oberen Teil von **Tineo (6)**. Der Jakobsweg biegt hier rechts ab, zum Zentrum mit der Herberge, den Läden und Einkehrmöglichkeiten folgt man der C/ Mayor 200 m geradeaus bergab.

i *Ein antikes Goldfieber herrschte vor rund 2000 Jahren in der Gegend nördlich von* ***Tineo****. Bereits die Kelten suchten in den Flüssen nach dem Edelmetall, doch erst die Römer perfektionierten das System mit der »ruina montium« genannten Technik. Diese war genau das, wonach es klingt: Sie »ruinierten« ganze Berge, indem sie mit Wasserkraft die begehrten Goldminen freilegten. Im Valle de Oro, dem Goldtal bei Navelgas, 20 km nordwestlich von Tineo, geschah dies zwar nicht so spektakulär wie in Las Médulas bei Ponferrada (Castilla y León) nahe dem Camino Francés, aber dauerhaft. Selbst im 19./20. Jh., zuletzt nochmal 1950–56, wurde dort nach Gold geschürft. Tineo indes, unter den Römern noch bedeutendes Verwaltungszentrum, erlebte ab dem 5. Jh. unter den Sueben ruhige Jahre. Neuen Schwung brachten die Gründung des Klosters von Obona (angeblich 780) und vor allem der Jakobsweg. 1222 verlieh König Alfonso IX. von León in Obona Tineo das Stadtrecht und verfügte, dass alle Pilger durch Tineo und Obona zu gehen hätten. In den folgenden Jahrhunderten zankten sich diverse Adelsfamilien um die prosperierende Gemeinde. Nachdem Isabel und Fernando, die Katholischen Könige, Ende des 15. Jh. ein Machtwort gesprochen und Tineo zusammen mit Cangas del Narcea, Ribadesella und Llanes der kastilischen Krone angegliedert hatten, kehrte Ruhe ein. Bis heute ist Tineo ein beschauliches Städtchen tief im Westen Asturiens. Ihre ganz eigene Geschichte schrieben die* ***Vaqueiros de Alzada****, die wandernden Kuhhirten (von Vaca = Kuh, und alzar = [auf die Almen] hochtreiben). Im 7. Jh. wurden sie erstmals schriftlich erwähnt, doch wahrscheinlich gab es in der* ***Comarca Vaqueira*** *im Westen Asturiens schon viel länger Vaqueiros, die ihr Leben der Transhumanz, dem Viehtrieb zwischen den Sommeralmen (sp. Brañas) und den Winterlagern in den Tälern widmeten. Im Lauf der Jahrhunderte entwickelten sie sich – auch weil nur Ehen unter Vaqueiros erlaubt waren – zu einer eigenen* ethnischen Gruppe mit bis heute intakten Sitten, Traditionen und eigenem Dialekt. Das nomadenhafte Dasein setzte sie aber auch Argwohn und Diskriminierung aus. Klöster, Gemeinden, sesshafte Bauern, die Kirche und Adelige feindeten sie an, sei es, weil sie sich der sozialen Kontrolle entzogen und keine Steuern bezahlten, oder weil man sich um die besten Weiden stritt. Dennoch haben sie bis heute überlebt. Wer Zeit hat, kann am letzten Sonntag im Juli bei der »Vaqueirada« bei der Braña de Aristébano (rund 30 km nördlich von Tineo), dem großen Fest der Vaqueiros, einen faszinierenden Einblick in diese einzigartige Kultur erhalten. Dabei wird auch eine Hochzeit nach Vaqueiro-Sitte gefeiert (weitere Info auf vaqueiros.es).

Sehenswert: Die Pilger kommen auf der **Calle Mayor** ins Zentrum von Tineo. An der alten Hauptstraße befand sich das im 13. Jh. dokumentierte Pilger- und Armenhospital Mater Christi, das dem Templerorden unterstand. Anfang des 18. Jh. wurde es während des spanisch-französischen Kriegs zerstört und aufgelöst. An der Stelle der **Iglesia de San Pedro** befand sich früher ein Kloster. Es wurde vom Templerorden gegründet und ab dem 13. Jh. von Franziskanermönchen geleitet. Auffallend ist der winzige romanische Kirchturm. Im **Museo de Arte Sacro** werden Kirchenschätze aus dem 12.–18. Jh. aufbewahrt (Mi–So 11–14 und 16–19 Uhr). Ein Stück weiter steht rechts der **Palacio de los García de Tineo**, eines der wenigen Beispiele ziviler gotischer Architektur des 16. Jh. in Asturien (heute Casa de Cultura, das lokale Kulturzentrum). Das eigentliche Zentrum bilden die **Plaza de El Fontán** mit dem Rathaus (19./20. Jh.) und gegenüber die **Plaza de Las Campas**, wo sich die mittelalterliche Burg und Stadtmauer befanden, die jedoch 1912 zugunsten der Stadterweiterung abgerissen wurden. Im Jahr 1899 fand hier die letzte öffentliche Hinrichtung per »Garrote vil« (Würgschraube) statt. Der Verurteilte hatte seine Frau und sein Kind ermordet. Auf dem Friedhof stehen die Reste des romanischen **Templo de San Roque** aus dem 13. Jh. Bis 1880 war sie die Pfarrkirche, für die Vergrößerung des Friedhofs wurde jedoch der Großteil abgerissen. Davor steht eine uralte Araukarie, die einst ein Mönch aus Südamerika mitgebracht hatte. Der stattliche **Palacio de Merás** entstand ab 1525. Nachdem er als Casino, Weinlager, Schule und Zahnarztpraxis diente, beherbergt er jetzt ein Hotel (mit Pilgerherberge) und das kleine Antiquitätenmuseum **Museo de Antigüedades Valentín Alba** (Information zur Besichtigung im Hotel Palacio de Merás).

Wochenmarkt: Donnerstag.

Feste und Feiertage: Mitte März **Feria del Perro**, große Hundeschau; um den 19. März **Feria de San José**, große Vieh- und Landwirtschaftsmesse; Ende April/Anfang Mai **Feria de Muestras**, große Messe mit umfangreichem Rahmenprogramm; Ende Juni Stadtfest zu Ehren von **San Pedro**; Anfang August **Festival del Chosco**, Gastrofestival rund um die lokale Spezialität Chosco (Wurst aus Zunge und Schweinerücken).

Oficina de Turismo: Plaza de El Fontán 22, Tel. 985 900 202, April–Sept. Di–Sa 11–14 und 16–19 Uhr, restliche Zeit Mo–Fr 8–15 Uhr, nur an Feiertagen Sa/So 11–14 und 16–19 Uhr; tineo.es.

Wir biegen bei der Iglesia de San Pedro rechts ab und gelangen wenig später am Ortsrand zur Fuente de San Juan. Bis zur Einrichtung der zentralen Wasserversorgung 1929 war dies einer der sieben öffentlichen Brunnen Tineos. Kurz danach beginnt auf einem unbefestigten Weg der größte Anstieg des Tages. Nach einem scharfen Linksschwenk (Brunnen Regueiru de Robléu, Holzsteg) findet sich auf der Mauer links ein in Granit gemeißeltes Kryptogramm.

i *Die Tafeln mit Aufschriften wie »Qué verde es mi Valle« (Wie grün ist mein Tal!) fertigte Arcadio Rey (2018 70jährig verstorben) an, dem auch die kleine Steinhütte gehörte. Aus seiner Zeit in Venezuela stammte der Spitzname Pana (venezolanisch für Kumpel). Der pensionierte Minenarbeiter bezeichnete sich als »Último de las Filipinas«, der letzte der Philippinen, in Erinnerung an die Niederlage einer spanischen Militärtruppe (darunter Vorfahren von Rey) im Jahr 1898 während des philippinischen Aufstands gegegen die Kolonialmacht Spanien (1886–89). Die Philippinen befreiten sich zwar aus der spanischen Kolonialherrschaft, wurden dafür aber bis 1946 amerikanische Kolonie. Wunderschön ist der Blick vom* ***Mirador de Letizia*** *– benannt nach Spaniens Königin – auf Tineo und das Umland.*

Der Weg zieht sich geraume Zeit, mal unter Bäumen, mal im Freien am Hang bergan. Nach und nach ist die Straße weniger zu hören, dafür wird der Pfad felsiger. Schließlich stoßen wir am **Alto de Guardia** auf ein Sträßchen. Wir folgen ihm nach links, schlagen gleich den Feldweg rechts ein und wandern – bei der Gabelung links – mit herrlichen Aussichten über den offenen Hang und erreichen auf 910 m den höchsten Punkt des Tages knapp unterhalb der Kuppe des **Pico de Puliares** (**7**; 1.15 Std.). Schräg rechts von uns erstreckt sich der lange Bergzug, über den die »Ruta de los Hospitales« führt; direkt vor uns, am linken Ende des längeren flachen, nur von einer Kuppe unterbrochenen Stücks des Bergrückens und rechts vom nächsten höheren markanten Berg (Pico Panchón, 1411 m, der höchste Gipfel der Umgebung), ist als flache Einbuchtung der Puerto del Palo erkennbar. Hinter uns (im Osten) sehen wir die Windräder auf dem Bergzug des El Chao.

Der Feldweg bringt uns bergab zu einem Betonsträßchen, in das wir links einbiegen und sehr steil, aber

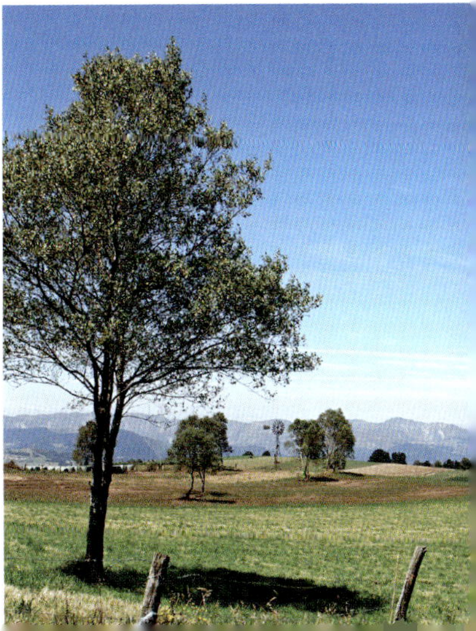

Auf dem Pico de Puliares.

mit schönen Weitblicken zur Kreuzung am **Alto de Piedratecha** hinuntergehen. Nach rechts finden wir einen Pfad links neben der AS-350, dem wir für rund 10 Min. folgen, bis wir nach links auf einen sehr schönen, aber teils steinigen Waldweg gelenkt werden. Immer bergab gelangen wir zum Abzweig geradeaus zum gut 400 m entfernten Kloster von **Obona** (**8**; knapp 1 Std.).

i *Buschwerk umwuchert das alte Gebäude, Brombeerranken, Gras und Farn machen sich in den Innenhöfen und Säulengängen breit. Schummriges Licht erfüllt das Kircheninnere, Putz bröckelt von der Wand, die Seitenaltäre wirken wie in einer Rumpelkammer abgestellt, doch Blumen und weiße Spitzendecken über den Altären verleihen der Kirche des* ***Monasterio de Santa María la Real de Obona*** *Würde. Das einst so großartige Kloster ist heute ein traurig-schöner Ort. Laut einer stark angezweifelten und zudem im 17. Jh. verschwundenen Urkunde sollen Prinz Adelgaster, unehelicher Sohn des westgotischen Königs Silo, und seine Gattin Brunhilde das Kloster 780 gegründet haben. Als relativ sicher gilt seine Existenz ab dem 10. Jh., ab dem 12. Jh. brachten es Zisterziensermönche dank neuer, effizienterer Techniken der Landwirtschaft und Viehzucht zur Blüte, in der Schule unterrichteten sie Latein, Philosophie und Theologie, im Hospiz fanden Pilger Unterkunft. 1222 (laut der Tafel beim Kloster 1214) erhob König Alfonso IX. hier Tineo zur Stadt und bestimmte, dass alle Jakobspilger künftig durch Tineo und Obona zu gehen hätten. Hier im Tal fanden sie nicht nur gutes Quellwasser – Obona soll sich von »Agua buena«, gutes Wasser, ableiten –, sondern konnten sich mit etwas Glück auch an Sidra laben, denn ein Klosterdokument besagte, dass allen Dienern Gottes Sidra gereicht werden solle (»sicere si potest ese«). Die dreischiffige Kirche aus dem 12./13. Jh. ist der älteste Gebäudeteil. Der schlichte, in Holz geschnitzte Heiland über dem Altarraum wird auf das 12. Jh. datiert. In der Nordseite des Altarraums ruhen seit 1656 die Gebeine der vermeintlichen Klostergründer Adelgaster und Brunhilde. Ungewöhnlich sind die Bögen der Seitenschiffe: Auf der einen Seite sind sie rund, auf der anderen spitz. Aus dem 17./18. Jh. stammen die angrenzenden barocken Anbauten und der Kreuzgang. 1839 mussten die Mönche im Zuge der Säkularisierung das Kloster aufgeben. Seit Ende der 1980er-Jahre ist es leider mehr oder weniger dem Verfall preisgegeben.*
Besichtigung: *In der Bar oben in Obona kann man den Kirchenschlüssel holen (Ausweis als Pfand notwendig). Dazu folgt man dem vom Kloster wegführenden asphaltierten Zufahrtssträßchen. Nach der Rechtskehre mündet es in die AS-350; die Bar befindet sich schräg rechts gegenüber (ca. 700 m/50 Hm/20 Min.).*

Am Abzweig **(8)** wendet sich der Jakobsweg nach scharf links und wir wandern nun recht bequem auf dem breiten Waldweg nach **Villaluz** (**9**; knapp 30 Min.). Beim Sitzplatz gehen wir links und folgen dann der Straße (TI-3) nach rechts. Sie bringt uns durch Vega de Rey und Berrugoso. In der Linkskurve nach Las Tiendas lassen wir uns nicht auf den Feldweg geradeaus verleiten, sondern gehen an der Straße weiter und über die kleine Anhöhe nach **Campiello** (**10**; 45 Min.).

8.30 Std.

27,5 km

Campiello – Berducedo via Ruta de los Hospitales

6

Herbergen: **El Espín** (580 m, 4 EW), PH, , 10 B/Spende. Alb. Casa Pascual, Tel. 606 242 097. Gemeins. Abendessen, Frühstück; Garten; Pilgeratmosphäre. Check-in 15–19.30 Uhr, April–Okt. **Borres** (606 m, 90 EW), **(1)** SH, , 20 B/7 €. Alb. Santa María, am Ortsanfang 150 m rechts oberhalb des Wegs; in Bar Barín 200 m weiter geradeaus anmelden, Tel. 663 785 266; vorab klären, ob Platz ist. Einfache Herberge. Kein WLAN. Ganzjährig. **(2)** TH, , 10 B/15 € (auch DZ). Alb. La Montera, Tel. 625 870 679 u. 647 857 856, alberguelamontera.com. Küche, W/T; schönes altes Dorfhaus. Check-in 13–18 Uhr, April–Okt. **Samblismo** PH, , 12 B/Spende. Ca. 200 m links des Wegs an Etappe V6. Tel. 623 190 006 (Javier). Waschm.; gemeins. Abendessen, Frühstück. Ab 14 Uhr, Mitte April–Mitte Okt. **Berducedo** (894 m, 120 EW), **(1)** SH, , 24 B/6 €. Tel. 699 315 120. Einfache Kochgelegenheit. 13–23 Uhr, ganzjährig. **(2)** TH, , 16 B/15 €. Alb. Casa Marqués, Tel. 985 909 820. Küche, W/T, Bar/Rest. Ab 12 Uhr, Mitte März–Okt. **(3)** TH, , 38 B/15 €. Alb. Camino Primitivo, Tel. 985 906 670. Bar/Rest., W/T. Ab 9 Uhr, ganzjährig (Mitte Okt.–Mitte März mit Reservierung).

Alternative Unterkünfte: **Berducedo** Casa de Aldea Araceli (Landpension mit Bar-Rest.), casadealdeaaraceli.com.

Die Strecke: Gut markiert (Muscheln, gelbe Pfeile, teils kleine Holzstafetten mit verblichener Farbe), auf dem Höhenzug oft nur ausgetretene Pfade, erhöhte Aufmerksamkeit ratsam. Vorwiegend unbefestigte Wege und Pfade, kurze Passagen auf Asphalt. Sehr steile An- und Abstiege wechseln mit flacheren Abschnitten. Im Mittelteil hält sich die Ruta de los Hospitales rund 10 km auf einer Höhe von über 1000 m. Die Strecke nach dem Puerto del Palo bis Berducedo zieht sich nochmals ziemlich hin. Aufgrund des Höhenunterschieds, der Länge und der Abgeschiedenheit eine besonders für ungeübte Wanderer durchaus anspruchsvolle Etappe.

Höhenunterschied: 1000 m im Auf- und 720 m im Abstieg.

Kritische Stellen: **(1)** Bei schlechtem Wetter (Regen, Gewitter, Schnee) und eingeschränkter Sicht (Nebel, tiefhängende Wolken) ist dringend von der Ruta de los Hospitales abzuraten. Knapp 10 km am Stück verläuft der Weg auf über 1000 m Höhe und erreicht auf 1220 m den höchsten Punkt des gesamten Camino Primitivo. Es gibt praktisch keine Unterstellmöglichkeit, bei Gewitter ist man Blitzen schutzlos ausgeliefert. Bei schlechter Sicht besteht die Gefahr, sich zu verlaufen. Zwischen den Dörfern La Mortera und Lago liegen auf 18 km keine bewohnten Ortschaften am oder in der Nähe des Wegs und erst ab der Hälfte der Tour werden eher wenig befahrene Straßen tangiert. Siehe auch Anmerkungen. **(2)** Der Abstieg vom Puerto del Palo ist wegen der Steilheit und des losen Gesteins recht heikel. Erhöhte Konzentration erforderlich.

Landschaft: Bei gutem Wetter eine der schönsten und ergreifendsten, wenn nicht gar die Königsetappe des Camino Primitivo. Sie steht ganz im Zeichen von großartigen Fernsichten auf den rauen, windumtosten und menschenleeren Bergzügen. Von den namensgebenden Pilgerhospizen zeugen nur noch wenige Reste, dennoch vermitteln sie eine Ahnung, wie notwendig sie einst in dieser abgeschiedenen Gegend waren. Mit etwas Glück begegnet man unterwegs halbwilden Pferden, die im Sommer auf der Sierra del Palo weiden. Nach einem letzten kräftigen Anstieg hinter Montefurado verlassen wir die großen Höhen und die Landschaft wird wieder bewaldeter und lieblicher.

Infrastruktur: El Espín ; Borres ; Berducedo .

Anmerkungen: **(1)** Technisch gesehen ist die Ruta de los Hospitales bei gutem Wetter für geübte Wanderer als mittelschwer einzustufen; ihre Problematik liegt in der Abgeschiedenheit, weshalb man den Hinweis, sie nur bei stabilem Wetter zu begehen, ernst nehmen sollte. Auch ein GPS-Gerät mit Routentrack ist keine Absicherung, es schützt nicht vor Unfällen oder Verstauchungen, die ein Weitergehen unmöglich machen. Im Notfall bringt man nicht nur sich, sondern auch Rettungskräfte in Gefahr. Per Allrad-Fahrzeug ist die Strecke nur mühsam erreichbar, bei schlechter Sicht ist die Luftbergung schwierig. **(2)** Unbedingt ausreichend Proviant und Wasser (3 Liter sind nicht übertrieben!) mitnehmen; zwischen Borres und Berducedo gibt es auf 26 km keine Einkehrmöglichkeit oder (verlässliche) Brunnen; evtl. gibt es auf dem Puerto del Palo einen mobilen Getränkeverkauf, darauf verlassen sollte man sich nicht. **(3)** Wer sich nicht die ganze Etappe zutraut, kann auch nur bis Puerto del Palo gehen (18 km/ 5.30 Std., 820 m im Auf- und 280 m im Abstieg) und von dort mit dem Taxi hinunter ins 12 km entfernte Pola de Allande fahren (am besten bereits bei Erreichen des Alto de La Marta das Taxi bestellen, ab dort noch mindestens 45 Min. Gehzeit: Taxicamino Tel. 619 156 730 oder 649 717 529, taxicamino.es). Am nächsten Tag mit Etappe V7 bis nach Berducedo.

Von **Campiello (1)** aus gehen wir an der Straße durch El Fresno und folgen bei El Espín dem links abzweigenden Sträßchen. Wenig später wandern wir geradeaus auf dem Feldweg nach **Borres** (**2**; 45 Min.). Am Ortsrand zweigt rechts der Weg zur Herberge ab, die Bar für die Anmeldung befindet sich 200 m weiter im Dorf. Nach der Bar biegen wir scharf rechts ab, überqueren die Straße und verlassen den Ort im Linksbogen ansteigend. Nach kleinen Waldstücken kommen wir zur Wegverzweigung (**3**; knapp 30 Min.).

i *War der Camino Primitivo bisher schon kein Spaziergang, so wird es jetzt richtig ernst. An die 1300 m hohe Bergzüge versperren den Pilgern den Weg und wollen überwunden werden. Der kürzeste Weg, die sogenannte* ***Ruta de los Hospitales****, führt hoch über den Höhenzug und dann hinunter zum geografisch günstigsten Übergang, dem 1146 m hohen* ***Puerto del Palo****. Die etwas längere Alternative steigt nach Pola de Allande ab und klettert von dort durch das Tal des Río Nisón mühsam zum Pass auf. Der »Hospizweg« über die Berge, in denen schon die Römer nach Gold suchten, gilt als der ältere. Spätestens ab dem 13. Jh. fanden sich hier auf einer Strecke von rund 7 km gleich vier Pilgerhospize, von drei sind nur klägliche Ruinen übrig. Schon damals schätzten die Pilger den Vorteil dieser Route: Sie ist gut 4 km kürzer und mit knapp 200 Höhenmetern weniger Auf- und Abstieg etwas weniger beschwerlich als der Weg über Pola de Allande und erspart somit eine Tagesreise.*

Der Nachteil: Der Bergweg verläuft fast 10 km am Stück auf über 1000 m Höhe – bei Schnee und Kälte ein unmögliches Unterfangen. Es heißt, im Mittelalter hätten die Pilger entweder in La Espina überwintern müssen, oder sie seien zur Küste abgestiegen, um den Weg über den heutigen Camino del Norte fortzusetzen. Da den Anrainern des Camino Primitivo auf diese Weise die Pilger und vor allem deren Geld abhandenkamen, habe man Ende des 13. Jh. der Siedlung Pola de Allande die Stadtrechte verliehen und somit für die Pilger Anreize geschaffen, diesen Weg zu wählen, der sozusagen nur kurz über den Pass »huscht« und kurz danach die schneereichen Zonen verlässt. Ob die Entstehung eines Sommer- und eines Win-

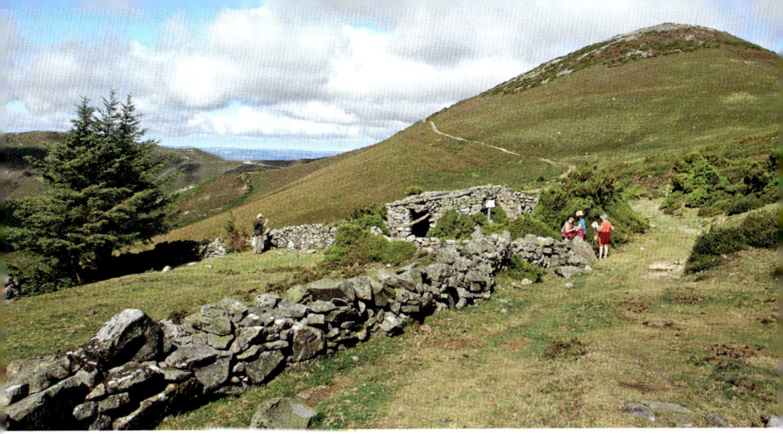

Beim Hospital de Fonfaraón.

terwegs wirklich mit solchem Kalkül forciert wurde, oder ob die Pilger von selbst die je nach Jahreszeit beste Route wählten, sei dahingestellt. Wie auch immer: Beide Wege haben ihren Reiz, auch wenn die Ruta de los Hospitales ein ganz eigener Mythos umweht.

Die Ruta de los Hospitales biegt rechts ab, zieht sich am von Erikabuschen bestandenen Hang entlang, schwenkt kurz rechts in ein Sträßchen ein und bringt uns auf dem Feldweg nach links nach **La Mortera** (**4**; knapp 30 Min.).

i *Auch wenn das Straßenschild neben der* ***Capilla de San Pascual*** *(16./17. Jh.) in* ***La Mortera*** *auf den Weg »ohne Bär« hinweist, muss sich niemand vor wilden Tieren fürchten: Ein Spaßvogel hat aus dem Hinweis »Camino sinuoso« (kurvenreicher Weg) das »u« entfernt, sodass »sin oso«, ohne Bär, blieb.*

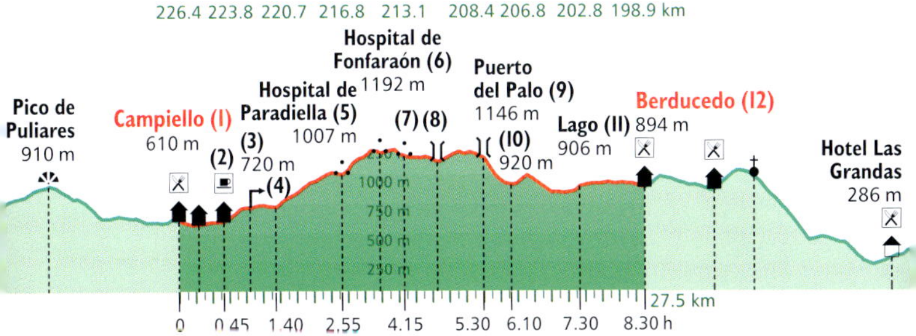

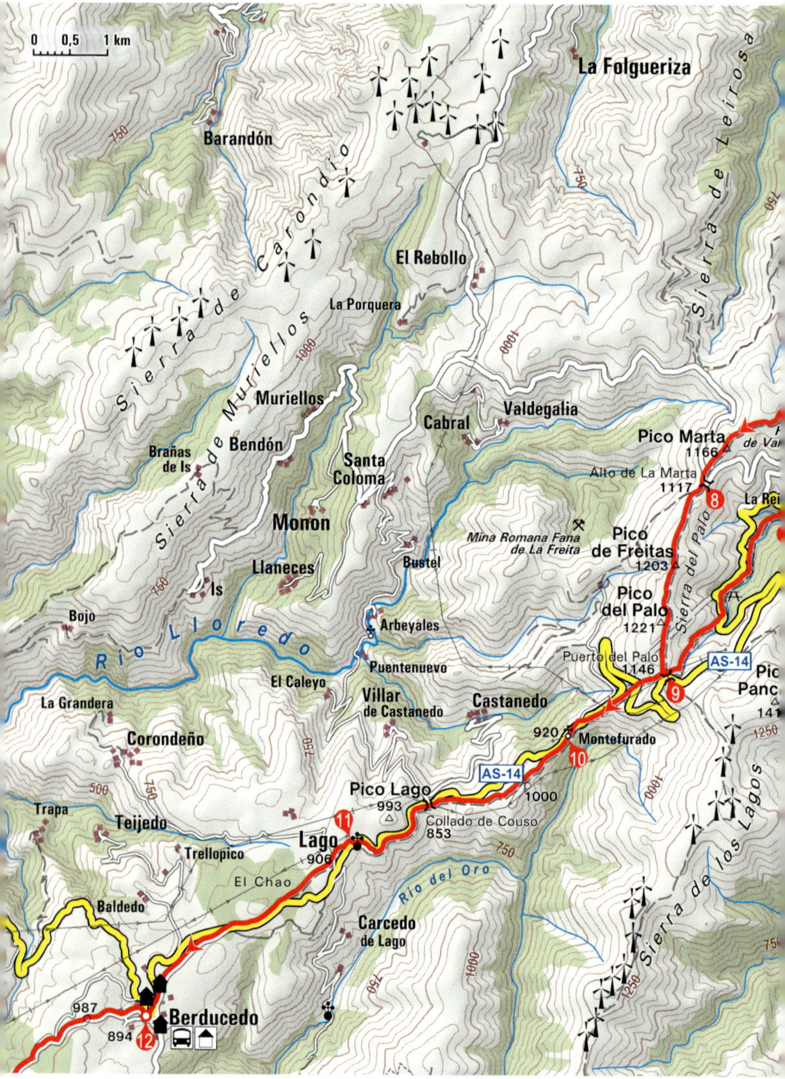
0 0,5 1 km
La Folgueriza
Barandón
Sierra de Carondio
Sierra de Leirosa
El Rebollo
La Porquera
Sierra de Muriellos
Muriellos
Valdegalia
Cabral
Pico Marta
1166
Alto de La Marta
1117
Brañas de Is
Bendón
Santa Coloma
Monon
Mina Romana Fana de La Freita
Pico de Freitas
1203
Sierra del Palo
Llaneces
Bustel
Is
Pico del Palo
1221
Bojo
Río Lloredo
Arbeyales
Puerto del Palo
1146
AS-14
Puentenuevo
El Caleyo
La Grandera
Villar de Castanedo
Castanedo
Corondeño
920
Montefurado
Pico Lago
993
1000
Trapa
Teijedo
Collado de Couso
853
Lago
906
Trellopico
El Chao
Río del Oro
Sierra de los Lagos
Baldedo
Carcedo de Lago
987
Berducedo
894

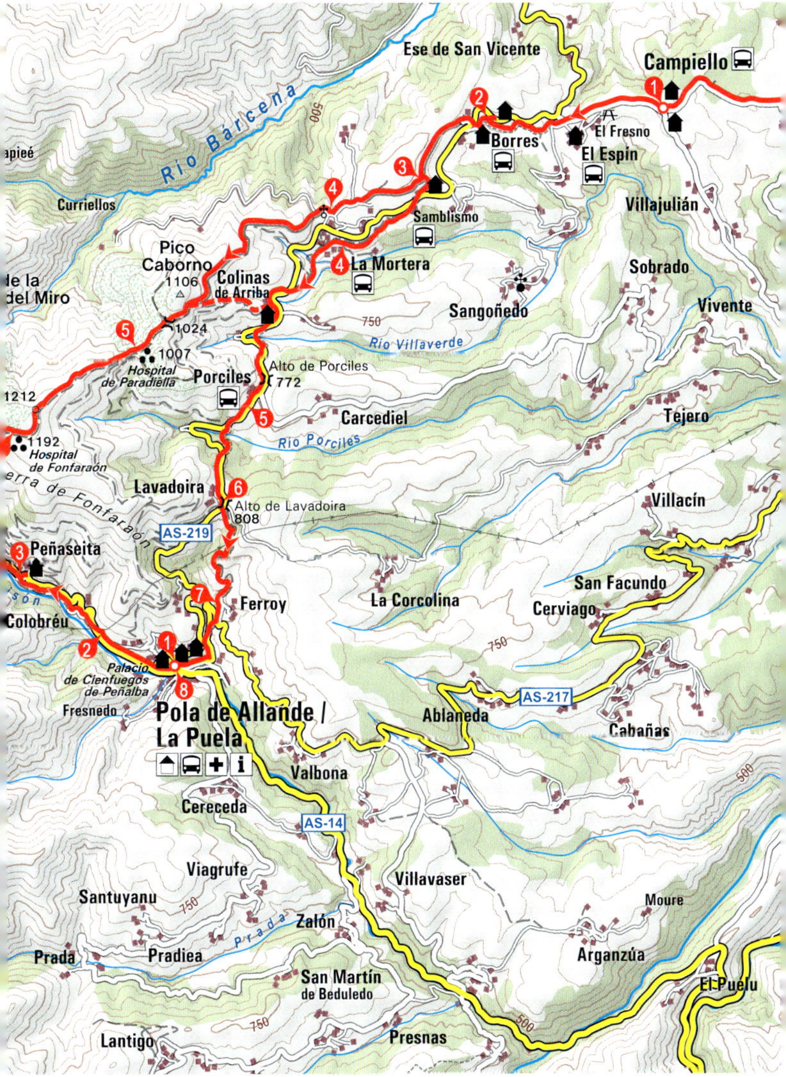

Ese de San Vicente
Campiello
Río Bárcena
500
Borres
El Fresno
El Espín
Curriellos
Samblismo
Villajulián
Pico Caborno
1106
Colinas de Arriba
La Mortera
Sobrado
del Miro
Sangoñedo
Vivente
1024
750
1007
Hospital de Paradiella
Río Villaverde
Alto de Porciles
772
Porciles
1212
Carcediel
Tejero
1192
Hospital de Fonfaraón
Río Porciles
Lavadoira
Alto de Lavadoira
808
Villacín
AS-219
Peñaseita
San Facundo
Ferroy
La Corcolina
Cerviago
Colobréu
750
Palacio de Cienfuegos de Peñalba
AS-217
Fresnedo
Pola de Allande / La Puela
Ablaneda
Cabañas
Valbona
Cereceda
AS-14
Viagrufe
Villavaser
Santuyanu
Moure
Zalón
Prada
Pradiea
Arganzúa
San Martín de Beduledo
El Puelu
Lantigo
Presnas

Rechts an der Kapelle vorbei beginnt mit dem nach links ansteigenden Sträßchen der eigentliche Aufstieg. Der Asphalt- wird bald zum Feldweg, der am noch relativ grünen und bewaldeten Hang ansteigt (das Gatter mit dem Hinweis »animales sueltos« (freilaufende Weidetiere) im Zweifel wieder schließen). Mit zunehmender Höhe treten die Bäume zurück, während die Ausblicke immer schöner werden.

Nach knapp 1.15 Std. gönnt uns ein Pass auf 1024 m Höhe zwischen Pico Caborno (1106 m; rechts von uns) und Pico Tableiros (1076 m; links) eine Verschnaufpause, während sich uns zwei ganz unterschiedliche Szenerien bieten: im Rückblick das bukolische Vorland mit von Wäldern und Weiden überzogenen Hügeln, vor uns nackte Bergflanken, die an die schottischen Highlands erinnern. Der Weg bringt uns nach links leicht abfallend in wenigen Minuten zu einem kleinen Sattel (1007 m) mit dem **Hospital de Paradiella (5)**.

i *Die spärlichen Reste des **Hospital de Paradiella** liegen verloren in der rauen Landschaft, selbst im Sommer pfeift nicht selten ein kalter Wind über den Sattel und um die nahezu baumlosen Berge. Eine unwirtliche, menschenleere Gegend, in der das kleine, im 15. Jh. dokumentierte Hospiz sicher willkommenen Schutz bot.*

Erneut klettert der Weg sehr steil und steinig bergan, flacht dann zwischen den Kiefern der Sommeralm Campa la Braña etwas ab und steigt anfangs grasig wieder an. Nach rund 45 Min. treffen wir auf 1212 m Höhe auf einen Wegstein, folgen dem nahezu ebenen Pfad nach links und erreichen im Rechtsbogen um die Bergkuppe herum nach 10 Min. die Ruinen des **Hospital de Fonfaraón (6)**.

i *An warmen Tagen lädt der idyllische Flecken rund um das **Hospital de Fonfaraón** zu einer Pause ein. Die noch recht gut erkennbaren Ruinen der ab dem 13. Jh. dokumentierten Hospiz-Siedlung liegen malerisch am Fuß des Pico Hospital (1292 m), nach Süden fällt der Hang steil ins Tal des Río Nisón ab, durch das der Weg über Pola de Allande verläuft; gegenüber erhebt sich der Pico Panchón, mit 1411 m der höchste Gipfel weit und breit, rechts unterhalb ist der Puerto del Palo zu sehen. Wie hart muss das Leben hier auf knapp 1200 m Höhe gewesen sein! Die Sommer kurz, die Winter lang, kalt, wind- und schneereich.*

Dennoch – oder gerade deshalb? – kümmerten sich hier, im höchstgelegenen der vier Hospize, barmherzige Menschen um die Pilger. Wie in den anderen Unterkünften waren die Herbergsleute verpflichtet, abends den Pilgern mit drei lauten Rufen den Weg zu weisen, bei Schnee mussten sie die Route mit Holzpflöcken markieren. Es heißt, bis ins 20. Jh. hinein habe hier eine Frau gegen eine Peseta Wanderern Unterschlupf in ihrer bescheidenen Steinhütte gewährt. Noch immer hegen uralte Feldsteinmauern kleine Weiden ein, in einer der halb verfallenen Katen finden Kühe Unterstand.

Der Weg führt am Südosthang des Pico Hospital leicht bergan und erreicht auf 1220 m den höchsten Punkt des gesamten Camino Primitivo. Wieder bergab und bei der Gabelung (siehe Titelfoto) links auf dem erst steinigen, dann grasigen Pfad gelangen wir zum **Hospital de Valparaíso (7)**, nur mehr ein kleiner Steinhaufen links des Wegs (knapp 30 Min.). Der Pfad dreht am Hang des Picaratín (1218 m) nach Südwesten und führt nur sanft an- und absteigend zum Wasserloch am Fuß des Pico Marta (1166 m). In den Sommermonaten tummeln sich hier freilaufende, halbwilde Pferde und Kühe. Auch wenn uns kein Zaun von ihnen trennt, sollte man sie besser in Ruhe weiden lassen und nicht versuchen, sie zu streicheln.

Sanft ansteigend flankieren wir den Osthang des Pico Marta und gelangen abwärts zu einem Sträßchen. Wir folgen ihm kurz nach rechts zum **Alto de La Marta** (**8**; 30 Min. ab Valparaíso), wo wir geradeaus dem anfangs steilen und steinigen Weg in die Sierra del Palo folgen. Bald steigt der grasig weiche Weg moderat steil auf dem breiten, von losen Baumgruppen bestandenen Rücken des Pico de Freitas (1203 m) an und streift dessen Gipfel. Rechts ist deutlich zu sehen, wie die Römer auf der Suche nach Gold den halben Hang wegspülten, weiter unten liegt die Goldmine Fana de La Freita. Im Mittelalter befand sich hier in der Gegend das inzwischen verschwundene Hospital de La Freita. Auf einem wieder steinigeren Weg gehen wir auf

Die halbwilden Pferde verbringen die Sommer in Freiheit in den Bergen.

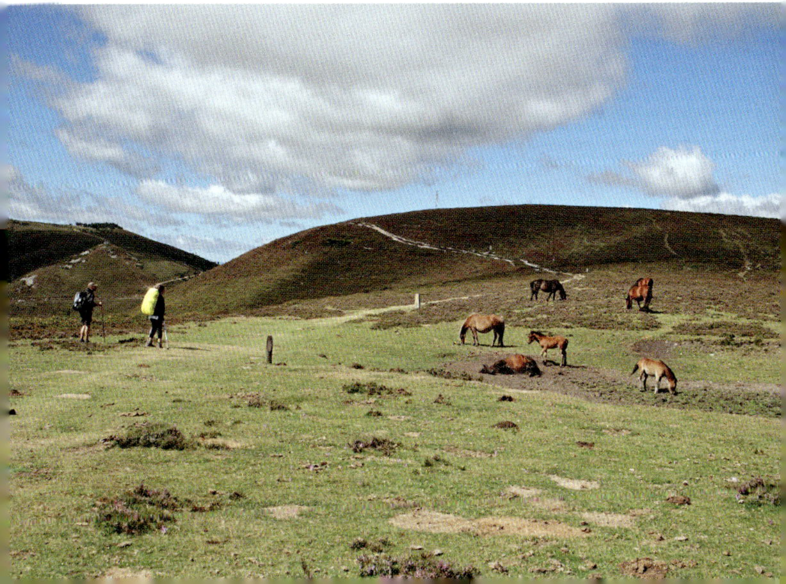

einem breiten Grat leicht bergab, während sich links und rechts wunderbare Fernblicke eröffnen. Geradeaus markieren Windkrafträder den Bergzug jenseits des Puerto del Palo, den wir an dem hässlichen Umspannwerk erkennen, links darüber erhebt sich der Pico Panchón (1411 m).
An der Ostflanke des Pico del Palo (1221 m) vorbei gehen wir bergab zum **Puerto del Palo (9)** ab (45 Min. ab La Marta). Ein einsamer Baum bietet ein Stück vor dem Pass Schatten – vielleicht der schönere Rastplatz als unter den Stromleitungen auf dem eher wenig romantischen Pass, auch wenn dort meist Kühe und halbwilde Pferde herumlungern.
Ab dem Pass ist nochmals Konzentration gefragt. Wir steigen vor der Straße nach rechts, direkt unter der Stromleitung auf losem Gestein extrem steil ab. Nach gut 10 Min. überqueren wir die AS-14, verlieren weiter an Höhe, dann bessert sich der Weg langsam, wird flacher und bringt uns links der AS-14 in das verlassene Bergdorf **Montefurado** (**10**; knapp 45 Min. ab Pass).

i *In **Montefurado** würde man sich eine Pilgerherberge wünschen, vor der man abends sitzen und die Stille der Berge genießen könnte. Doch die Zeiten, da hier Menschen lebten und Reisende im Hospiz ein Schlaflager und eine Mahlzeit bekamen, sind längst vorbei. Heute bietet nur noch das Vordach der **Capilla de Santiago** Schutz vor Sonne oder Regen in dem ansonsten ausgestorbenen Bergdorf. An die Römer, die auf der Suche nach Gold mit ihrer Technik »Ruina montium« ganze Berge zerstörten, erinnert der Name Montefurado – durchlöcherter Berg. Inzwischen wird auf den Bergzügen ein anderer Schatz angezapft: Wind; die vielen Windräder und Stromleitungen sind der weniger schöne Nebeneffekt.*

Nach den Steinhäuschen übersteigen wir eine flache Feldmauer und bringen erst unter Steineichen, dann am freien Hang den letzten anstrengenden Anstieg des Tages hinter uns. Der Pfad wird wieder steinig, dringt in ein Wäldchen ein, passiert ein Gatter und wechselt auf 1000 m Höhe auf die andere Bergseite. Auf einem guten Hangpfad bleiben wir erst noch auf der Höhe und steigen dann auf einem Forstweg zur AS-14 ab (Collado de Couso, 853 m). Ab hier wandern wir auf einem teils schattigen Weg links unterhalb der AS-14 ab- und ansteigend am Hang des Tals des Río del Oro (Goldfluss). Nach dem Friedhof passieren wir auf dem Sträßchen die Iglesia de Santa María mit einer uralten Eibe (ast. Texu, bot *Taxus baccata*) daneben. Der Baum mit einem Stammumfang von fast 6 m ist ausgewiesenes Naturdenkmal. Nochmals steil bergan erreichen wir die AS-14 und danach **Lago** (**11**; gut 1.15 Std.).
Kurz danach verlassen wir die Straße nach rechts, überqueren ein Asphaltsträßchen und wandern auf einem aussichtsreichen Weg über die El Chao genannte Hochebene, in der nur die vielen Stromleitungen etwas stören. Durch einen Wald erreichen wir erneut die AS-14, folgen nach rechts dem Weg daneben und überqueren sie nach rund 15 Min. nach links. Über eine Anhöhe gelangen wir nach **Berducedo (12)** und durch den Ort zur Kirche (1 Std.).

4.30 Std.

14,1 km

Campiello – Pola de Allande

V6

Herbergen: El Espín (580 m, 4 EW), PH, 10 B/Spende. Alb. Casa Pascual, Tel. 606 242 097. Gemeins. Abendessen, Frühstück; Garten; Pilgeratmosphäre. Check-in 15–19.30 Uhr, April–Okt. **Borres** (606 m, 90 EW), **(1)** SH, 20 B/7 €. Alb. Santa María, am Ortsanfang 150 m rechts oberhalb des Wegs; in Bar Barín 200 m weiter geradeaus anmelden, Tel. 663 785 266; vorab klären, ob Platz ist. Einfache Herberge. Kein WLAN. Ganzjährig. **(2)** TH, 10 B/15 € (auch DZ). Alb. La Montera, Tel. 625 870 679 u. 647 857 856, alberguelamontera.com. Küche, W/T; schönes altes Dorfhaus. Check-in 13–18 Uhr, April–Okt. **Samblismo** PH, 12 B/Spende. Ca. 200 m links des Wegs an Etappe V6. Tel. 623 190 006 (Javier). W/T; gemeins. Abendessen, Frühstück. Ab 14 Uhr, Ende April–Mitte Okt. **Colinas de Arriba** (758 m, 15 EW), TH, 20 B/15 € (auch DZ). Alojamiento Los Hospitales, Tel. 673 025 752, alojamientoloshospitales.com. Mikrowelle, Bar-Rest., W/T; Bettzeug. Neu, modern, viel Platz. Check-in 12–18 Uhr, Anfang März–Okt. **Pola de Allande** (530 m, 620 EW), **(1)** SH, 24 B/6 €. Alb. de Pola de Allande (kurz nach Ortsanfang rechts vom Weg). Kochgelegenheit. Eher einfache Herberge. Ganztags, ganzjährig. **(2)** TH, 28 B/17 €. Alb. La Casita de Aba (im Ortszentrum), Tel. 001 282 397, lacasitadeaba.es. Küche, Frühstück, Waschm.; Bettzeug. Sehr geräumig und gepflegt. Check-in 13–20 Uhr, 15. März–Okt. **(3)** PH, 15 B/Spende. Alb. Polagrino (im Ortszentrum), Tel. 648 588 799 u. 616 100 701. Küche, gemeins. Abendessen, Frühstück, W/T. Einrichtung nicht ganz neu, aber gemütlich, Pilgeratmosphäre. 11–23 Uhr, April–Okt.

Alternative Unterkünfte: Pola de Allande: (1) Hotel La Nueva Allandesa, C/ Donato Fernández 3, Tel. 985 807 027. **(2)** Hotel Lozano, Av. de Galicia 5, Tel. 985 807 102, hotelozano.es.

Die Strecke: Gut markiert; unbefestigte, teils sehr unbequeme Wege und Pfade. Bis zum Alto de Lavadoira immer wieder kurze Passagen an oder neben der AS-219. Einige recht steile An- und Abstiege machen die an sich kurze Etappe recht anstrengend.

Höhenunterschied: 390 m im Auf- und 470 m im Abstieg.

Kritische Stellen: Bei Nässe sind einige Pfade und Wege matschig und rutschig. Kurz nach Porciles geht es wenige Minuten hinunter ins Tal des Río Porciles und sehr steil wieder hinauf; an einer kurzen Stelle sind evtl. die Hände nötig.

Landschaft: Wer wegen schlechten Wetters die Ruta de los Hospitales nicht gehen kann, braucht sich nicht zu grämen: Auch dieser Weg hat viel zu bieten. Grüne Hügel, offene Weiden, schattige Wäldchen, murmelnde Bäche und das Geläut von Kuhglocken sind seine Zutaten. Pola de Allande ist ein entspanntes Städtchen, eingebettet in den Treffpunkt von vier Tälern.

Infrastruktur: Borres; Samblismo; La Mortera (688 m, 40 EW); Porciles (749 m, 70 EW); Pola de Allande Mo–Sa 20 Uhr (Winter 19 Uhr), So 12 Uhr C/ Rapigueiro, Tel. 985 807 352.

Anmerkungen: (1) Der Wegverlauf ist in der Karte S. 84/85 eingetragen. **(2)** Von Colinas de Arriba ist der Zustieg zur Hospitales-Route möglich (gut 1,5 km, 220 Hm Aufstieg). **(3)** Aufgrund der vielen steilen Auf- und Abstiege empfiehlt es sich nicht, diese Etappe und die nächste zusammenzulegen. Nach dem anstrengenden Abstieg nach Pola de Allande kämen fast 18 km sowie 800 Hm Auf- und 440 Hm Abstieg hinzu.

Von **Campiello (1)** aus gehen wir zunächst wie in Etappe 6 an der Straße durch El Fresno und **El Espín** und danach auf dem Feldweg nach **Borres** (**2**,

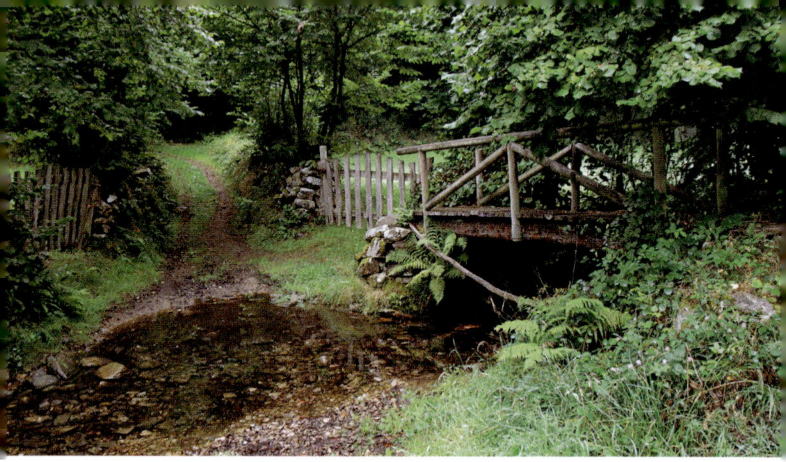

Am Río Porciles.

45 Min.). Knapp 30 Min. danach führt der Weg an der **Wegverzweigung (3)** geradeaus durch das Wäldchen. Wir überqueren beim Weiler **Samblismo** nach schräg rechts die AS-219 und folgen dem nach links unten abzweigenden Betonsträßchen. Es wird zum Feldweg, bis wir bei **La Mortera (4)** links abbiegen (knapp 30 Min.).
Wir gehen die Abzweige links und rechts ignorierend geradeaus durch den Weiler. Bei der Gabelung nach dem Ort folgen wir links dem Kies- bzw. Feldweg. Wenig später bringt uns ein Pfad nach rechts hinauf zur AS-219. Neben dieser gelangen wir nach **Colinas de Arriba**, gehen rechts und nach dem Weiler erneut über die AS-219. Dann bringt uns ein links abzweigender, steiniger Hohlweg hinab zum Bach Río Villaverde. Nach der Brücke geht es wieder hinauf zur AS-219 und an dieser nach links über den **Alto de Porciles** (772 m). Weiter an der Straße passieren wir gleich danach die Bar und erreichen kurz darauf **Porciles** (**5**; knapp 1.15 Std. ab La Mortera).
Direkt danach geht es nach links steil und steinig hinunter ins Tal des Río Porciles und nach dem Bach auf einem Waldweg bergauf. Dieser wird ebener, dafür ggf. auch matschig. Dann muss man auf den nach rechts abzweigenden Stufenweg achten, der extrem steil und ruppig über Gestein bergauf klettert. Eventuell müssen die Hände helfen. Oben stoßen wir wieder auf die AS-219 und haben das Schlimmste hinter uns.
Wir wandern nach links an der Straße hinauf zum **Alto de Lavadoira (6)** auf 808 m Höhe (knapp 45 Min. ab Porciles). Gleich danach verlassen wir die Straße nach schräg links und wandern jetzt nur noch bergab. Anfangs ist der Waldweg noch recht rau, bessert sich dann jedoch und wird zum schönen Weg, mal im Wald, mal mit Blicken ins Tal und auch auf Pola de Allande.

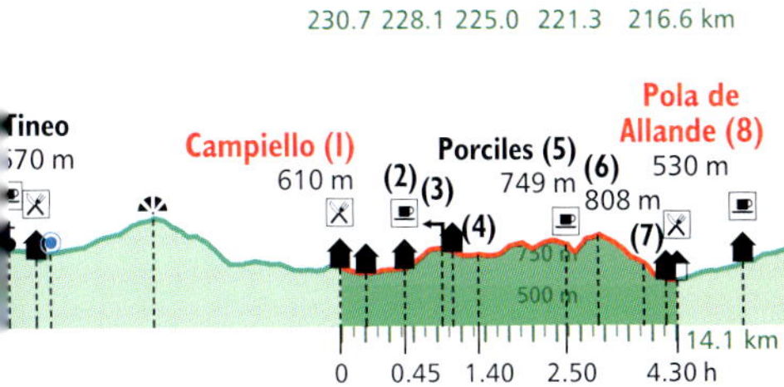

Nach gut 30 Min. passieren wir das Dorf **Ferroy (7)**. Bei der Stopp-Stelle danach gehen wir nach rechts über die AS-219 und dann auf den Pfad nach links unten. Er mündet ein letztes Mal in die AS-219. Wir folgen ihr nach links und finden nach wenigen Minuten kurz nach dem Ortsanfang an einer Gabelung den Hinweis rechts zur Herberge. Der Eingang befindet sich ein Stück weiter geradeaus nach dem rot-weißen Gebäude der Guardia Civil nach rechts die Gasse hinauf. Der Weg biegt in das Sträßchen links unten ein, schwenkt nach der Kirche rechts in die C/ Mayor und an deren Ende nach links zur zentralen Kreuzung von **Pola de Allande** (**8**; ca. 30 Min. ab Ferroy).

i *In **Pola de Allande** (asturisch **La Puela**) mag man es bunt. Vielleicht haben ja die »Indianos«, die reichen Rückkehrer aus Amerika, den Sinn für das Farbenfrohe mitgebracht, den sie auch an ihren »Indiano-Villen« auslebten. Nicht nur das Rathaus, auch das Denkmal für die asturischen Südamerika-Auswanderer, gestiftet von nach Santo Domingo und Puerto Rico emigrierten Einwohnern von Allande, leuchtet nachts in bunten Farben. Ansonsten ist Allande eher ein beschaulicher Ort. Schon Kelten und Römer siedelten in der Gegend, Letztere vor allem getrieben von der Suche nach Gold. Bei der Verleihung der Stadtrechte zwischen 1262 und 1267 war die Siedlung vermutlich schon rund 200 Jahre alt. Landwirtschaft und Viehzucht bestimmte über Jahrhunderte das Leben der Bevölkerung.*

*Das bedeutendste Gebäude liegt oberhalb der Stadt, der stattliche **Palacio de Cienfuegos de Peñalba**. Schon im 14. Jh. stand dort eine Festung, ab 1520 erhielt der Burgpalast sein heutiges Aussehen: drei trutzige Türme, die mit L-förmig angeordneten Flügeln miteinander verbunden sind. Im 18. Jh. baute ihn der Graf von Peñalba zur Residenz um (nur von außen zu besichtigen). Die **Iglesia de San Andrés** im Ortszentrum stammt ursprünglich aus dem 16. Jh., wurde aber später stark umgebaut. Das oben erwähnte Rathaus wurde um 1907 errichtet.*

***Feiertage und Feste:** 13. Juni Viehmesse zu **San Antonio**; 8.–10. Sept. **Fiestas del Avellano**, Haselnussfest anlässlich der Ernte der Nüsse, die zu Tarta de Avellana, Haselnusskuchen, verarbeitet werden.*

***Oficina de Turismo:** Nach der zentralen Kreuzung links, in dem roten Gebäude jenseits des Flusses, Ostern 20. Juni–21. Sept. Di–Sa 11–17.30 Uhr, So 11–15.30 Uhr, Tel. 985 807 291, allande.es.*

V7 Pola de Allande – Berducedo

6.00 Std.
17,7 km

Herbergen: Peñaseita (659 m, 10 EW), SH, , 12 B/5 €. Alb. de Peregrinos (ca. 300 m rechts oberhalb des Wegs, an der AS-14 nach rechts), den Schlüssel bekommt man in Peñaseita in Casa Viñas (nach links an der Straße, Tel. 985 807 116; wenn niemand da (Di geschl.), Schlüssel auf Fass vor dem Haus. Einfache Herberge, Kochplatte. Ganzjährig. **Berducedo** (894 m, 120 EW), **(1)** SH, , 24 B/6 €. Tel. 699 315 120. Einfache Kochgelegenheit. 13–23 Uhr, ganzjährig. **(2)** TH, , 16 B/15 €. Alb. Casa Marqués, Tel. 985 909 820. Küche, W/T, Bar/Rest. Ab 12 Uhr, Mitte März–Okt. **(3)** TH, , 38 B/15 €. Alb. Camino Primitivo, Tel. 985 906 670. Bar/Rest., W/T. Ab 9 Uhr, ganzjährig (Mitte Okt.–Mitte März mit Reservierung).

Alternative Unterkünfte: Berducedo Casa de Aldea Araceli (Landpension mit Bar-Rest.), casadealdeaaraceli.com..

Die Strecke: Gut markiert, vorwiegend unbefestigte Wege und Pfade. Die ersten rund 1.15 Std. mäßig steiler Anstieg im Tal, dann müssen bis hinauf zum Pass auf nur 3,5 km gut 420 Höhenmeter überwunden werden. Danach geht es nochmals sehr steil bergab; nach einem letzten Schlussanstieg hinter Montefurado wird das Profil moderater.

Höhenunterschied: 800 m im Auf- und 440 m im Abstieg.

Kritische Stellen: Der Abstieg vom Puerto del Palo ist wegen seiner Steilheit und dem losen Gestein recht heikel. Erhöhte Konzentration erforderlich.

Landschaft: Der Aufstieg durch das Tal des Río Nisón ist das absolute Kontrastprogramm zur aussichtsreichen, aber auch rauen Ruta de los Hospitales. Fast bis zum Schluss schlängelt sich der Weg durch das lieblich grüne Tal, trotz der nahen Passstraße erfreuen Vogelgezwitscher, Kuhglocken und das Murmeln des Bachs das Ohr. Kurz vor und nach dem Pass warten die fast baumfreien, kargen Hänge, ab Montefurado wird die Landschaft wieder freundlicher.

Infrastruktur: Peñaseita ; Berducedo .

Anmerkungen: **(1)** Der Wegverlauf ist in der Karte S. 84/85 eingetragen. **(2)** Unbedingt mit Proviant und Wasser vorsorgen, da es außer in Peñaseita (300 m abseits des Wegs, Di Ruhetag) keine Einkehrmöglichkeit gibt. Evtl. werden am Puerto del Palo Getränke verkauft, darauf sollte man sich aber nicht verlassen. **(3)** Die Gehzeit bezieht sich auf durchschnittlich gut geübte Wanderer; sie kann speziell bei den Aufstiegen individuell höher sein.

Vom Zentrum von **Pola de Allande (1)** gehen wir geradeaus auf der Av. de Galicia/AS-14 aus dem Ort hinaus (Schild »Dirección Berducedo–Pto. Palo«). Nach rund 20 Min. leichten Anstiegs achten wir auf den nach links unten abzweigenden Weg **(2)**. Er ist mit »C« für Camino gekennzeichnet, geradeaus kann man an der Straße zur Herberge (»A« für Albergue) gehen. Der Weg durch das Tal ist etwa 300 m länger, aber schöner und sicherer als entlang der AS-14.

Der teils steinige Weg führt erst bergab und stößt dann ansteigend auf eine Straße, der wir nach links folgen. Auf und ab und zuletzt wieder auf einem Waldweg gelangen wir nach knapp 30 Min. zum Abzweig rechts zur Herberge von **Peñaseita (3)**. Wir wandern geradeaus, mal ansteigend, mal flach auf dem gelegentlich unbequemen Weg durch das bewaldete Tal; links be-

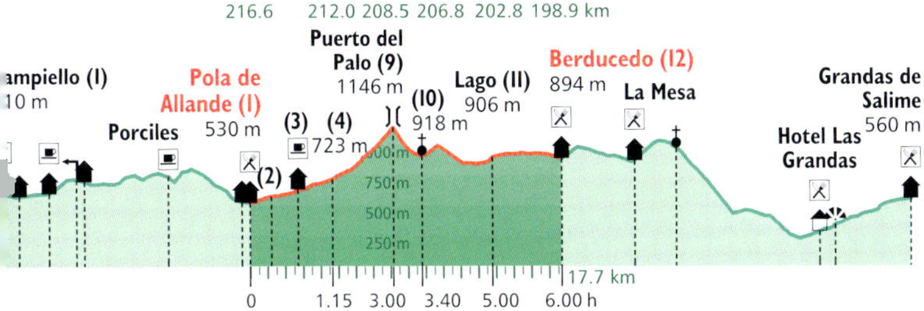

gleitet uns der Río Nisón. Nach einiger Zeit weicht der Wald zurück, Kuhweiden quetschen sich in das schon merklich engere Tal. Wenig später halten wir uns beim Gehöft **La Reigada (4)** links (30 Min.). Ab jetzt zieht der teilweise recht ruppige Weg mit wechselnder Steilheit merklich stärker bergan. Nach etwa 30 Min. passieren wir bei zwei Brücken über den Nisón einen alten Rastplatz. Wir sind auf rund 800 m Höhe, 270 Höhenmeter haben wir geschafft – knapp 350 Höhenmeter liegen noch vor uns. Es geht auch gleich zur Sache: Auf dem nächsten Kilometer überwinden wir rund 140 Höhenmeter und kommen nach gut 30 Min. an der AS-14 heraus. Wir folgen ihr kurz nach links, verlassen sie dann geradeaus und nehmen den nochmals heftigen Schlussanstieg in Angriff: Es fehlen noch rund 1,5 km und 210 Höhen-

Lauschiger Abschnitt am Abzweig zur Herberge von Peñaseita.

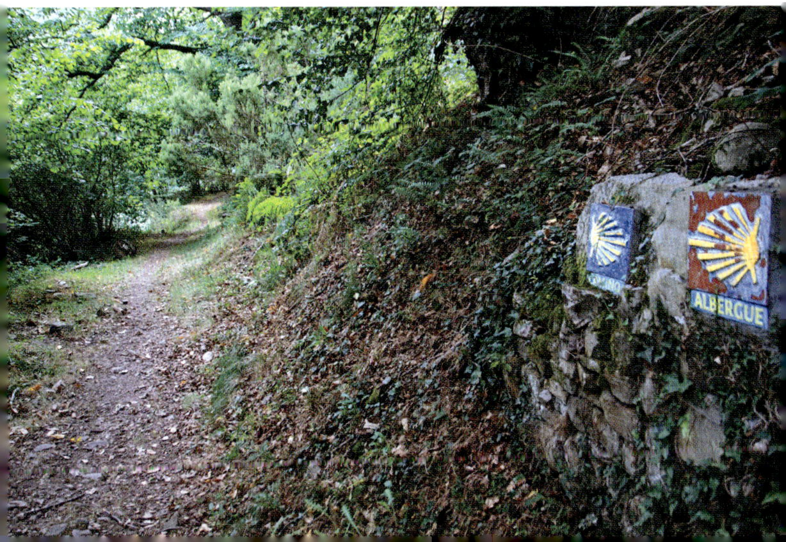

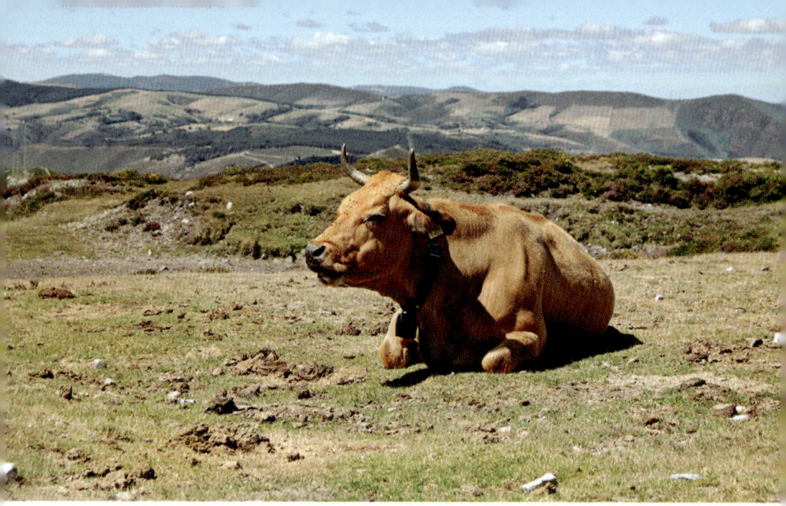

Die Kühe am Pass denken sich ihren Teil zu den heranschnaufenden Pilgern.

meter bis zum Pass. Der anfangs unangenehm steinige und steile Pfad macht einen Rechts-links-Schwenk und zieht sich dann den Hang hinauf. Nach einiger Zeit wähnt man sich auf einem flacheren Abschnitt zwischen lose gestreuten Kiefern fast in den Alpen. Danach, schon kurz unterhalb der Passstraße, knickt der Pfad rechts und links ab und erreicht nach einer letzten steilen Rampe endlich den **Puerto del Palo (9)**, wo uns wahrscheinlich entspannt wiederkäuende Kühe verständnislos anglotzen (45 Min. ab AS-14).
Mit dem Aufstieg in den Beinen ist jetzt nochmals Konzentration gefragt. Wir schließen hier an Etappe 6 an (ausführliche Beschreibung siehe dort) und steigen direkt unter der Stromleitung extrem steil auf losem Gestein ab, überqueren weiter unten die AS-14 und kommen nach **Montefurado** (**10**; knapp 45 Min. ab Pass). Danach bringt uns der letzte anstrengende Anstieg nochmals auf 1000 m Höhe. Auf der anderen Bergseite bleiben wir auf einem guten Hangpfad erst noch auf der Höhe und wandern dann auf einem Forstweg hinunter zur AS-14 (Collado de Couso, 853 m). Ab hier wandern wir auf einem teils schattigen Weg links unterhalb der AS-14 ab- und ansteigend am Hang des Tals des Río del Oro (Goldfluss) in die winzige Straßensiedlung **Lago** (**11**; gut 1.15 Std.).
Kurz danach verlassen wir die Straße nach rechts und wandern aussichtsreich über die El Chao genannte Hochebene. Durch einen Wald erreichen wir erneut die AS-14, folgen nach rechts dem Weg daneben und überqueren sie nach rund 15 Min. nach links. Über eine Anhöhe gelangen wir nach **Berducedo (12)** und durch den Ort zur Kirche (1 Std.).

6.15 Std.
19,7 km

Berducedo – Grandas de Salime 7

Herbergen: La Mesa (874 m, 30 EW), TH, ⊛⊛⊛, 20 B/17 € (DZ 50 €). Alb. Miguelín, Tel. 985 914 353, alberguemiguelin.com. W/T, Bar-Rest.; sehr geräumig. Bis 23 Uhr, ganzjährig. **Grandas de Salime** (560 m, 780 EW), **(1)** TH, ⊛⊛⊛, 26 B/15 € (2 DZ 45 €). Alb. Porta de Grandas (am Ortsanfang), Tel. 608 782 603, portadegrandas.es. Küche, W/T. Moderne, geräumige Herberge. 12–22.30 Uhr, April–Okt. **(2)** SH, ⊛⊛, 28 B/8 €. Alb. de Grandas de Salime, Av. de la Costa 20 (vor der Kirche rechts und 300 m die Straße hoch), Tel. 606 394 714. Küche, W/T; recht gute städtische Herberge. Ab 11.30 Uhr, ganzjährig. **(3)** TH, ⊛⊛⊛, 16 B/ 15 € (plus Apartment für 2–4 Personen). Alb. Casa Sánchez, C/ El Salvador (Eingang am Weg bzw. direkt nach der Kirche rechts und links), Tel. 626 665 118 und 985 781 150. Küche, W/T, schöner Garten. Ab 12 Uhr, Ostern–Anfang Okt.

Alternative Unterkünfte: Embalse de Grandas de Salime (560 m): Hotel Las Grandas, kurz nach der Staumauer oberhalb des Sees, schöne Caféterrasse über dem See; Tel. 985 627 230, lasgrandashotel.com. **Grandas de Salime: (1)** Hotel La Barra (EZ 50 €, DZ 55–60 €), Av. de la Costa 4, Tel. 985 627 196, labarrahotel.com. **(2)** Hostal Bar Occidente, C/ Antonio Machado s/n, Tel. 659 123 467.

Die Strecke: Gut markiert. Eine vergleichsweise kurze Etappe, die es aber durch den Ab- und wieder Aufstieg beim Stausee von Grandas in sich hat. Vorwiegend Asphalt: Erst ab kurz vor Buspol bis zum Stausee unbefestigte Pfade und Forststraßen, ab kurz vor dem Stausee verläuft der Weg rund 5 km/gut 1.30 Std. an der meist wenig befahrenen AS-14, die letzten gut 30 Min. wieder Waldwege.

Höhenunterschied: 630 m im Auf- und 960 m im Abstieg.

Kritische Stellen: Keine.

Landschaft: Bei schönem Wetter trösten herrliche Fernblicke etwas über die Asphaltlastigkeit der Etappe hinweg. Höhepunkt ist der zu Beginn aussichtsreiche Abstieg zum Stausee von Grandas de Salime. Der Weg zieht sich dabei durch den im April 2017 niedergebrannten Forst. Rund 600 ha Wald wurden damals auf der Ostseite des Sees zerstört. Der Aufstieg auf der Westseite verläuft zwar auf der Straße, dafür aber nicht durch Waldbrandgebiet. Die letzten gut 30 Min. auf einem schönen Waldweg versöhnen mit dem eigenwilligen Tag.

Infrastruktur: La Mesa; Embalse de Grandas de Salime Hotel Las Grandas, vgl. alternative Unterkünfte; Grandas de Salime A i € Pilgermesse Mai–Okt Di–Fr 19 Uhr, So/ Fei 13 Uhr, nach der Messe Pilgersegen + C/ Pedro de Pedre s/n, Tel. 985 627 043.

Anmerkungen: (1) Mit Proviant und Wasser vorsorgen, da zwischen La Mesa und Hotel-Rest. Las Grandas (3.15 Std./ 10,5 km) keine Einkehrmöglichkeit. **(2)** Das ethnografische Museum von Grandas de Salime ist eines der bedeutendsten in Asturien und einen Besuch unbedingt wert (siehe S. 98). **(3)** Wer Lust hat, kann die Etappe noch um 5 km/ca. 1.30 Std. bis in die sehr schön gelegene Herberge im winzigen Weiler Castro verlängern.

Nach der Kirche von **Berducedo (1)** biegt der Weg rechts ab und folgt an der Gabelung dem linken Sträßchen bergan. Es wird zum Feldweg, dann Pfad, der den knapp 1000 m hohen Bergrücken des Cordal de Berducedo ansteigt. Auf der anderen Seite kommen wir zu einem Sträßchen hinunter und auf diesem geradeaus nach **La Mesa** (**2**; 1.15 Std.). An der Iglesia de Santa María

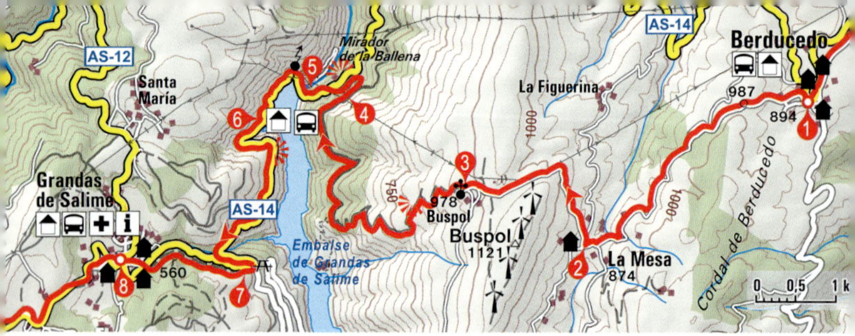

Magdalena (17./18. Jh.) und der Herberge in der alten Schule vorbei geht es auf der Straße wieder steil bergan. Nach einer markanten Linkskurve erreichen wir nochmals über 1000 m Höhe. Auf dem Bergrücken des 1121 m hohen Buspol stehen Windräder mit den dazugehörenden Stromleitungen. Wenig später verlassen wir die Straße geradeaus und erreichen auf einem Pfad die kleine Ermita de Santa Marina beim Gehöft **Buspol** (**3**; gut 45 Min.).

i *Die leicht windschiefe, ganz aus Schiefer errichtete* ***Ermita de Santa Marina de Buspol*** *stammt aus dem 14. Jh., als es hier noch ein Pilgerhospiz gab. Durch das blaue Holzgitter erkennt man den kleinen rustikalen Holzaltar mit Bildnissen der drei Heiligen Marina, Maria Magdalena und Anton. Der kleine Glockenturm beherbergte einst eine auf das Jahr 1327 datierte Bronzeglocke, die als eine der ältesten Glocken ganz Asturiens gilt. Als Schutz vor Diebstahl wurde sie inzwischen an einen sicheren Ort gebracht.*

Kurz danach bilden die bewaldeten Hügel mit dem darin eingebetteten riesigen Stausee an klaren Tagen ein schönes Fotomotiv. Jetzt beginnt der anstrengende Teil des Tages: Erst steigen wir fast 780 Höhenmeter ab und anschließend wieder 330 Hm auf. Zunächst führt uns ein Pfad durch noch ganz jungen Wald bergab. Nach rund 20 Min. stoßen wir auf eine quer verlaufende Forststraße, in die wir links einbiegen (Schild »Grandas de Salime 11,5 km«). Für den weiteren Abstieg bleiben wir ihr, alle Abzweige ignorie-

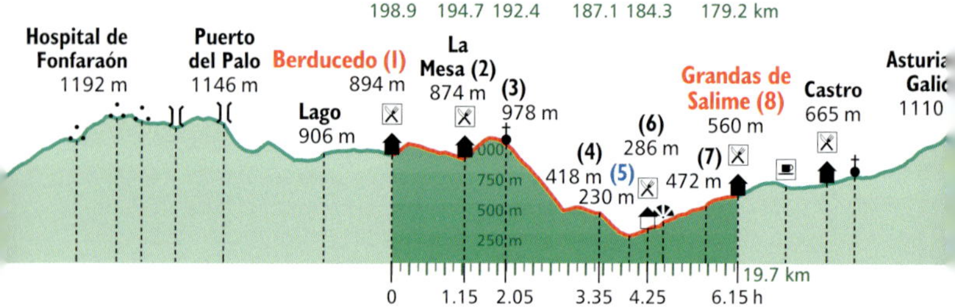

rend, treu. Nach rund 30 Min. steigt der Waldweg nach einem Wegstein und der Angabe »Grandas de Salime 8,3 km« leicht an und verläuft nun am welligen Osthang des Stausees. Nach nochmals knapp 30 Min. hebt ein noch intakter Esskastanienwald die Laune. Wenig später lenken uns ein Wegstein und das Schild »Grandas de Salime 7 km« auf einen Pfad nach links unten (**4**; 1.30 Std. ab Buspol). In mehreren Kehren bringt er uns durch den schönen Wald hinunter zur AS-14 und an dieser nach links – vorbei am offenen Zugang zum Aussichtspunkt »Mirador de la Ballena«, der aber leider auch als Toilette missbraucht wird – zur Staumauer des **Embalse de Grandas de Salime** (**5**; 30 Min.).

i *Die düsteren, schmutzig-grauen und verlassen wirkenden Betongebäude am Hang jenseits der 250 m langen und 128 m hohen Talsperre lassen es kaum vermuten: Das E-Werk ist nicht nur eines der bedeutendsten Industriedenkmäler Asturiens, sondern auch noch in Betrieb und wurde erst vor Kurzem mit neuen Turbinen modernisiert. Mit einer Fläche von 685 ha ist der* ***Embalse de Grandas de Salime*** *der größte Stausee Asturiens, wobei er sich bis in die galicischen Gemeindegebiete von Negueira de Muñiz und Fonsagrada erstreckt. Sein Bau war ein wahrhaft titanisches Unterfangen: Von 1945 bis 1955 waren hier 3000 Arbeiter beschäftigt, sie lebten mit ihren Familien in vier provisorischen Siedlungen und Häusern, wie die, deren leere, schwarze Fensterhöhlen wir am Hang sehen. Tausende Menschen mussten umgesiedelt werden, fast 40.000 Bäume und 14.000 Rebstöcke wurden gefällt. Ab 1953 verschwanden 14 Dörfer, acht Brücken, fünf kleine Kirchen, mehrere Kapellen und fünf Friedhöfe durch das Aufstauen des Río Navia und seiner Zuflüsse Río del Oro und Río Ibias im Wasser.*

Abstieg zum Embalse de Grandas de Salime an einem trüben Augusttag.

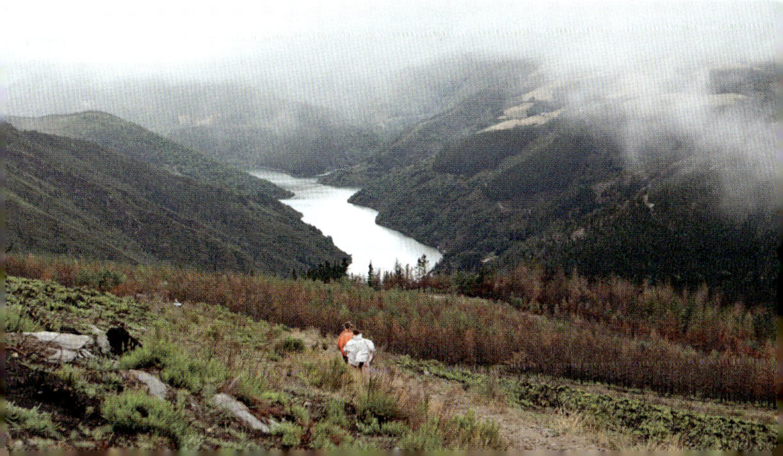

Das Innere des E-Werks gestalteten die Künstler und Architekten Joaquín Vaquero Palacios und Joaquín Vaquero Turcios (Vater und Sohn). So zeigt ein monumentales Wandbild im 60 m langen Turbinenraum Szenen der Bauarbeiten. Technikbegeisterte können das E-Werk im Rahmen einer Führung (jeweils donnerstags um 11 Uhr) besichtigten, Voraussetzung ist eine mindestens 15-tägige Voranmeldung unter der Nummer Tel. 985 220 894, per E-Mail carmenmlsaltosdelnavia.com oder über das Kontaktformular auf saltosdelnavia.com (unter »Visitas«).
Gleich am Anfang der Staumauer steht rechts unten, unter einem Bogen, die Statue der Muttergottes des Lichts – als Schutzheilige der Energiegewinnung.
Angeblich ist geplant, die Pilger künftig mit einer Fähre über den Stausee überzusetzen. Ob und wann dies realisiert wird, steht jedoch noch in den Sternen.

Weiter der ansteigenden Straße folgend passieren wir nach rund 20 Min. das **Hotel Las Grandas (6)** und 30 Min. danach einen Aussichtspunkt über dem See. Nach weiteren 45 Min. zweigt links die Zufahrt zum 2,2 km entfernten »Mirador de Salime« ab (Bank und Tisch am Abzweig), kurz darauf schlagen wir den Pfad nach links oben ein (**7**; Schild »Grandas de Salime 1,5 km«). Er klettert anfangs sehr steil an, dann verflacht er zum sehr schönen Waldweg. Am Ortsrand gehen wir rechts über die AS-14 (links: Alb. Porta de Grandas) in das Sträßchen und zur Kirche in **Grandas de Salime** (**8;** gut 30 Min.). Zur städtischen Herberge geht es nach rechts die Straße hinauf, zur privaten mit dem Weg weiter geradeaus, bzw. gleich nach der Kirche rechts und bei dem alten Waschplatz links.

i *Das Sightseeing ist in **Grandas de Salime** recht schnell erledigt, es beschränkt sich im Prinzip auf die **Iglesia de San Salvador** im Ortszentrum. Die ehemalige, schon 1186 erwähnte Stiftskirche ist das sichtbarste Zeugnis, dass die letzte größere asturische Ortschaft vor der galicischen Grenze ihre Existenz vor allem dem Jakobsweg verdankt – und davon abgesehen geschichtlich eine eher unauffällige Biographie hat. Die Kirche wurde vom 17. bis 19. Jh mehrfach umgebaut und bedürfte inzwischen wieder einer Renovierung. Vor und nach der Messe kann man einen Blick ins Innere werfen. Der barocke Hauptaltar wurde 1628–1634 vom galicischen Bildhauer Juan de Castro geschnitzt, im 18. Jh. erhielt er einen weiteren Aufsatz. Am rechten Seitenaltar aus dem 18. Jh. fällt vor allem eine schwarzhäutige Heiligenfigur auf. Es handelt sich um San Benito de Palermo (1526–1589): Er wurde zwar in Sizilien geboren, seine Eltern stammten jedoch von afrikanischen Sklaven ab.*
*Etwas mehr Zeit sollte man sich unbedingt für das **Museo Etnográfico »Pepe el Ferreiro«** nehmen. Das mit einer Fläche von 3000 m² gar nicht so kleine Heimatkundemuseum ist liebevoll wie ein kleines Dorf angelegt, das die Besucher in den Alltag der Großeltern und Urgroßeltern zurückversetzt. Es gilt als eines der bedeutendsten in ganz Asuriten. Der Rundgang gibt einen umfassenden Einblick in das Leben und Arbeiten einer ferneren und gar nicht so fernen Vergangenheit – nicht selten entdeckt man noch aus der eigenen Kindheit Vertrautes, und sei es*

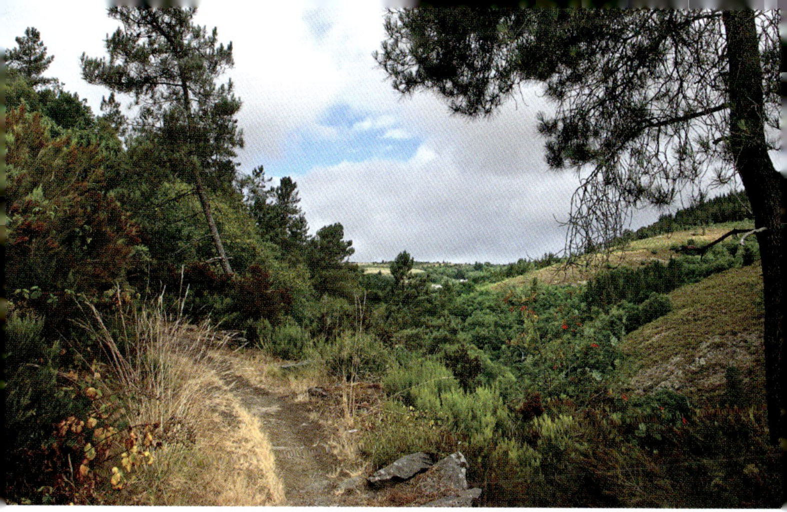

Versöhnlicher Schlussspurt nach viel Asphalt: kurz vor Grandas de Salime.

vom Besuch bei Oma und Opa. In der alten Küche lernt man, dass früher Waschmaschinen mit Asche wuschen. Der Schmied erzählt bei der kleinen Demonstration seines Handwerks, dass aus dem Wurzelholz der Erika-Büsche (sp. brezo), die unterwegs so oft am Wegesrand gedeihen, hervorragende Holzkohle geköhlert wird. Ein Schreiner zeigt, wie man mit einer mit Riemen und Fußpedalen betriebenen Drechselbank Holzgeschirr anfertigt. Zu sehen sind auch eine alte Wassermühle, ein Kolonialwarenladen, eine Kneipe, ein Schulzimmer, eine Schneiderwerkstatt, ein Frisörladen und auch die Praxen von Arzt und Zahnarzt – spätestens da ist man dann doch ganz froh, in der Jetztzeit zu leben. Mit seinen unzähligen, aber wirklich schön präsentierten Gegenständen und Gerätschaften ist das Museum eine absolute Überraschung, die man in diesem entlegenen Flecken nicht erwarten würde (Osterwoche sowie Mai–Sept. Di–Sa 11–14.30 und 16–19.30 Uhr, So/Fei 11–15 Uhr; Feb.–April und Okt.–Dez. Di–Fr 11–14 und 16–18.30 Uhr, Sa 11–14.30 und 16–18.30 Uhr, So/Fei 11–15 Uhr, Eintritt 1,50 €, museodegrandas.es).

Feiertage und Feste: Vor allem im August wird gefeiert: 1. Augustwochenende **San Salvador**, große Patronatsfeiern mit Umzügen, Jahrmarkt, Konzerten (sehr laut und während der ganzen Nacht bis zum Morgengrauen!); 2. Sonntag im August **Feirón de Agosto**, großer Markt mit Kunsthandwerkern, Essständen und Theateraufführungen; letztes Augustwochenende **Fiesta de la Sardina**, Sardinenfest mit gegrillten Sardinen im Stadtpark und Konzerten.

Oficina de Turismo: C/ El Salvador 6 (nach der Kirche rechts), Juli–Sept. Di–Sa 11–14 Uhr, So 10.30–14.30 Uhr, Tel. 985 627 350, grandasdesalime.es.

8 Grandas de Salime – A Fonsagrada

7.30 Std.
25,3 km

Herbergen: Castro (665 m, 30 EW), TH, , 12 B/12 €. Alb. juvenil de Castro, Tel. 628 247 048 u. 611 182 990. Abendessen, Frühstück, aussichtsreich gelegener Garten. Ab 12 (Winter ab 15) Uhr, ganzjährig außer 18. Dez.–15. Jan. **A Fonsagrada** (952 m, 1100 EW), **(1)** TH, , 20 B/15 € (EZ ab 35 €, DZ ab 42 €). Alb.-Pensión Casa Cuartel (Ortsanfang), Tel. 689 954 243, alberguecasacuartel.com. Küche, W/T. Ab 12 Uhr, ganzjährig. **(2)** TH, , 34 B/15 €. (14 DZ 40–50 €, EZ 30 €). Alb. Cantábrico, Rúa Ron 5 (nach Kirche links), Tel. 669 747 560, 982 350 035, cantabricofonsagrada.com. Große Küche, W/T, richtiges Bettzeug und Handtücher. Ab 10 Uhr, ganzjährig. **(3)** XH, , 42 B/10 €. Alb. de peregrinos Ramón Rodríguez, C/ San Roque (kurz nach Kirche rechts) in Casa Pasarín (schön renoviertes historisches Altstadthaus); viel Platz, Küche (ohne Utensilien), Kamin. 13–22 Uhr, ganzjährig. **Alternative Unterkünfte: Castro:** Hotel Rural Chao San Martín, Tel. 985 627 267.

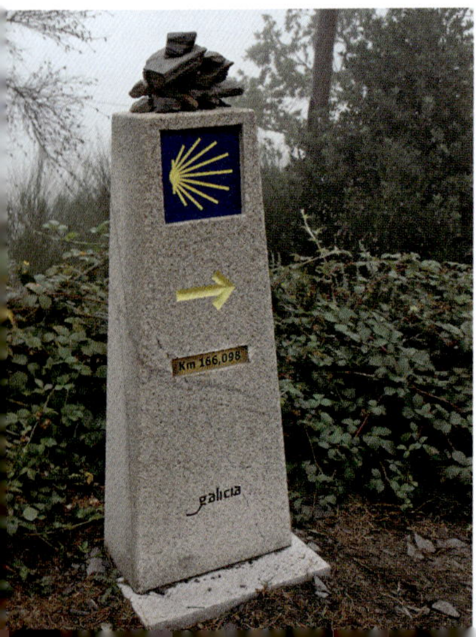

A Fonsagrada: (1) Pensión Casa Manolo (EZ 35–40 €, DZ 45–50 €), C/ Burón 35 (an Variante), Tel. 982 340 408 und 626 009 979, pension-casamanolo.es. **(2)** Camping A Fonsagrada (westlich des Zentrums; an Kirche vorbei auf Av. Galicia bleiben, bei Touristen-Info (Holzhäuschen links) rechts in die Rúa Marqués de Rodil, am Ende rechts, gleich wieder links und geradeaus auf Grasweg bis zum Camping, 850 m ab Kirche), Bungalows mit Küche und Bad, 2 Personen 1 Nacht 50 €. Bar/Rest., Pool, Tel. 982 340 449 und 653 685 640, campingfonsagrada.es.

Die Strecke: Gut markiert. Vorwiegend unbefestigte Wald-, Feld- und Kieswege, bis auf ein langes Stück an der AS-28 vor Penafonote wenig Asphalt. Den ersten Teil bestimmt der lange Aufstieg zur asturisch-galicischen Grenze am El-Acebo-Pass, danach deutlich angenehmeres Geländeprofil, am Ende nochmals steiler Anstieg nach A Fonsagrada.

Höhenunterschied: 860 m im Auf- und 470 m im Abstieg.

Kritische Stellen: Keine.

Landschaft: Eine sehr ländlich geprägte Etappe durch Felder, Wälder und kleine Weiler, bei schönem Wetter sorgen wunderbare Weitblicke für Kurzweil, lediglich die Windräder können etwas stören. Das Überschreiten der asturisch-galicischen Grenze setzt den emotionalen Akzent.

Infrastruktur: Cereijeira (637 m, 20 EW) mit ; Castro 2. Di im Monat 16 Uhr; El Acebo (1021 m, 3 EW) (evtl. geschlossen); Barbeitos (923 m, 13 EW) ; A Fonsagrada Di–Sa 20 Uhr (ca. Sept.–Juni 19 Uhr), So/fei 12 Uhr Tel. 982 350 005, Rúa Rois de la Peña.

Variante: Bei Paradanova kurz vor A Fonsagrada zweigt der Weg über Burón ab (sie-

Wegstein in Galicien.

he Anmerkugen). Dieser empfiehlt sich zur zur Pensión Casa Manolo: geradeaus, dann rechts unter der Straße hindurch und nach links die unbefestigte Straße hinauf, nach rund 800 m geradeaus am Abzweig rechts nach Burón (2,2 km) vorbei; an der folgenden T-Kreuzung rechts zur Pensión Casa Manolo (800 m), zur Herberge links hoch, bei nächster Gelegenheit rechts und gleich wieder links zur Alb. Os Chaos (1,4 km ab Paradanova); von dort immer geradeaus ins Zentrum (700 m).

Anmerkungen: **(1)** Ab Galicien weisen Wegsteine die Richtung. **(2)** Die ca. 1 km längere Variante über Burón führt an A Fonsagrada vorbei nach A Pobra de Burón (keine Einkehrmöglichkeit) und dann ohne eine Ortschaft zu berühren zum Hospital de Montouto (11,2 km), ab dort weitere knapp 4 km bis zur nächsten Bar und 12 km bis O Cádavo (Herbergen). Dies ist zwar der ältere Weg, mangels Infrastruktur hat er sich bislang jedoch bei den Pilgern noch nicht durchgesetzt. **(3)** Samstags findet der Wochenmarkt in A Fonsagrada statt.

Vorbei an der Kirche von **Grandas de Salime (1)** gehen wir geradeaus und über die AS-28 aus dem Ort. Nach der Capilla del Carmen folgen wir dem links abzweigenden Feldweg den Hang hinauf und stoßen nach einem Wäldchen wieder auf die AS-28. Nach der Kuppe (Molkerei) schlägt der Weg geradeaus einen Linksbogen um die Kurve, tangiert die AS-28 nochmals kurz und bringt uns nach rechts auf dem Feldweg nach **Cereijeira** (**2**; gut 45 Min.). Nochmals kurz an der AS-28 (geradeaus sind die Windräder auf dem El-Acebo-Pass zu sehen) biegen wir rechts in den Feldweg ein. Mit weitem Ausblick gehen wir zwischen Weiden und Feldern bis zum nächsten Linksabzweig und werden bald zwischen Hecken zur Capilla de la Esperanza (18. Jh.) bei **Malneira (3)** geleitet (20 Min.). Weiter geradeaus durch den Wald erreichen wir **Castro** (**4**; 15 Min.).

i *Schon vor fast 3000 Jahren wusste man die aussichtsreiche Lage von* ***Castro*** *inmitten sanft gewellter Hügel zu schätzen. Gegen Ende der Bronzezeit, um 800 v. Chr., befand sich südöstlich des heutigen Zentrums ein knapp 60 m² großes Gebäude, das ein 4 m starker Palisadenwall umgab. Vermutlich diente es kultischen Zwecken: Im Eingangsbereich fand man die Schädeldecke einer etwa 15-jährigen Frau. Heute gilt* ***Castro Chao Samartín*** *als eine der bedeutendsten archäologischen Stätten Asturiens.*

Etwa ab dem 7. Jh v. Chr.. entwickelte sich in Asturien und Galicien die sogenannte »Cultura castreña«: An strategisch günstig gelegenen Orten errichteten die Menschen »Castros«, mit Gräben und Mauern befestigte Wohnsiedlungen. Innerhalb des Schutzwalls lebten die Bewohner in meist runden Steinhütten, deren Dächer mit pflanzlichem Material gedeckt waren. Im 1. Jh. n. Chr. setzten sich die nach Gold suchenden Römer ins gemachte Nest und bauten Chao Samartín zum Verwaltungszentrum aus. Sie befestigten die Straßen, deckten die Häuser mit Schiefer und bauten eine Sauna und Dampfbad – alles ganz so, wie sie es von Rom gewohnt waren. Am Nordhang fand man die Reste eines »domus« im reinsten römischen Stil mit Säulen und Innenhof. Vermutlich nach einem Erdbeben im 2. Jh. n. Chr. wurde die Siedlung aufgegeben, vom 8. bis 10. Jh. diente sie als Friedhof. Bei Ausgrabun-

gen in den 1990er-Jahren kamen u. a. aus Südfrankreich, Zamora und Zentralspanien stammende Gegenstände zutage. Rund 350 Fundstücke sind im **Museo Castro Chao Samartín**, *westlich des Ortes, ausgestellt, das Castro kann nur im Rahmen von Führungen besichtigt werden.*
Museum: *Di–Sa 11–13 und 16–17.30 Uhr, So/fei 11.30–13.30 Uhr, Weihnachten, Jan. und montags.* **Führungen durch das Castro** *(Dauer 45–60 Min.; möglichst 30 Min. vorher im Museum sein): Di–Sa 13 und 17.30 Uhr, So/fei 13.30 Uhr, keine Führungen Weihnachten, Jan. und montags).* **Preise:** *Museum und Führung durch das Castro 4 € (Senioren ab 65 J. 2,50 €), nur Museum oder Castro 2 €, ermäßigt 1,50 €, dienstags frei.*
Weitere Informationen: *castrochaosamartin.esy.es.*

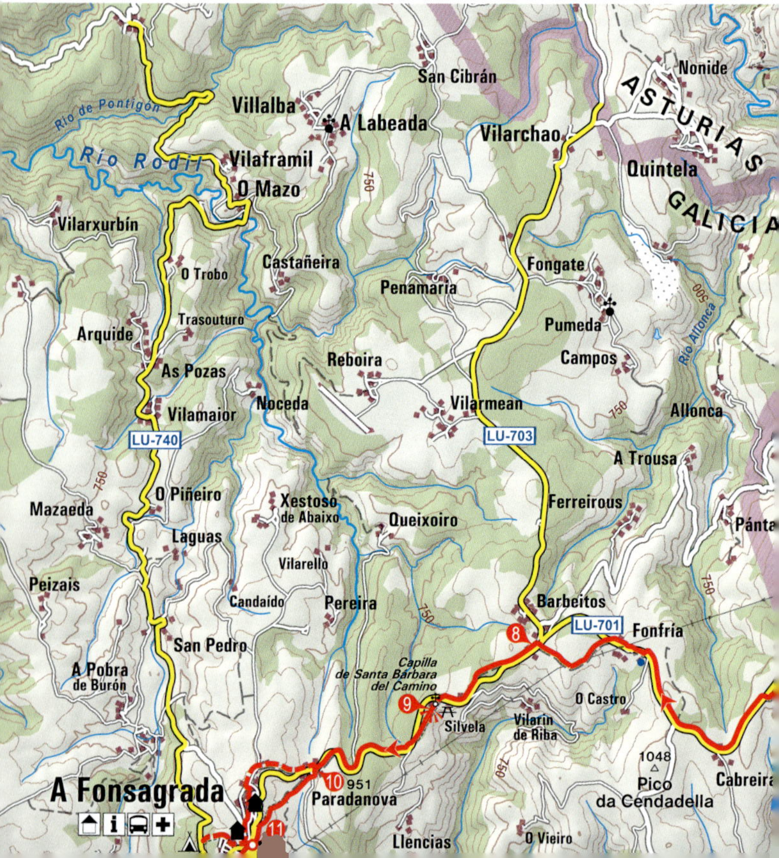

Wir gehen geradeaus durch Castro hindurch und überqueren nach dem kleinen Landhotel eine Straße (rechts das Museum und ganz rechts das Castro). Der schöne Pfad bringt uns nach rund 30 Min. zur einsam im Wald stehenden Ermita de San Lázaro de Padraira, einziger Rest einer Leprastation aus dem 16. Jh. (1689 restauriert). Weiter geradeaus durch den Wald gelangen wir nach rund 10 Min. zur AS-28. Wir folgen ihr nach rechts, verlassen sie bei Xestoselo nach links und kehren geradeaus (evtl. fehlt die Markierung) gleich wieder zur AS-28 zurück und gehen neben ihr bergan. Erst nach knapp 45 Min. verlassen wir sie nach rechts und steigen hinauf zur Iglesia de Santa María Magdalena in **Penafonte (5)**. Das sehr aussichtsreich gelegene Kirchlein entstand um 1605, daneben befindet sich ein Brunnen mit gutem Wasser.

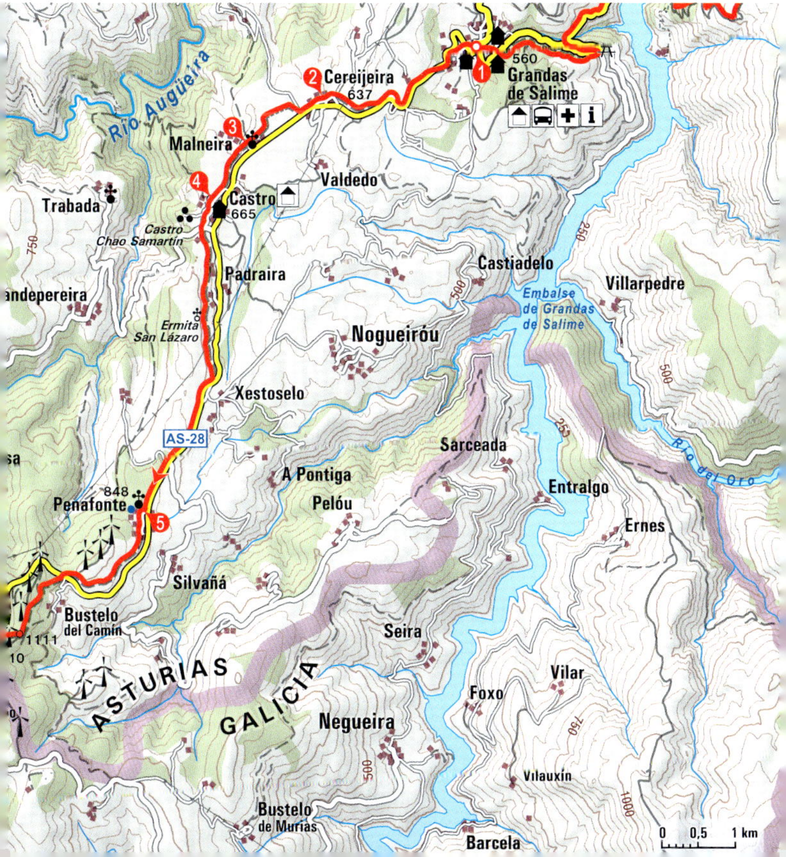

Danach beginnt auf einem recht steinigen Weg der Schlussanstieg. Auf dem Bergzug rechts über uns drehen sich Windkrafträder. Nach gut 30 Min. biegen wir links in eine Forststraße ein und überqueren kurz danach die AS-28 (Schild »Fonsagrada 10 km«, es sind aber noch fast 14 km). Direkt danach gehen wir nach rechts durch das Gatter. Der Pfad wird bald zum mal mehr, mal weniger steilen Forstweg. Nach gut 30 Min. überqueren wir an der höchsten Stelle (1111 m) eine querverlaufende Forststraße und erreichen 10 Min. später die Grenze zu **Galicien (6)**, sehr freundschaftlich »encuentro«, Zusammentreffen von Asturien und Galicien genannt. Auf einem guten, neu angelegten Kiesweg, wie wir es in Galicien noch oft erleben werden, wandern wir bergab und über die Straße zur Bar im einzigen Haus von **El Acebo** (**7**; 15 Min.; gal. O Acevo). Der schwerste Teil liegt hinter uns.

Rechts daran vorbei überqueren wir auf einem Kiesweg eine Anhöhe und wandern dann mit weiten Ausblicken neben der Straße (LU-701) durch Cabreira nach Fonfría, wo wir nach links unten durch den Weiler gehen (Brunnen; Fonfría = kalte Quelle). Danach folgen wir nochmals kurz der LU-701 und schlagen dann links den Feldweg ein, der uns teils durch Wald nach **Barbeitos (8)** bringt (1.30 Std. ab El Acebo). Wir gehen nach links und über die Straße, dann auf dem Weg rechts von ihr wieder hinunter zur LU-701. Links über die Straße kommen wir durch das Gehöft **Silvela** (**9**; knapp 30 Min.) zur Capilla de Santa Bárbara del Camino. Das kleine Gebet an der Tür lautet »Heilige Barbara des Wegs, im Himmel stehst du geschrieben; behüte Brot und Wein und behüte alle Pilger«.

Danach verläuft der hübsche Weg auf und ab durch den Wald, mündet nochmals in die LU-701, der wir rund 20 Min. folgen, ehe wir sie nach links

Im Schlussanstieg nach A Fonsagrada.

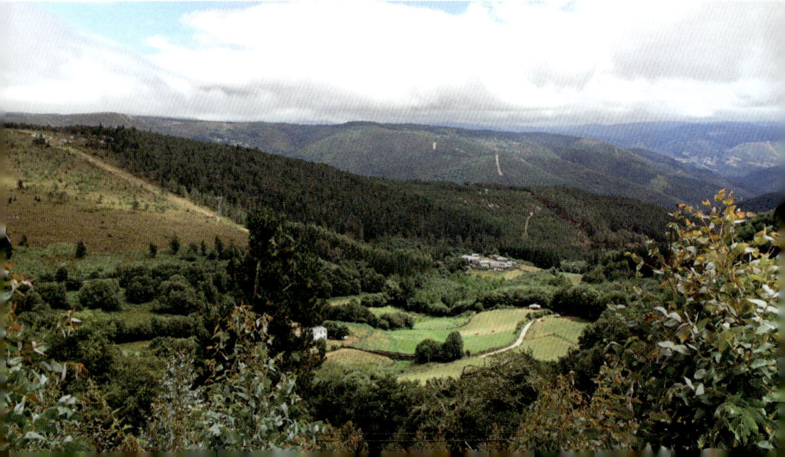

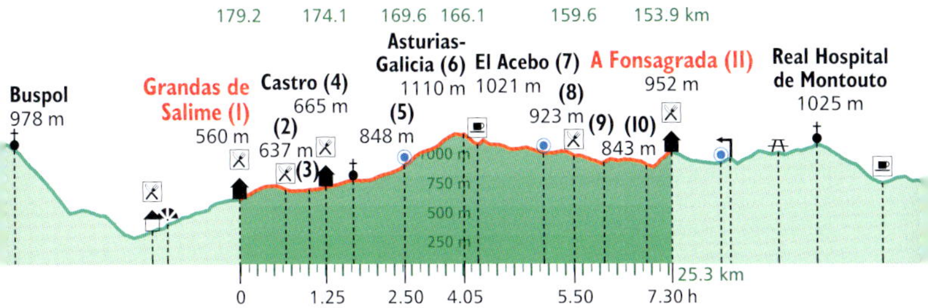

verlassen und nach dem kurzen Anstieg Fonsagrada vor uns sehen. Wieder bergab finden wir in **Paradanova** (**10**; knapp 45 Min.) die Wegverzweigung (vgl. Variante). Wir gehen geradeaus und nehmen wenig später den letzten steilen Anstieg in Angriff. Oben angekommen gehen wir an der Straße nach links (zur Pensión Casa Manolo ggü. in die nach rechts ansteigende Straße) ins Zentrum, dort vor der Kirche links und beim Brunnen rechts, an der Albergue Cantábrico vorbei zur Kirche von **A Fonsagrada** (**11**; gut 30 Min.). Die städtische Herberge befindet sich wenige Schritte nach links.

i *Keine andere galicische Gemeindehauptstadt liegt höher als* ***A Fonsagrada****. Trotz des Slogans, dass man hier der Sonne ganz nah sei, sind die Winter bitter kalt. Mit einer Größe von 143 km² ist es der größte Landkreis Galiciens. Allerdings mit dramatischem Bevölkerungsschwund. Zählte man zu Beginn des 20. Jh. noch rund 20.000 Einwohner im gesamten Gemeindegebiet, so sind es heute noch knapp 4000, das entspricht 11 Einwohnern pro km² (zum Vergleich Deutschland: rund 226 Personen/km²).*
Dabei hatte der Ort schon im 4. Jh. als Station an einem wichtigen Verbindungsweg von Lugo nach Asturien eine gewisse Bedeutung. Bis ins 18. Jh. führte der Pilgerweg zwar durch das weiter nördlich gelegene A Pobra de Burón, zu dem A Fonsagrada bis 1835 gehörte, doch die Existenz eines Pilgerhospitals nahe der barocken ***Iglesia de Santa María*** *(Di–So 14.30–21.10 Uhr) lässt darauf schließen, dass auch früher Pilger diesen kürzeren Weg wählten. Der* ***Brunnen*** *(1882 erbaut) unterhalb der Kirche gab dem Ort den Namen, »heilige Quelle« von Fons Sacrata oder Fontem Sacratam. Der Legende nach ließ Jakobus aus Dankbarkeit daraus Milch für die Kinder einer armen, verwitweten Mutter fließen, die ihn bei sich aufgenommen hatte.*
Museum: Museo Etnográfico *(Heimatkundemuseum), Praza do Museo, 21. Juni–21. Sept. Di–So 12–14 Uhr und 17–19 Uhr, restliche Zeit Di–Fr 12–14 Uhr, Sa/So 12–14 Uhr und 16–18 Uhr, Eintritt 1,50 €.*
Feiertage und Feste: *1 Woche vor Fastnacht* ***Feira do Butelo****, Fest rund um den galicischen Butelo (Art geräucherte Schweinefleischwurst); Fastnachtsdienstag* ***O Entroido****; 8.–11. Sept. große Patronatsfeier mit zahlreichen Aktivitäten.*
Oficina de Turismo: *Rúa Rosalía de Castro s/n, Tel. 982 340 504, Di–Sa 10–14 und 16–18.30 Uhr, So 11–14 Uhr, afonsagrada.org.*

Galicia – Galicien

Galicien (knapp 2,7 Mio. EW, 29.575 km^2, Bevölkerungsdichte 91 EW/km^2) gliedert sich in vier Provinzen: A Coruña, Lugo, Ourense, Pontevedra. Hauptstadt ist Santiago de Compostela.
Der Übergang von Asturien nach Galicien verläuft fließend, Landschaft, Kultur und Sprache der beiden Regionen ähneln sich vor allem im Grenzgebiet. Auch die »Hórreos« (Kornspeicher) finden wir hier wieder, wenn auch in einer schmaleren Version. Wie in Asturien siedelten auch hier etwa ab dem 6. Jh. v. Chr. bis zum Einfall der Römer um 135 v. Chr. die Kelten und hinterließen ein starkes Erbe. Sie prägten den Namen (Galläker) und die Sprache. Das weiche, melodiöse »Gallego« bewahrte trotz Romanisierung seine Eigenarten. Die Bindung an das keltische Erbe ist in Galicien nach wie vor eng. Sei es in der Musik (etwa die »Gaita«, eine Art galicischer Dudelsack), in der Frage, ob es Hexen (»Meigas«) gibt, wozu die »Gallegos« eine eindeutig zweideutige Einstellung haben: »Ich glaube nicht an Hexen, aber es gibt sie« oder im Glauben an die übernatürlichen Kräfte von Steinen und dem Meer.
Im 5. Jh. n. Chr. gründeten die Sueben ein Königreich, das im 6. Jh. von den Westgoten unterworfen wurde. Die maurische Invasion im 8. Jh. blieb für Galicien weitgehend folgenlos. Erst das Apostelgrab machte die abgeschiedene Region ab dem 9. Jh. über die Grenzen hinaus bekannt. Das im 10./11. Jh. eigenständige galicische Königreich gehörte ab dem 13. Jh. zu León und ging im 15. Jh. ganz in der kastilischen Krone auf.
Wirtschaftliche Rückständigkeit führte ab dem 19. Jh. zu einer großen Auswanderungswelle, besonders nach Südamerika. Bis heute leben rund 300.000 wahlberechtigte Galicier im Ausland. Landwirtschaft und Fischerei sind wichtige

Bei schönem Wetter ist Wandern in Galicien ein Genuss (Etappe 12).

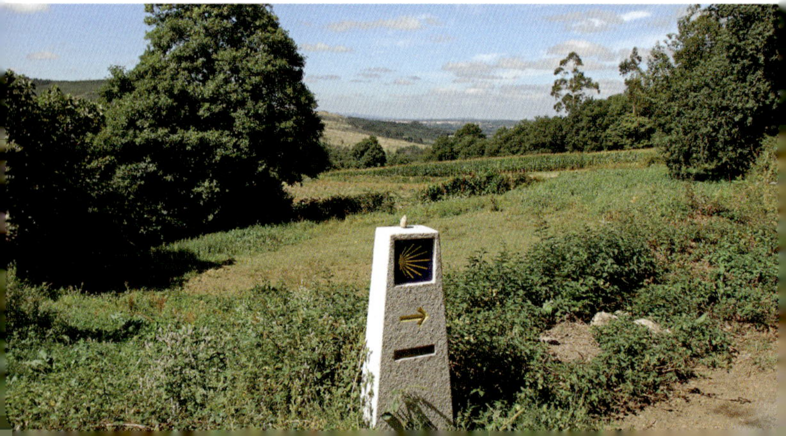

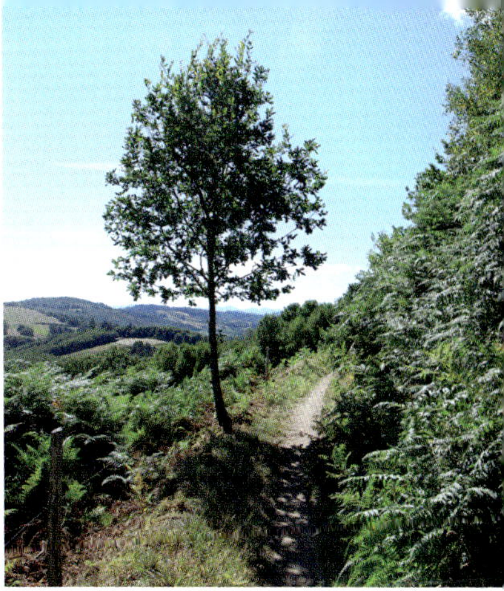

Wanderfreuden! (Etappe 10).

Wirtschaftszweige, der bedeutendste Industriestandort ist die Hafenstadt Vigo. Tourismus spielt in der landschaftlich außerordentlich schönen, aber etwas abgelegenen und teils regenreichen Region vorwiegend im Sommer eine Rolle, Hauptanziehungspunkte sind u. a. die Jakobswege, Santiago de Compostela oder auch die Sandstrände der klimatisch etwas begünstigteren Rías Baixas.
Knapp 155 km verläuft der Camino Primitivo durch Galicien bis Santiago de Compostela. Nach der asturischen Berg- und Talbahn und einer letzten schweren Etappe bis Castroverde sind die letzten Tage ein lockeres Auslaufen. Nur noch 2800 m Auf- und 3400 m im Abstieg gilt es zu bewältigen. Die großen Höhen von über 1000 m liegen hinter uns und je tiefer wir kommen, desto milder wird auch das Klima. Allerdings macht sich auch in Galicien zunehmend der Klimawandel bemerkbar: Die früher für ihren Regenreichtum berüchtigte Region leidet zunehmend unter langanhaltenden Trockenperioden, Wassermangel und vor allem verheerende sommerliche Waldbrände sind die Folge. Regnet es schließlich doch, dann oft unwetterartig mit schweren Stürmen und ausdauernden und heftigen Niederschlägen. Die Gefährlichkeit solcher Unwetter sollte man keinesfalls unterschätzen.
Bis auf Fonsagrada, O Cádavo und Castroverde liegen nur winzige Dörfer am Weg, kulturelles Highlight ist – von Santiago de Compostela abgesehen – die Provinzhauptstadt Lugo mit ihrer 2000 Jahre alten römischen Stadtmauer (UNESCO-Weltkulturerbe) und der Kathedrale. Mit dem Einschwenken in den Camino Francés bei Melide endet die Beschaulichkeit des Camino Primitivo. Durch eine Variante ab Lugo über Sobrado dos Monxes bis Arzúa bzw. Pedrouzo kann man diesen »Kulturschock« allerdings minimieren und unterwegs sogar noch rund 1700 Jahre alte römische Fresken bewundern.
Wie auf allen galicischen Jakobswegen weisen Wegsteine mit Muscheln und gelben Pfeilen sowie Muschelkacheln zuverlässig den Weg. Der auf Bäume oder Mauern gepinselte gelbe Pfeil taucht eher sporadisch auf. In jüngster Zeit wurden viele der Fußwege neu angelegt – leider blieb bei manch einer der breiten Kiestraßen die Wanderromantik auf der Strecke. Dafür ist die Qualität der Pilgerherbergen auffallend gut: Die meisten der öffentlichen Herbergen der galicischen Landesregierung (»Xunta«) wie auch die privaten »Albergues« sind recht neu, sauber und bieten viel Platz,

9 A Fonsagrada – Castroverde

9.15 Std.
31,6 km

Herbergen: **Alb. Complejo O Piñeiral** (882 m; 200 m abseits des Wegs an LU-530), TH, , 44 B/15 € (im Hotel 13 DZ ab 50 €, 5 EZ ab 35 €). Crta. de Lugo km 3,9, Tel. 982 340 350 u. 606 165 752, opineiral.com. Küche (in A Fonsagrada einkaufen), W/T, Bar/Rest., gute Betten mit Privatsphäre, Leintuch, Handtuch, Platz für Zelte. Recht neu, etwas abgelegen, dafür ruhig. Ganztags, ganzjährig. **O Cádavo/Baleira** (737 m, 150 EW), **(1)** XH, , 22 B/10 €. Küche (ohne Utensilien), W/T. 13–22 Uhr, ganzjährig. **(2)** TH, , 40 B/15 € (DZ 40 €, EZ 35 €). Alb. San Mateo, Rúa da Feira 2 (nach XH/Centro Sociocultural links), Tel. 616 529 514. Küche, W/T; sehr geräumig. Ab 12 Uhr, April–Okt. **(3)** TH, , 16 B/15 € (DZ 40 und 50 €, EZ 40 €). Alb.-Pensión Porta Santa, Av. Doctor Escobar 9 (nach Alb. San Mateo rechts um die Ecke), Tel. 679 828 540, albergueportasanta.com. Küche, W/T; gemütlich renoviertes Haus, teils Natursteinwände. Check-in 12–18 Uhr, ganzjährig. **Castroverde** (587 m, 400 EW), , XH 34 B/10 €. Lugar de Tarrio (Ortsanfang, 500 m vor dem Zentrum). Küche (ohne Utensilien), W/T; viel Platz, Wiese um die Herberge. 13–22 Uhr, ganzjährig.

Alternative Unterkünfte: **O Cádavo:** **(1)** Pensión Eligio (DZ 40 €, EZ 35 €), Rúa da Feira 2, Tel. 982 354 009. **(2)** Hotel Moneda (EZ 30 €, DZ 50 €. 3er-Zi. 60 €), Av. de Baralla 46, Tel. 982 354 001, hotelmoneda.com. **Castroverde:** Pensión Cortés (EZ 30 €, DZ 40 €), Campo da Feira 48, Tel. 982 312 166.

Die Strecke: Gut markiert, vorwiegend unbefestigte Wege und Pfade. Dies ist die letzte wirklich herausfordernde Etappe, die es mit vielen, teils sehr steilen Auf- und Abstiegen in sich hat. Besonders das letzte Stück bergauf nach A Lastra, die sogenannte Cuesta del Sapo (gal. Costa do Sapo, Krötensteig), fühlt sich wie eine senkrechte Wand an: Auf ca. 1000 m werden 130 Hm überwunden. Nach dem letzten Hügel hinter O Cádavo wird das Gelände deutlich flacher.

Höhenunterschied: 800 m im Auf- und 1160 m im Abstieg.

Kritische Stellen: **(1)** Kurz vor Degolada muss an einer unübersichtlichen Stelle die LU-530 überquert werden. **(2)** Bis ins Frühjahr kann in den Höhenlagen Schnee liegen.

Landschaft: Die Mischung aus lauschigen Waldwegen und weiten Ausblicken über sich bis zum Horizont erstreckende bewaldete Hügelketten sorgt für Kurzweil und entschädigt für so manche Strapaze. Das kleine O Cádavo ist der einzig größere Ort am Weg. Am Ende der Etappe kommen wir in tiefere Lagen mit merklich milderem Klima.

Infrastruktur: Complejo O Piñeiral ; Paradavella (690 m, 20 EW) ; A Lastra (802 m, 40 EW) ; A Fontaneira (902 m, 20 EW) ; O Cádavo Campo da Feira, Tel. 982 352 238; Castroverde jeden 2. Mittwoch Wochenmarkt So/Fei 13 Uhr Rúa Rosalía de Castro 47, Tel. 982 312 411.

Varianten: 3 km hinter O Cádavo führt die als »Camino Complementario« ausgewiesene Variante über Vilabade mit der Iglesia de Santa María (16. Jh.; auch Kathedrale von Castroverde genannt, Di–So 8–14.40 Uhr geöffnet); dieser Weg ist rund 600 m länger und verläuft die letzten 2 km über Asphalt.

Anmerkungen: **(1)** Bis Lugo sind es noch 55 km; dies bedeutet eine lange und eine kürzere Etappe. Damit in Lugo mehr Zeit für die Besichtigung bleibt, endet die lange Etappe heute in Castroverde, ab dort sind es noch einfache 23 km. Eine andere Einteilung wäre: bis O Cádavo 24 km/7.15 Std./640 m Auf- und 860 m Abstieg; O Cádavo–Lugo 31,5 km/8 Std./450 m Auf- und 720 m Abstieg. **(2)** Auch wenn es von außen nicht so aussehen mag: In der Bar O Camiño in Castroverde isst man erstaunlich gut, günstig und mit netter Bedienung.

Ab der Kirche in **A Fonsagrada (1)** gehen wir geradeaus durch den Ort. Am Stadtrand überqueren wir schräg rechts die LU-530 (rechts: Zufahrtsstraße zum Campingplatz) und kehren hinter den Gewerbegebäuden wieder zu ihr zurück. Kurz daneben, dann nach rechts kommen wir zum Weiler **Padrón** (gut 20 Min.). Danach wandern wir auf einem Feld- bzw. Forstweg neben der LU-530, überqueren sie auf der Höhe eines Friedhofs nach links, nach leichtem Ab und Auf bei der Fonte do Pastizal (20 Min.) erneut nach rechts. Auf dem ansteigenden Waldweg gelangen wir nach 10 Min. zum Abzweig links zur Alb. Complejo O Piñeiral **(2)**.

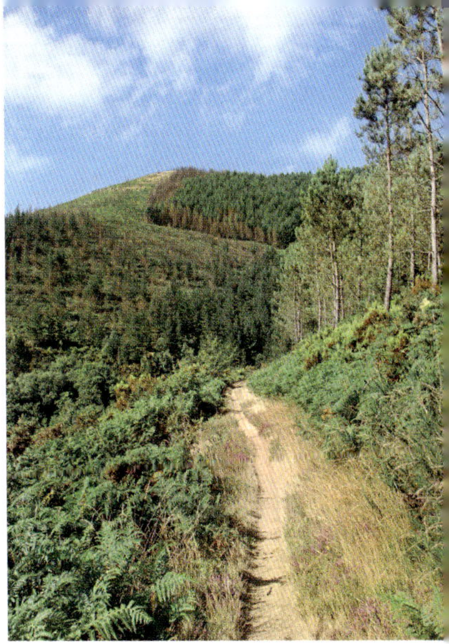

Hangpfad hinter Paradavella.

Bergab durch den Wald stoßen wir wieder auf die LU-530, überqueren sie zwei Mal, dann steigt der von Birken gesäumte Weg mit weiten Aussichten nach links den Hang hinauf. Oben verflacht der Weg, bei einer Kuhweide rechts bietet sich ein umfassender Rundblick. Geradeaus über ein Sträßchen passieren wir auf einem Waldpfad einen aussichtsreich gelegenen Sitzplatz. Dann wandern wir erst auf Kies, kurz auf unbequemem alten Wegpflaster, zuletzt auf einem Waldweg zum Weiler Montouto. An der ersten Gabelung danach folgen wir erst links der Straße, um dann rechts den Feldweg einzuschlagen. Erst steil, dann flach bringt er uns hinauf zur Kapelle und den Ruinen des **Real Hospital de Montouto** (**3**; 1.30 Std.). Links und rechts krönen Windräder den Bergzug, vor uns öffnet sich ein wunderschöner Weitblick über Hügel und Täler.

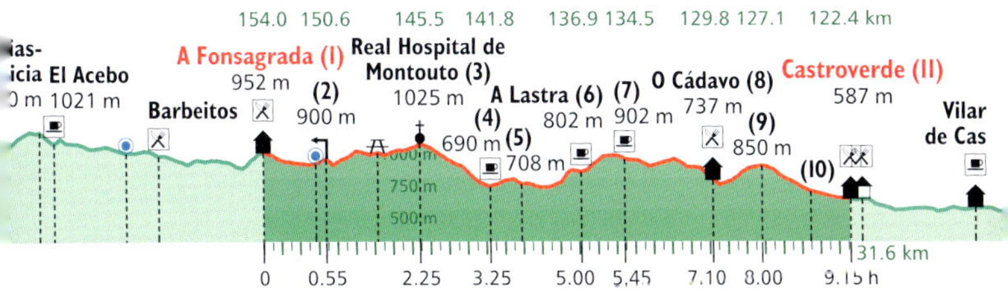

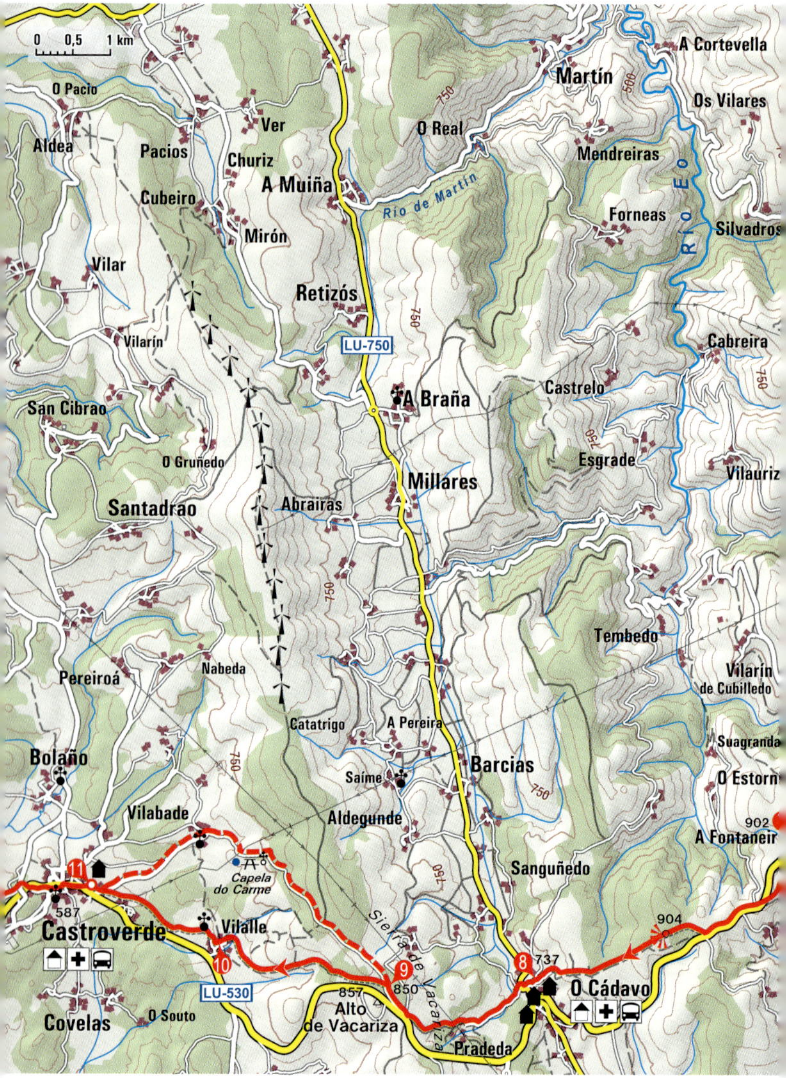

0 0,5 1 km
O Pacio
Aldea
Pacios
Ver
Churiz
A Muiña
Cubeiro
Mirón
Vilar
Retizós
Vilarín
San Cibrao
O Gruñedo
Santadrao
Abrairas
Millares
A Braña
LU-750
O Real
Martín
A Cortevella
Os Vilares
Mendreiras
Río de Martín
Forneas
Río Eo
Silvadros
Cabreira
Castrelo
Esgrade
Vilauriz
Tembedo
Vilarín de Cubilledo
Suagranda
O Estorn
902
A Fontaneir
Pereiroá
Nabeda
Catatrigo
A Pereira
Barcias
Bolaño
Saíme
Vilabade
Aldegunde
Sanguñedo
Capela do Carme
Sierra de Vacariza
Castroverde
587
Vilalle
LU-530
857
850
Alto de Vacariza
737
904
O Cádavo
Covelas
O Souto
Pradeda

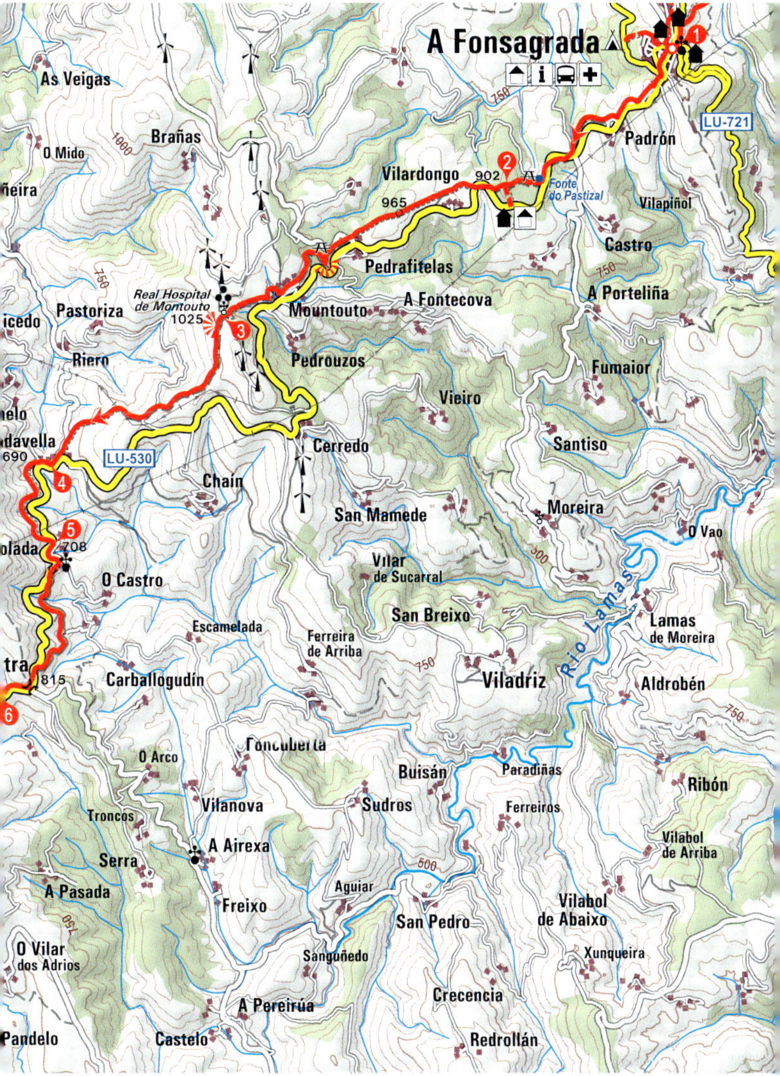
A Fonsagrada
LU-721
Padrón
Vilardongo
902
Fonte do Pastizal
965
Vilapiñol
Castro
Pedrafitelas
A Porteliña
As Veigas
Brañas
O Mido
Pastoriza
Real Hospital de Montouto
1025
Mountouto
A Fontecova
Pedrouzos
Fumaior
Riero
Vieiro
Santiso
LU-530
Cerredo
690
Chaín
San Mamede
Moreira
O Vao
708
Vilar de Sucarral
O Castro
Escamelada
Ferreira de Arriba
San Breixo
Lamas de Moreira
Río Lamas
815
Carballogudín
Viladriz
Aldrobén
Foncuberta
O Arco
Buisán
Paradiñas
Ribón
Troncos
Vilanova
Sudros
Ferreiros
Vilabol de Arriba
Serra
A Airexa
A Pasada
Aguiar
Freixo
San Pedro
Vilabol de Abaixo
O Vilar dos Adrios
Sanguñedo
Xunqueira
A Pereirúa
Crecencia
Pandelo
Castelo
Redrollán

Wind peitscht über die Anhöhe, selbst im August kann er die Temperatur in den einstelligen Bereich drücken. Wie froh müssen die Pilger früher gewesen sein, wenn sie sich nach langer Wanderung in womöglich regennasser Wollkleidung im ***Real Hospital de Montouto*** *aufwärmen konnten. Ganz so, wie es König Carlos II. bei der Errichtung des Hospizes um 1698 verfügte: Alle Pilger seien mit »Liebe und Erbarmen« aufzunehmen und stets sollte ein Feuer brennen, damit sich alle Pilger wärmen und trocknen konnten. In den Winternächten musste ihnen mit einer Glocke der Weg gewiesen werden.*
Ursprünglich befand sich das bereits um 1360 von Pedro I. von Kastilien, dem Grausamen, gegründete Hospiz an der über Burón führenden Route, bis Carlos II. den Umzug am Treffpunkt beider Wege auf dem Sattel veranlasste. Doch der Rückgang der Pilger setzte dem Hospiz schwer zu. 1761 beklagte sich Herbergsvater Francisco López, es sei so heruntergekommen, dass es weder Pilgern noch Vagabunden als Unterkunft diene. Als Letzter kümmerte sich Hospitalero Tío Manuel bis Anfang des 20. Jh. um die Ruinen. Am 25. Juli (Jakobus-Tag) ist die in den 1990er-Jahren erbaute Jakobuskapelle Ziel einer Wallfahrt, bei der um 18.30 Uhr eine Messe gelesen wird.
Nördlich der Ruinen hat die Megalithkultur mit dem ***Dolmen de Montouto*** *(auch* ***Dolmen de As Pedras Dreitas****) ihre Spuren hinterlassen.*

Nun wandern wir einen Weg mit schönen Aussichten am Hang bergab. Unterwegs wird eine Straße überquert, dann gelangen wir auf einem Kiesweg zur ersten Bar von **Paradavella** (**4**; 1 Std.; gute Bocadillos!), eine zweite passieren wir im Weiler. Am Ortsende verlassen wir die Straße geradeaus. Der Weg steigt etwas an und verläuft dann als schöner, von Farn und Bäumen gesäumter Pfad oberhalb der LU-530 am Hang entlang. Schließlich überqueren wir vorsichtig die LU-530 an einer für den Gegenverkehr erst spät einsehbaren Stelle und kommen auf einem Pfad bergab zum Gehöft **Degolada** (**5**; 30 Min.). Wir folgen dem unteren Sträßchen nach rechts und biegen nach wenigen Minuten beim Friedhof rechts ab. Erst wandern wir gemütlich in noch moderatem Auf und Ab durch den Wald. Kurz nach den Häusern von O Couto zieht der Weg auf dem letzten Kilometer gnadenlos an. »Costa do Sapo«, Krötensteig, heißt der Steilhang, und er ist wahrlich eine herbe Kröte, die es hier zu schlucken gilt. Oben angekommen folgen wir in Gehrichtung der LU-530 durch die Rechtskurve und können in der ersten oder kurz danach in der zweiten Bar von **A Lastra** (**6**; mindestens 1 Std.) pausieren.
Der Weg verlässt das Dorf nach links und bringt uns durch den Wald hinauf zum Alto da Fontaneira (934 m) und an der LU-530 hinunter zum auf der Hochebene gelegenen **A Fontaneira** (**7**; 45 Min.). Nach der Bar biegen wir links in ein Betonsträßchen ein, kehren aber gleich zur LU-530 zurück, folgen ihr kurz und schlagen dann links und gleich wieder rechts den Weg ein. Er bringt uns hinunter zur alten LU-530, dann wandern wir teils neben der neuen, teils auf der alten Straße leicht bergan. Kurz nach der höchsten Stelle

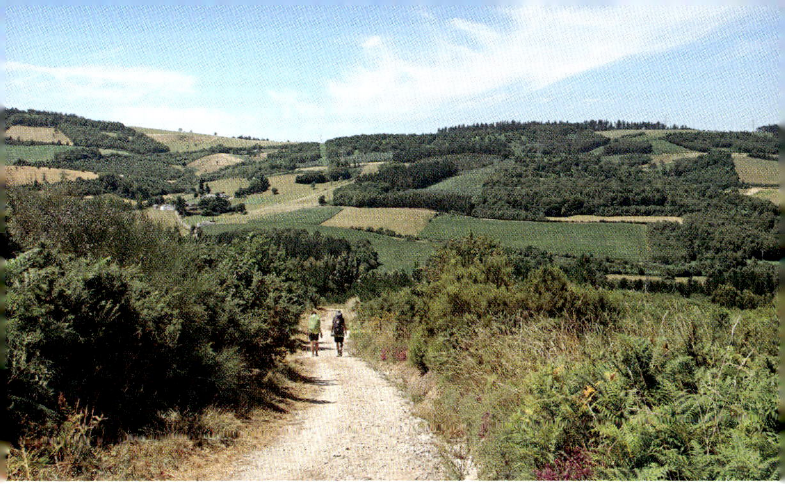

Die großen Berge sind überstanden, es wird flacher: kurz vor O Cádavo.

zweigt der neu markierte Weg nach rechts in einen ebenso neuen, breiten Kiesweg ein. Dieser steigt im Linksbogen etwas an und führt dann schattenlos geradeaus bergab nach **O Cádavo** (**8**; 1.30 Std.).

Galicien hat zuweilen eine eigenwillige Art, seine Ortschaften zu benennen. Die Gemeinde, in der wir uns befinden, nennt sich Baleira, aber ein Dorf dieses Namens gibt es nicht. Hauptort der Gemeinde ist ***O Cádavo****. Das Gebiet, das wir kurz zuvor durchwandert haben, nennt sich* ***Campo da Matanza****, Schlachtfeld. Anfang des 20. Jh. brachten Ausgrabungen Waffen und menschliche Überreste zutage. Der Legende nach kämpften hier Soldaten von König Alfonso II., dem Keuschen, Jahre nach dessen Pilgerreise zum Grab des Jakobus im 9. Jh. gegen ein muslimisches Heer. Während der napoleonischen Kriege brannten im Jahr 1809 französische Truppen bei der Verfolgung des englischen Generals Sir John Moore und seiner Mannen A Fontaneira nieder. Dennoch gelang es den Anwohnern, die Eindringlinge aus der Gegend zu verjagen. Diese flüchteten durch die nahe O Cádavo gelegenen Dörfer Valdería, Puñago und Pradeda. Seither wird dieser Weg Camino de los Franceses, Franzosenweg, genannt. Nicht zu verwechseln mit dem Camino Francés: Der »französische« Jakobsweg verdankt seinen Namen den im Mittelalter aus und über Frankreich kommenden, in der Regel friedlichen Pilgern.*

Nach der Post biegen wir links in ein Sträßchen ein, durchqueren den Weiler Pradeda und nehmen auf einem Wald- bzw. Kiesweg den letzten Anstieg des Tages in Angriff. Wir tangieren kurz die LU-530, dann gabelt sich die Kiesstraße auf dem **Alto de Vacariza** (**9**; gut 15 Min.).

Variante: Geradeaus (»Camino Complementario«) auf dem ebenen Kiesweg durch den lichten Wald weiter, an der Gabelung auf dem linken Weg bergab zur 1607 erbauten **Capela do Carme** (gut 30 Min., Picknickplatz, Brunnen). Auf der Straße weiter nach **Vilabade** (20 Min.). Von Vilabade geht es in 30 Min. auf der Straße nach **Castroverde (11)**.

i *Die **Iglesia de Santa María de Vilabade** wird auch Kathedrale von Castroverde genannt. Fernando de Castro, Domherr und Dekan im fernen Santiago de Compostela, gab sie 1457 in Auftrag. Im dazugehörenden Franziskanerkonvent befand sich eine Pilgerherberge. Im 16. und nochmals im 17. Jh., unter der Schirmherrschaft von Diego de Osorio Escobar y Llamas, Vizekönig des nicht minder fernen Mexiko und Erzbischof im mexikanischen Puebla de los Ángeles, wurde die Kirche umgebaut, der etwas pompöse neoklassizistische Vorbau kam später hinzu. Der barocke, um 1759 entstandene Hauptaltar wird von einem kämpferischen »Santiago Matamoros« gekrönt: Jakobus als Maurentöter auf seinem weißen Ross (Di–So 8–14.40 Uhr, jeweils am zweiten Sonntag im Monat um 12 Uhr Messe).*

Hauptweg: Wir folgen dem breiten Kiesweg nach links und kommen zuletzt auf einem schmaleren Pfad hinunter nach **Vilalle** (**10**; 45 Min.; unterwegs nicht vom Wegstein »C. Complementario« verwirren lassen). Der Weg schlängelt sich durch den Weiler, fällt als Kiesweg in ein kleines Tälchen ab und führt dann durch Wald hinauf nach **Castroverde** (**11**; 30 Min.). Die Herberge befindet sich gleich am Ortsanfang, etwa 500 m vor dem Zentrum.

i *Ein »Opfer menschlicher Tyrannei« empfängt die Pilger vor der Herberge von **Castroverde**. Der knorrige Baumstumpf ist der traurige Rest einer uralten Edelkastanie, die Jahrhunderte lang bei der Kirche von Soutomerille stand. Im März 2015 fegte sie ein Sturm um. Auf Initiative des örtlichen Kulturvereins ermuntert der Stumpf seit 2016 bei der Herberge alle Pilger, den Weg über Soutomerille zu wählen, um sein »Königreich« zu verteidigen.*

*Das Zentrum von Castroverde wirkt fast mediterran: Ein freundlicher, von Bäumen gesäumter Platz umgibt die weiß getünchte **Iglesia de Santiago Apóstol**, davor steht der reizende **Fonte dos Nenos** (Kinderbrunnen): Eine Gruppe Kinder, die sich unter einem bronzenen Regenschirm zusammenschart. In der Kirche findet sich ein neoklassizistischer Hauptaltar mit dem Sagrado Corazón (dem geheiligten Herz) der Muttergottes von Fátima und San Antonio de Padua. In der linken Seitenkapelle befindet sich ein Barockaltar mit Santiago Matamoros, in der rechten werden u. a. San Roque und die Virgen del Castillo (um 1600) verehrt. Letztere soll aus der inzwischen verschwundenen Burg der Grafen von Lemos, bzw. Altamira stammen. Einziger Rest der im 14. Jh. erbauten Festung und Stolz des Ortes ist der 20 m hohe Torre-Fortaleza oder **Torre del Homenaje** genannt, am nördlichen Ortsrand.*
***Feste und Feiertage:** Karneval, **O Entroido**; 24.–26. Juli, Patronatsfeiern um den Jakobstag am 25. Juli.*

6.00 Std.

22,9 km

Castroverde – Lugo 10

Herbergen: **Vilar de Cas** (517 m, 60 EW), TH, ⊛⊛⊛, 16 B/20 € (2 DZ 60 €). Alb. A Pociña de Muñiz, Tel. 616 237 776, apocinademuniz.es. Küche, W/T, gemeins. Abendessen, Cafetería; etwas teure, aber schöne Herberge. Ganztags, ganzjährig. **Lugo** (460 m, 97.200 EW), XH, ⊛⊛, 44 B/10 €. Rúa das Noreas (kurz nach Durchschreiten der Stadtmauer rechts). Küche (ohne Utensilien), W/T. Nicht gemütlich, aber zweckmäßig, viel Platz. 13–22 Uhr, ganzjährig.

Alternative Unterkünfte: **Lugo:** **(1)** Four Rooms Hostel (Schlafsaal, EZ und DZ), Rúa Primavera 42, Tel. 640 059 338, fourroomshostel.es. **(2)** Shiku Hostel (Schlafsaal, EZ und DZ), Rúa das Noreas 2 (bei XH), Tel. 982 229 935, shikuhostel.es. **(3)** Hostel Portón (Schlafsaal, EZ und DZ), Rúa Falcón 5, Tel. 686 319 503, hostelporton.com. **(4)** Hostal Lucus (Schlafsaal, EZ und DZ), Rúa Rei Don García 1 (gut 1 km südöstlich der Kathedrale), Tel. 608 072 819, lucushostal.com. **(5)** Hostal Brios (EZ, DZ, 3er-Zi.), Rúa Laxeiro 6 (knapp 1,5 km südöstlich von Kathedrale), Tel. 982 241 408, hostalbrios.com.

Die Strecke: Gut markiert, unbefestigte Wege, etwas Asphalt. Nach den Bergen der bisherigen Etappen wartet jetzt bis Santiago ein eher lockeres Auslaufen mit sehr moderaten Auf- und Abstiegen.

Höhenunterschied: 300 m im Auf- und 430 m im Abstieg.

Kritische Stellen: Nach etwas mehr als der Hälfte der Strecke muss man rund 1,5 km auf dem Seitenstreifen der LU-530 gehen. Hier sich möglichst ganz links halten und den (teils schnellen) Gegenverkehr im Auge behalten.

Landschaft: Bis kurz vor Lugo eher ländlich geprägte Etappe mit einigen schönen Teilstücken durch Wälder und über Felder, dazwischen liegen kleine Dörfer, in denen es noch nicht mal eine Dorfkneipe gibt.

Infrastruktur: Vilar de Cas ☕; Lugo alles außer Flughafen 🚌 Pl. de la Constitución s/n, Tel. 982 223 985 🚆 Pl. de Conde Fontao s/n, renfe.es ⛪ Kathedrale Mo–Sa 9, 10 (mit Chorgesang), 12 und 20 Uhr (mit Chorgesang, So/Fei 9, 10, 12, 13, 19 und 20 Uhr ✚ Centro de Salud Praza do Ferrol 11 (in Altstadt, nördl. des Zentrums), 982 245 487; Hospital Universitario Lucus Augusti, Rúa Ulises Romero 1 (Uniklinik; östlich außerhalb des Zentrums), Tel. 982 221 064.

Varianten: Der Schlenker zur Kirche von Soutomerille kann geradeaus umgangen werden (700 m kürzer).

Anmerkungen: **(1)** Mit Wasser und Proviant vorsorgen. **(2)** Eine große Auswahl an Tapas-Bars und Restaurants findet man in den stimmungsvollen Altstadtgassen rund um die Praza de Campo nördlich der Kathedrale (rechts vom Weg). **(3)** In Lugo beginnen die für den Erhalt der Pilgerbescheinigung bzw. »Compostela« mindestens notwendigen letzten 100 km, daher starten hier viele Pilger den Weg. **(4)** Während des Stadtfests Arde Lucus (22.–25. Juni) ist es voll in Lugo, rechtzeitig eine Unterkunft reservieren!

Wilde Bestie in Gondomar.

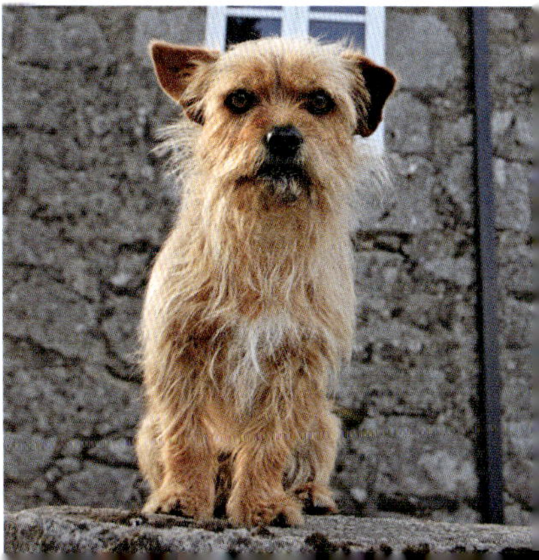

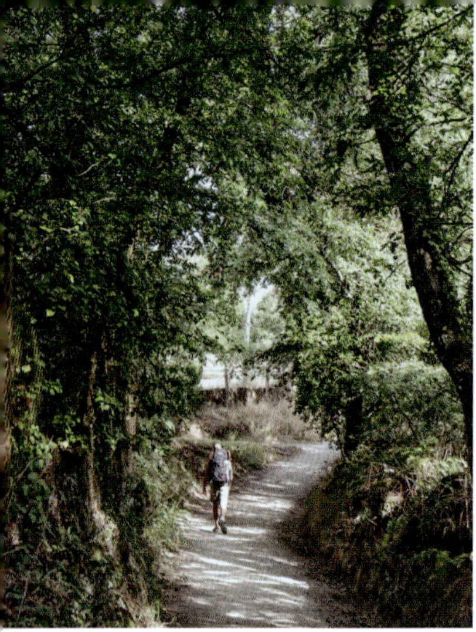

Die Etappe hält einige schöne Wegstücke bereit.

Aus der Herberge von **Castroverde (1)** tretend gehen wir nach rechts zur Hauptstraße, über sie hinweg in den kleinen Pfad und kommen in 10 Min. am südlichen Ortsrand entlang ins Zentrum **(2)**. Geradeaus an der Iglesia de Santiago Apóstol vorbei verlassen wir den Ort auf einem Kies-, dann Waldweg. Wenig später überqueren wir die LU-530 und folgen gegenüber dem Sträßchen nach links unten. Nach den lose gestreuten Gehöften des Ortsteils San Miguel endet der Asphalt und wir wandern auf schönen unbefestigten Wegen im leichten Auf und Ab teils durch Wald, teils an Feldern und Weiden vorbei zur Kirche und dem Friedhof von **Souto de Torres** (**3**; knapp 1 Std.). Die Iglesia de San Tomé ist romanischen Ursprungs und erhielt im 18. Jh. ihre galicisch-barocke Fassade; das steinerne Wegkreuz stammt von 1995.
Wir biegen rechts in die Straße ein, folgen ihr durch das Dörfchen und verlassen es nach rechts auf einem Feldweg. Durch das Gehöft **Mesón de Fraias** kommen wir zu einer T-Kreuzung (rechts der Ort Moreira), wo wir links in das Sträßchen einbiegen; auf ihm gelangen wir durch **Vilar de Cas** zur Wegverzweigung in **Soutomerille** (45 Min.). Der direkte Weg führt geradeaus weiter. Wir aber biegen rechts ab und wandern durch den Wald in 15 Min. zur **Igrexa de San Salvador de Soutomerille (4)**.

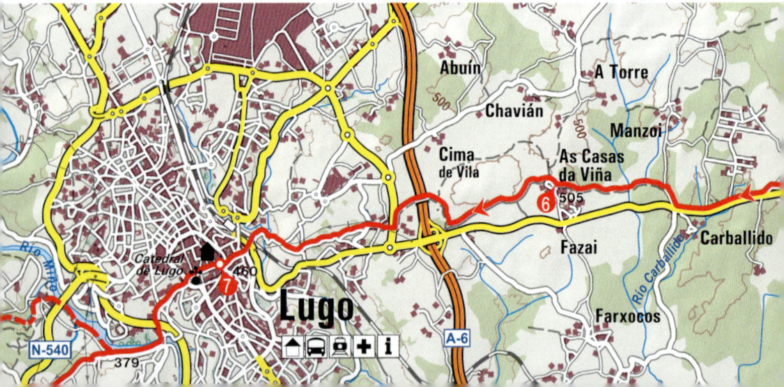

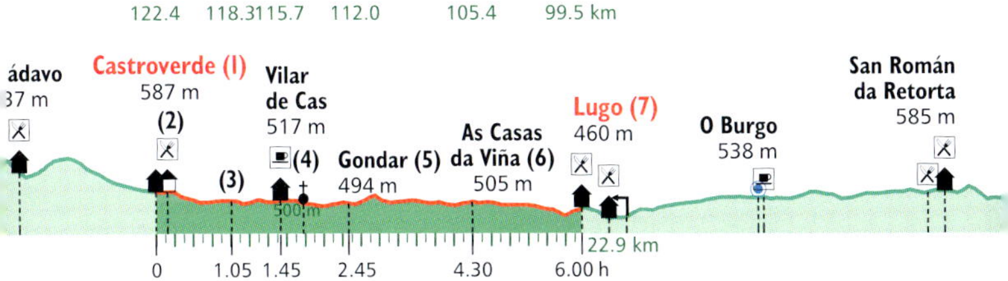

Von der Zeit (und den Restauratoren) vergessen liegen die alten, teils verfallenen Gemäuer der ***Igrexa Parroquial de San Salvador de Soutomerille*** *(so ihr voller Name) im Wald. Ihr Ursprung soll präromanisch sein, also etwa im 9. Jh. liegen; die länglichen Fensterscharten in der Apsis stammen noch aus jener Zeit. In ihrem Innern birgt sie westgotische Grabstätten. Eine erste schriftliche Erwähnung stammt aus dem Jahr 1122 im Zusammenhang mit dem Monasterio de Souto Maireli. Um 1619 wurde das Kirchlein im Stil der Renaissance grundlegend erneuert. Einst gab es auch eine kleine Siedlung, das bezeugen die Reste der* ***Casa-Torre de Arriba*** *kurz vor der Kirche. Das einst dreistöckige, wie ein Wehrturm angelegte Wohnhaus wurde 1590 erbaut. Die Edelkastanie mit dem beeindruckenden Baumstamm (****Casiñeiro da Corredoira****) soll 350 Jahre alt sein und mit ihren Wurzeln eine Fläche von 200 m² einnehmen.*

Dem Weg nach links folgend biegen wir nach 10 Min. an der T-Kreuzung rechts in das Sträßchen ein (von links: der direkte Weg) und wandern nach **Gondar (5)**; der eigentliche Ortskern liegt rechts des Wegs, fast bei den letzten Häusern kann man beim Brunnen Wasser nachfüllen. Danach geht es auf dem Sträßchen etwas steiler bergan. Kurz nach dem Kieswerk an der höchsten Stelle nimmt uns nach rechts ein Kiesweg auf. Wir nähern uns wieder der LU-530, wandern aber erst in einigem Abstand parallel zu ihr, bis wir

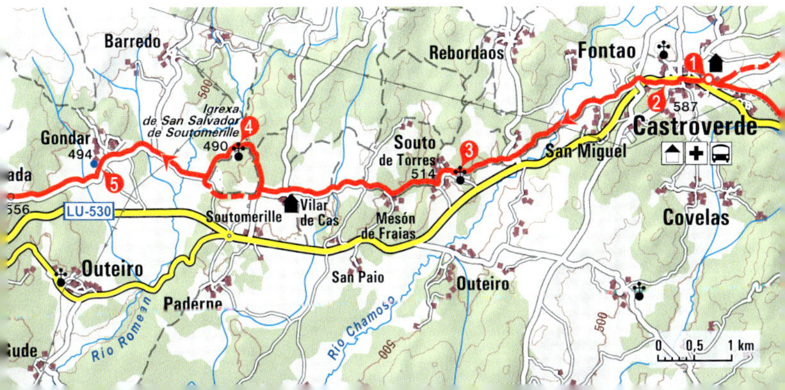

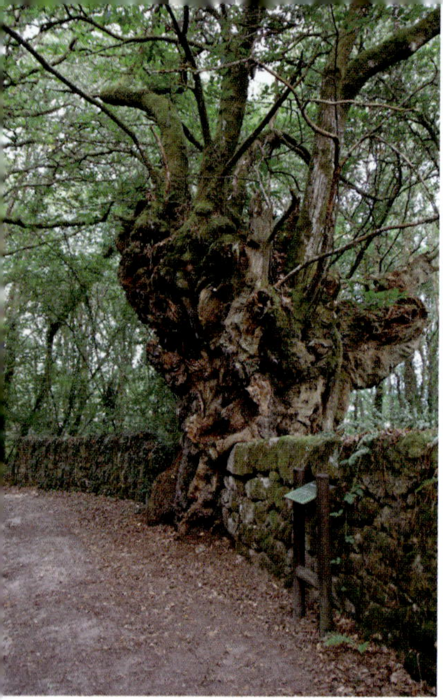

Uralte Kastanie bei der alten Kirche von Soutomerille.

an einer T-Kreuzung links zur Stoppstelle gelangen und nun nach rechts rund 1,5 km auf dem Seitenstreifen gehen müssen.

Dann verlassen wir die LU-530 nach rechts in Richtung Manzoi, passieren eine Art Freiluftbühne und werden dann links in einen Kiesweg gelenkt, auf dem wir nach **As Casas da Viña (6)** wandern (1.45 Std. ab Gondar). Nach rechts durch den Weiler biegen wir am Ende links in einen Feldweg ein. Erneut teils durch lichten Wald kommen wir zu einem Hubschrauberlandeplatz, biegen rechts ab, gehen im Linksbogen über die Autobahn (A-6) und wieder auf einen Kiesweg; wenig später kürzen wir auf einem Trampelpfad geradeaus eine Kurve ab und überqueren die vierspurige LU-021. Wir sind schon im Einzugsgebiet von Lugo, aber noch zieht sich der Weg durch ländlich-dörflich anmutendes Gebiet.

Schließlich begrüßt uns am Hang gegenüber von uns Lugo mit seiner wenig attraktiven Wohnblockfassade, die die Altstadt umgibt. Zunächst aber steigen wir ab ins Tal des Río da Chanca und überqueren den Fluss. Danach geht es steil bergauf zu einer Treppe und über die Straße. Immer geradeaus bergan kommen wir zur Stadtmauer von Lugo und dem Wegstein mit der Angabe 99,583 km bis Santiago. Wir gehen durch das Mauertor und finden in der zweiten (breiteren) Straße nach rechts die öffentliche Herberge von **Lugo** (**7**; 1.30 Std. ab As Casas da Viña).

i *Das 2000 Jahre alte **Lugo** hat viel zu bieten, doch für die wahrscheinlich eher kurze Pilgerstippvisite sollte man sich mindestens drei Dinge vornehmen: Einen Spaziergang auf der **Muralla Romana** einmal rund um die Altstadt. Die beste Zeit dafür ist der späte Nachmittag, wenn die Sonne Stadt und Umland in goldenes Licht taucht und sich halb Lugo zum Flanieren oder Joggen auf der römischen Stadtmauer einfindet. Einen Besuch in der romanisch-gotischen **Catedral de Santa María**. Und zuletzt einen Bummel durch die verwinkelten, schmalen **Altstadtgassen** nördlich der Kathedrale, wo unter Arkadengängen und auf kleinen Plätzchen zahlreiche Lokale zum Verweilen einladen.*

In den mühsamen kantabrischen Kriegen (25–19 v. Chr.) hatten die Römer den Nordwesten der Iberischen Halbinsel erobert. Nun galt es die Gebiete mit neuen Verwaltungssitzen zu sichern. Um die Jahre 15–13 v. Chr. schlugen sie auf dem Plateau über dem Río Miño ein Militärlager auf. Der Standort war ideal: Neben der strategisch günstigen Nähe zum Fluss bot er den hygieneliebenden Römern auch warme Thermalquellen. Sie nannten den Ort zu Ehren des Kaisers Augustus »Lucus Augusti«, wobei »Lucus« auf einen keltischen, dem Sonnengott Lug geweihten Tempel zurückgehen soll. Dank zahlreicher Töpfermanufakturen wuchs die Stadt zu einem bedeutenden antiken Industriestandort heran und wurde schließlich Hauptstadt der römischen Provinz Galleacia, die ab dem 3. Jh. mit der ***Muralla Romana*** *befestigt wurde. Sie die größte und einzige vollständig erhaltene Stadtmauer, die das einst riesige Römische Imperium hinterließt: Das 2,117 km lange, bis zu 7 m breite und 8 bis 12 m hohe Bauwerk umschließ die gesamte Altstadt, von den einst 85 halbrunden Turmausbuchtungen sind noch 71 erhalten. Mit der Begründung, sie sei ein »einzigartiges und außergewöhnliches Beispiel für römische Militärfestungen«, wurde die Mauer im Jahr 2000 zum UNESCO-Weltkulturerbe geadelt. Ihr Überdauern verdankt sie einer umsichtigen Stadtplanung: Verschafften sich andere Städte durch den unsentimentalen Abriss der einengenden Stadtmauern Platz, so löste man in Lugo das Problem, indem man ab dem 19. Jh. zu den ursprünglich vier Stadttoren sechs weitere Zugänge öffnete.*
Die Pilger betreten die Altstadt auf der Ostseite durch die ***Porta de San Pedro****, eines der vier römischen Stadttore, durch das die von Astorga kommende Römer-*

2000 Jahre Geschichte auf einen Blick: die römische Stadtmauer, die gotische Kathedrale und Flaneure der Gegenwart.

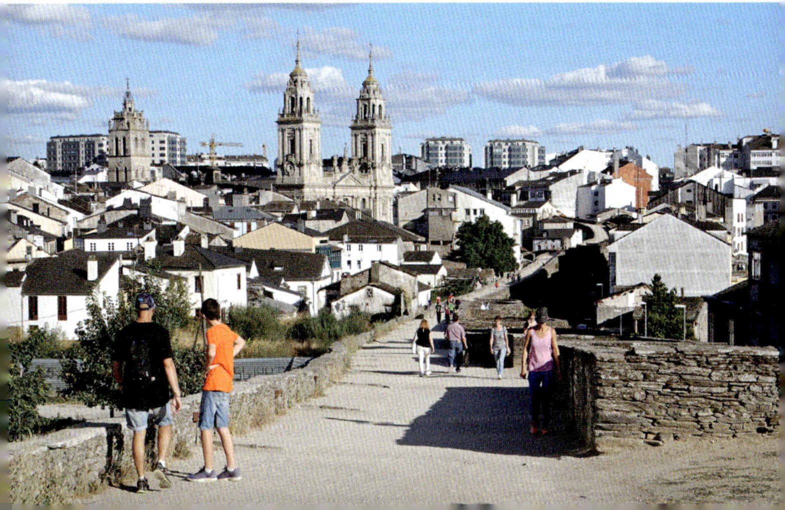

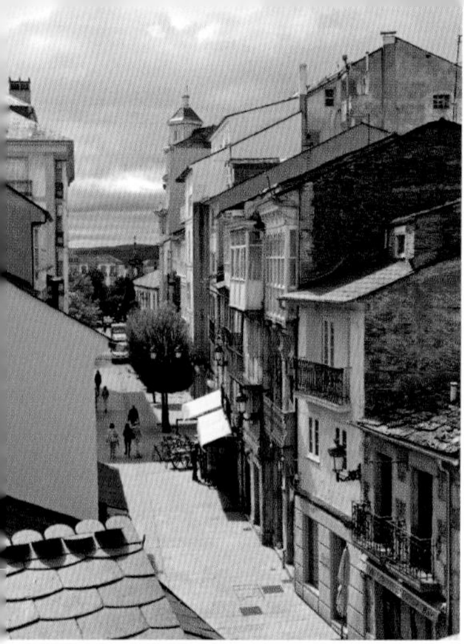

Blick von der römischen Stadtmauer in die Altstadt von Lugo.

straße XIX Lugo erreichte; im Mittelalter war es wegen der vielen aus Toledo kommenden Händler auch als »Puerta Toletana« bekannt. Ursprünglich verließ der Camino Primitivo die Stadt im Westen durch die ***Porta Miñá*** *(auch Porta do Carme), das einzige fast unverändert erhaltene römische Stadttor. Inzwischen wählen die meisten Pilger den direkten Weg durch die* ***Porta de Santiago*** *gegenüber der Kathedrale. Über dem Torbogen reitet ein grimmiger Santiago Matamoros auf seinem weißen Ross – Jakobus als Maurentöter. Im 18. Jh. wurde die schmale römische Pforte für den Kutschverkehr erweitert.*

Ab 1129 entstand die romanische ***Catedral de Santa María*** *(Mo–Sa 9.30–19.30 Uhr, So 10–18.30 Uhr, Eintritt 6 €, Pilger 4 €, Aufstieg auf Kirchturm (nur mit Führung, mindestens 5 Personen: Fr und Sa 11–12 und 13–14 Uhr, Preis 10 €, catedraldelugo.es). Im 14. Jh. wurde die romanische durch eine gotische Apsis mit Seitenkapellen ersetzt. Betreten wird die Kathedrale durch das romanische Nordportal. Ein barockes Meisterwerk ist die Kapelle, in der die mittelalterliche Steinskulptur der* ***Virgen de los Ojos Grandes*** *(Muttergottes mit den großen Augen), die Stadtpatronin Lugos, verehrt wird. Baumeister der Kapelle war kein Geringerer als Fernando de Casas Novoa: Sein berühmtestes Werk ist die Fassade der Kathedrale von Santiago de Compostela. Ebenfalls im Barock entstand der prächtig ausgestaltete Hochaltar (***Capilla Mayor***). Die Besonderheit: Spanienweit besitzen nur die Kathedralen von Lugo und Toledo das Privileg einer »ewigen Anbetung«: Seit 600 Jahren wird ununterbrochen, Tag und Nacht am Hochaltar ein Gebet vor dem Allerheiligsten Sakrament gehalten (***Exposición del Santísimo Sacramento***). Durch Seitentüren wird der zentrale Chorraum mit dem fein geschnitzten Gestühl (1624) für die Andacht betreten. An der Ostseite der Kathedrale (vor der Apsis) wurden in den 1960er-Jahren bei Bauarbeiten auf der Praza de Santa María die Reste eines alten Römerbades (***Piscina Romana***) gefunden. Geht man von hier zur Praza Mayor, davor rechts in die Rúa de Bispo Aguirre und direkt vor dem Stadttor (Porta do Bispo Aguirre) links in die kleine Gasse, so sieht man die Reste eines kleinen Tempels (***Templo Romano***) aus der spätrömischen Zeit (4. Jh.), dessen Funktion noch nicht geklärt ist.*

Auf der Nordseite der Kathedrale lotsen die in den Boden eingelassenen Jakobsmuscheln in die ***Altstadt***. *Mit ihren verwinkelten Gässchen, den auf trutzigen Säulen ruhenden Arkadengängen und unsymmetrischen Plätzchen wirkt sie wie eine kleine Schwester von Santiago de Compostela. In den zahlreichen Tavernen*

und Restaurants treffen sich Anwohner und Besucher zum gemütlichen Plausch bei einem Glas galicischem Weißen (Albariño und Ribeiro) und leckeren Tapas.
Der **Río Miño** ist der längste und wasserreichste Fluss Galiciens. Er entspringt nordwestlich von Lugo und passiert auf seinem 350 km langen Weg zum Atlantik Portomarín (Camino Francés), Ourense (Vía de la Plata) sowie Tui (Spanien) und Valença (Portugal) am Caminho Português und bildet auf den letzten knapp 80 km die Grenze zwischen beiden Ländern. Wie einst die Römerstraße XIX nach Braga verlassen auch die Pilger Lugo über die **Puente Romano**. Den Grundstein für die über 100 m lange Brücke legten die Römer, doch sie wurde seither mehrfach umgebaut.
Museen: Das **Museo Provincial de Lugo** beherbergt archäologische Fundstücke, Keramiken und Kunstwerke von der Frühgeschichte über die Römerzeit bis hin zur Gegenwart (Mo–Fr 9–21 Uhr, Sa 10.30–14 und 16.30–20 Uhr, So 11–14 Uhr, Eintritt frei). Auf interaktive Weise nähert sich das **Museo Interactivo de la Historia de Lugo – MIHL** der Stadtgeschichte (Parque de Frigsa am nördlichen Stadtrand, tgl. 10–14 und 16.30–20.30 Uhr, Eintritt frei).
Feiertage und Feste: Vom 22. bis 25. Juni versetzt **Arde Lucus** (»Lugo brennt« oder »Brenne Lugo«!) Lugo mit viel Liebe zum Detail in die Römerzeit zurück. Seit 2023 gilt das rauschende Stadtfest als Fest von internationalem touristischem Interesse (weitere Info: ardelucus.com).
Oficina Municipal de Turismo: Praza do Campo 11 (nördlich der Kathedrale), Tel. 982 251 658, Juni–Mitte Okt. tgl. 10–20 Uhr, sonst 11–18 Uhr, concellodelugo.gal.

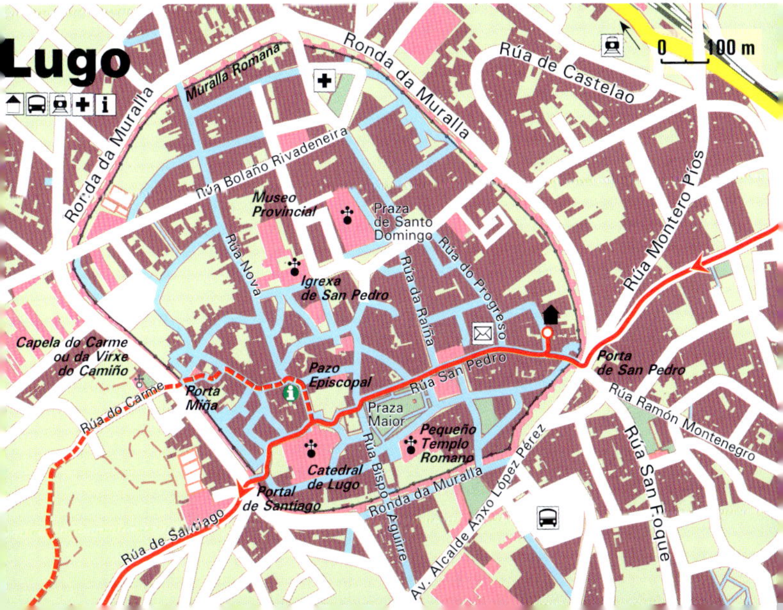

11 Lugo – Ferreira

7.30 Std.
26,9 km

Herbergen: **San Román da Retorta** (585 m, 20 EW), **(1)** TH, , 18 B/14 € MF (EZ 25 € MF, DZ 38 € MF). Alb. O Cándido, Tel. 693 063 146, ocandido.com. Küche, W/T, Bar/Rest. Bis 22 Uhr, ganzjährig (Winter anmelden). **(2)** XH, , 12 B/10 €. Küche (mit Utensilien). Nett gelegen. 13–22 Uhr, ganzjährig. **Ferreira** (546 m, 15 EW), **(1)** 900 m vor dem Ortsteil A Covela: TH, , 22 B/12 €. Alb. Cruz de Ferreira, Tel. 698 740 348, alberguecruzferreira.es. Waschm., Mahlzeiten, Garten. Einsam auf einer Wiese, dafür sehr ruhig gelegen. 13–22 Uhr, April–Sept. **(2)** TH, , 16 B/15 € (EZ 35 €, DZ 45 €). Alb. A Nave de Ferreira, Ortsteil A Covela, Tel. 616 161 594. alberguesdeferreira.com. W/T, Bar/Rest., gemeins. Abendessen, Frühstück. Innen als Holzhaus gestaltet, Terrasse, Garten, viel Platz. 13–22 Uhr, März–Okt. **(3)** 800 m weiter: TH, , 22 B/15 €. Alb. Ponte Ferreira, Ortsteil O Carballal, Tel. 676 582 840, albergueprimitivoponteferreira.com. W/T, gemeins. Abendessen, Frühstück, Garten. Schön saniertes Steinhaus. 13–22 Uhr, April–Nov.

Alternative Unterkünfte: **Ferreira:** Casa da Ponte (5 DZ, ab 20€ pro Person und Nacht), bei der Brücke, Tel. 689 552 329, casadaponteferreira.com.

Die Strecke: Gut markiert. Bis San Román da Retorta fast eben, danach kleine An- und Abstiege. Meist Asphalt (bis San Román da Retorta LU-2901, dann Landsträßchen).

Höhenunterschied: 530 m im Auf- und 430 m im Abstieg.

Kritische Stellen: Die Sträßchen sind zwar wenig befahren, dennoch sollte man immer auf schnell herannahende Fahrzeuge gefasst sein.

Landschaft: Die weiten Blicke über die sanft gewellten, von Wäldern, Feldern und Weiden überzogenen Hügel lenken etwas vom vielen Asphalt ab. Unterwegs werden nur kleine, meist verschlafene und menschenleere Dörflein passiert.

Infrastruktur: O Burgo (538 m, 80 EW) und Snackautomat; Taboeiro (594 m, 2 EW) (evtl. nicht zuverlässig geöffnet), rechts Mesón de Crecente (Mo Ruhetag); San Román da Retorta (800 m vor und bei den Herbergen) ; Ferreira ;

Variante: Unterwegs kann man einen Abstecher nach Bóveda de Mera machen (in dieser Gegend einzigartige römische Fresken, vgl. Etappe V11). Am in der Wegbeschreibung genannten Abzweig nach rechts auf der Straße bis Bóveda de Mera (2,4 km/45 Min.). Von dort entweder mit Etappe V11 bis Friol (13,2 km/3.30 Std.) oder zurück zum Hauptweg: Nach dem Tempel links hoch, nach links an der Kirche vorbei aus dem Dorf. Bei der nächsten T-Kreuzung links auf dem Sträßchen durch den Weiler Cabanas; bei der nächsten T-Kreuzung der Straße nach rechts folgen (Schild »Ruta O vello Lugo Agrario«) bis ins Dorf Barcurín (2 km/30 Min.), hier rechts mit Hauptweg weiter.

Anmerkungen: **(1)** Ab Lugo gibt es zwei Möglichkeiten: Der im Folgenden beschriebene historische Weg führt in zwei Etappen nach Melide, ab dort mit dem Camino Francés in zwei Etappen nach Santiago de Compostela. Die inoffizielle, 15 km längere Variante verläuft in zwei Etappen über Friol nach Sobrado dos Monxes am Camino del Norte. Von dort in drei Etappen über Arzúa oder in zwei Etappen über Pedrouzo nach Santiago. Diese Variante ist landschaftlich sehr reizvoll, wird von weniger Pilgern begangen und reduziert den in der Regel sehr überlaufenen Camino Francés auf die letzten 40 km (ab Arzúa) oder gar nur 20 km (ab Pedrouzo). Mit den Resten des römischen Tempelchens in Bóveda de Mera und dem Kloster von Sobrado dos Monxes hält sie zudem zwei kulturelle Highlights parat. Der Nachteil: Die Markierung wird weniger gut gepflegt als am offiziellen Weg. **(2)** Bis Melide keine Bankautomaten, Läden, Ärzte oder Apotheken!

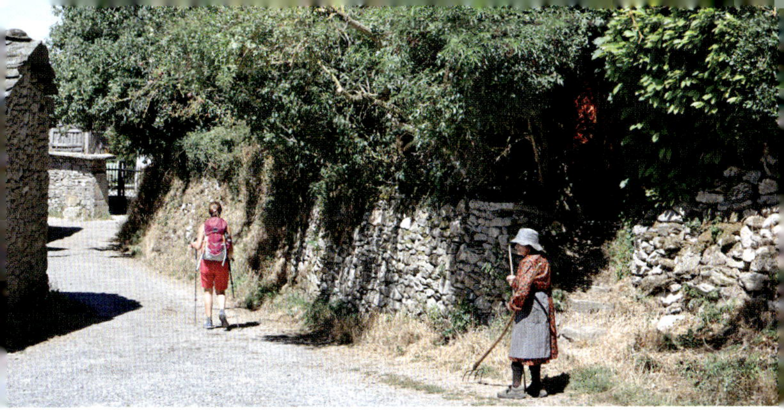

Zusammentreff zweier unterschiedlicher Welten in Bacurín.

Von der städtischen Herberge von **Lugo (1)** gehen wir zurück zur Rúa de San Pedro, auf dieser nach rechts an der Post vorbei über die Praza Maior zur Kathedrale. Geradeaus an deren Nordseite entlang kommen wir zur Porta de Santiago. (Muscheln nach rechts markieren den älteren, etwas längeren Weg zur Praza de Campo, dort nach links und durch die Porta Miña aus der Altstadt.) Nach der Porta de Santiago geht es auf der steilen und bei Nässe rutschigen Rúa de Santiago hinunter zum **Río Miño** (knapp 30 Min. ab Start). Nach der römischen Brücke biegen wir rechts in die Straße ein und passieren Tennisplätze und das Frei- und Flussbad. Nach einer scharfen Rechtskurve verzweigt sich der Weg (**2**; 15 Min. ab Río Miño). Wir biegen in die Straße links ein (geradaus: Variante Friol) und folgen ihr bergan aus dem Tal des Miño heraus. Durch ein Wäldchen treffen wir leicht bergab auf eine T-Kreuzung, biegen rechts ab und unterqueren die N-540. An der Gabelung danach halten wir uns nach links oben (nach rechts: Variante von Etappe V11) und wandern durch die großzügig angelegte Vorortsiedlung. Schließlich gehen wir geradeaus über die LU-232 in die LU-2901, die uns die nächsten Kilometer begleiten wird (45 Min.; Schilder »Burgo, San Román«, »Santa Eulalia«).
Auf einem Pfad neben der Straße kommen wir immer leicht ansteigend durch **San Xoan do Alto** (45 Min.), dann erst noch auf einem Weg neben, dann direkt auf der Straße vorbei an der Fonte de Ribicás nach **O Burgo** (**3**; 30 Min.; nach »Vending Casa Zapateiro« rechts zur Bar der Kirche).

i *Die überraschend elegante **Iglesia Parroquial de San Vicente** lässt erahnen, dass **O Burgo** einst ein wichtiger Ort am Jakobsweg war. Das Kirchlein mit der geschwungenen barocken Fassade entstand im 18. Jh., doch ihr Ursprung liegt im Mittelalter: Ihre Vorgängerin war unter dem Namen »Sancto Vicentio de Muros« die Pfarrkirche von Poutomillos und San Xoán do Alto. Auch ein Pilgerhospiz gab es hier.*

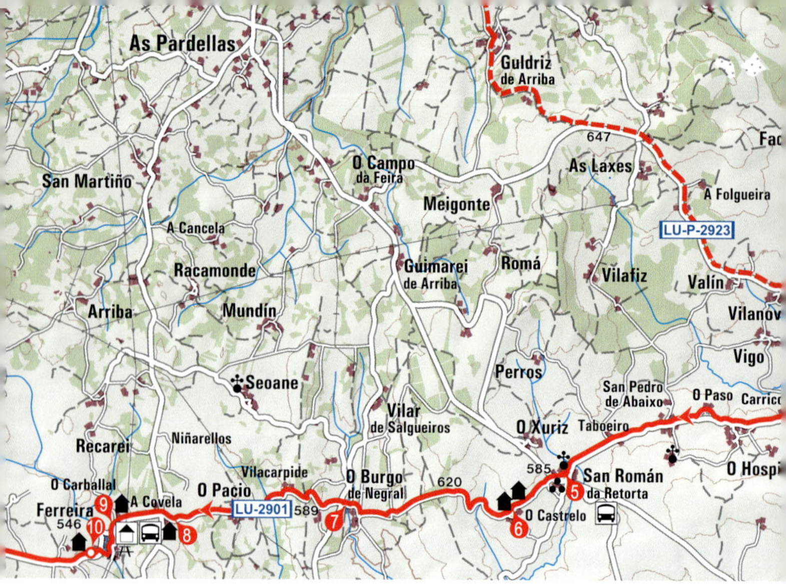

Weiter an der LU-2901 erreichen wir den Abzweig der Variante nach Santa Eulalia de Bóveda (**4**; 30 Min.). Knapp 30 Min später bringt uns ein Waldpfad nach **Bacurín**. Durch den Weiler kommen wir auf einen Kiesweg und folgen links der Mauer (rechts: Iglesia de San Miguel de Bacurín, romanische Apsis (12. Jh.), barocke Fassade und Glockenturm (17./18. Jh.); evtl. braune Pfeile nach Santa Eulalia de Bóveda; 4 km hin und zurück). Wir bleiben noch rund 15 Min. auf dem schönen Waldweg und biegen dann rechts in die LU-2901 ein. An ihr wandern wir durch **Hospital** (25 Min.), verlassen sie kurz nach rechts und kommen wieder auf der Straße durch **San Pedro de Abaixo** (10 Min.) und **Taboeiro** (15 Min.) zur Kirche und Bar (**5**; 15 Min.) von San Román da Retorta.

i *Anders als andere Kirchen durfte die im 12. Jh. erbaute **Iglesia de San Román da Retorta** (gal. Romao) ihr schönes romanisches Rundbogenportal behalten. Bei der*

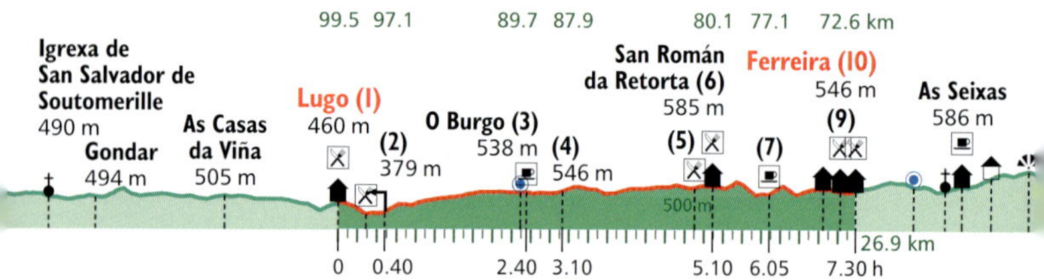

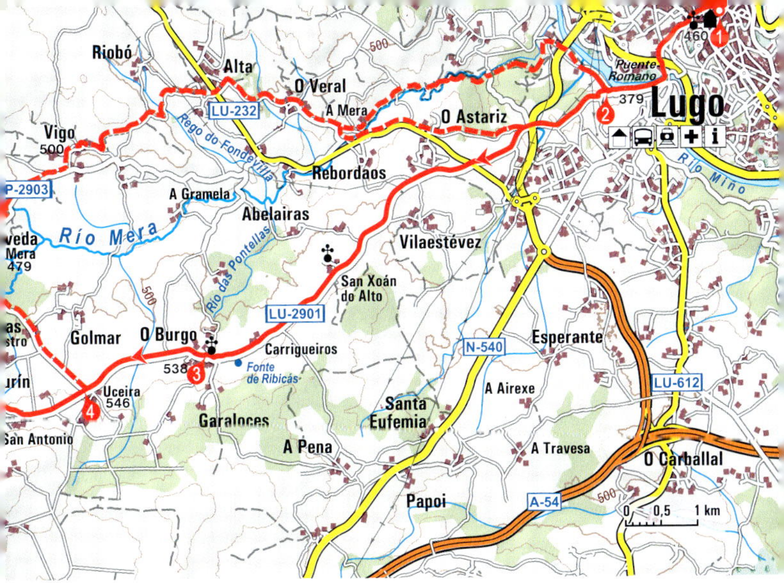

*Erweiterung im 17. Jh. wurde lediglich die Apsis durch einen quadratischen Anbau ersetzt. Ein Stück weiter steht links vom Weg die Kopie eines römischen Meilensteins (**Miliario**) aus der Epoche von Gaius Cäsar Augustus; das Original befindet sich im Museo de los Caminos in Astorga. Er stand um 40 v. Chr. an der Römerstraße XIX, die von Lugo über Iria Flavia nahe Padrón (wo angeblich die Gebeine des Jakobus anlandeten) in Galicien führte. Ab jetzt wandern wir ein Stück auf diesem alten Wegverlauf.*

Nach der Bar gehen wir über die Straße geradeaus auf dem Sträßchen zu den im Wald gelegenen Herbergen von **San Román da Retorta** (**6**; 15 Min.). Danach geht es auf einem Forstweg bergan und wieder bergab und zuletzt durch offenes landwirtschaftlichs Gebiet nach **O Burgo de Negral** (**7**; rund 1 Std.). Wieder auf Asphalt und erneut über eine Anhöhe kommen wir durch das Gehöft **Vilacarpide** (20 Min.) und das Dorf **O Pacio** (15 Min.) zur links abseits gelegenen Alb. Cruz de Ferreira (**8**; 20 Min.). Weiter geradeaus und bei der Kreuzung geradeaus in die LU-2901 gelangen wir in 15 Min. zur Alb.-Pensión A Nave im Ortsteil **A Covela (9)**. Man könnte geradeaus auf der Straße bleiben, doch schöner ist es, dem Jakobsweg nach links hinunter zur **Ponte Ferreira** zu folgen. Das Brücklein bei dem Picknickplatz am Río Ferreira geht ebenfalls auf die über 2000 Jahre alte Römerstraße zurück. Auf dem Weg rechts hinauf und bei der Straße links erreichen wir mit der Alb. Ponte Ferreira unser Etappenziel in **Ferreira** (**10**; 15 Min. ab Alb. A Nave).

12 Ferreira – Melide

5.30 Std.
19,9 km

Herbergen: As Seixas (586 m, 20 EW), XH, , 35 B/10 €. Tel. laut Aushang. Küche, Snackautomaten. Zwar in einem winzigen Dorf gelegen, aber dafür sehr schönes Steinhaus, sehr nette Hospitalera (Marifé). 13–22 Uhr, ganzjährig. **Melide** (456 m, 4700 EW), **(1)** TH, , 34 B/14 € (DZ 50 €). Alb. Alfonso II el Casto, Av. de Toques e Friol 50 (am Weg vor dem Zentrum), Tel. 608 604 850, alberguealfonsoelcasto.com. W/T, Küche, Bar, Frühstück, Garten. Check-in 12–20 Uhr, Ostern–Okt. **(2)** TH, , 28 B/14–15 € (1 EZ 30/35 €, 8 DZ 50/60 €, 3er-Zi. 65/80 €). Alb. San Antón, Rúa de San Antonio 6, Tel. 698 153 672, alberguesananton.com. W/T, Küche, Mahlzeiten, Garten. Check-in 13–21 Uhr, März–Okt. (Pension ganzjährig). **(3)** XH, , 156 B/10 €. Küche (ohne Utensilien), W/T. 13–23 Uhr, ganzjährig. **(4)** TH, , 88 B/12 €. Alb. O Cruceiro (an der N-547), Tel. 616 764 896, albergueocruceiro.es. W/T, Küche. 11–23 Uhr, April–Okt. **(5)** TH, , 20 B/ab 12 €. Alb. Arraigos (an der N-547), Tel. 646 343 370, alberguearraigos.com. W/T, Cafetería, Mikrowelle, 11–23 Uhr, ganzjährig außer Mitte Dez.–8. Jan. (Winter mit Reservierung). **(6)** TH, , 40 B/12 € (4 DZ 50 €, als EZ 40 €). Alb. Pereiro, C/ Progreso 43, Tel. 981 506 314, alberguepereiro.com. W/T, Küche. 12–23 Uhr, Mitte März–Nov. **(7)** TH, , 10 B/18 € MF (DZ 50 € MF, 4er-Zi. 80 € MF). Alb. O Candil, Tel. 639 503 550, ocandil.gal. Küche, W/T; Frühstück. Bettzeug. 12–21 Uhr, Mitte März–Mitte Okt. Am östlichen Stadtrand: **(8)** TH, , 49 B/ 12 €. Alb. Melide, Tel. 627 901 552, alberguemelide.com. W/T, Cafeteria, Garten. 11–23 Uhr, Ostern–Okt.

Alternative Unterkünfte: Casacamiño (650 m, 5 EW): Landhotel Casa Camiño (4 DZ 85–98 €), Tel. 693 418 473, casacamino.es.

Die Strecke: Gut markiert. Meist Asphalt, einige Abschnitte auf unbefestigten Wegen, moderate An- und Abstiege, lediglich nach As Seixas geht es nochmals über einen gut 700 m hohen Pass, danach läuft der Weg bis auf einen kurzen Anstieg flach aus.

Höhenunterschied: 340 m im Auf- und 430 m im Abstieg.

Kritische Stellen: Keine.

Landschaft: Trotz des vielen Asphalts landschaftlich abwechslungsreicher und ansprechender als die vorherige Etappe. Bis Casacamiño streifen wir durch den vertrauten Wechsel von Wäldern, Weiden und Dörfchen. Danach steigen wir in eine offene Heidelandschaft auf, je nach Jahreszeit blühen rosa Erikabüsche und gelber Ginster. Nach dem Pass sorgen die wunderschönen Weitblicke in die merklich flachere, lieblich-grüne Region vor Melide für Kurzweil.

Infrastruktur: As Seixas ; Casacamiño (650 m, 5 EW) ; Irago de Arriba (450 m, 20 EW) ; O Mascaño (457 m, 0 EW) ; Melide Iglesia de Sancti Spiritus Mo–Fr 9.30 und 20 Uhr (Winter 19 Uhr), Sa 20 Uhr (Winter 19 Uhr), So 11, 12, 13 und 20 Uhr (Winter 19 Uhr), Capilla de San Roque So

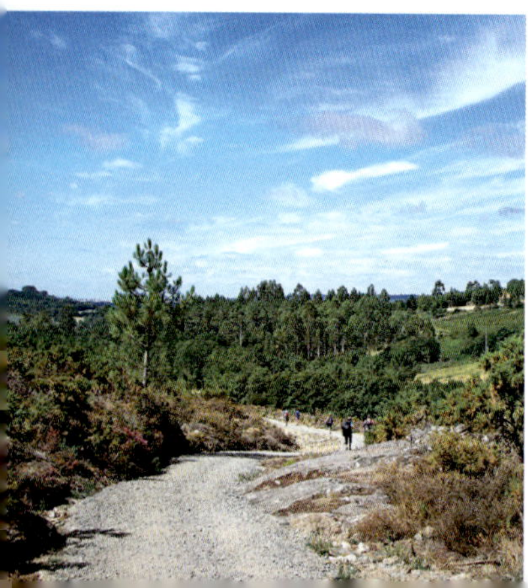

Kurz vor Vilamor de Arriba führt der Weg durch ein schönes Tälchen.

10 Uhr ✚ Rúa Dr. Fleming, Tel. 981 815 483 und 981 952 950 (24-Std.-Notdienst).
Anmerkungen: **(1)** Wir verlassen den – außer zur Hauptsaison, vor allem im August – beschaulichen Camino Primitivo und scheren in den Camino Francés ein, der, je näher wir dem Ziel kommen, voller ist. **(2)** Wenn diese Etappe zu kurz erscheint, kann man bis Boente (5,5 km/1.15 Std.), Castañeda (7,8 km/2 Std.) oder bis Ribadiso da Baixo (11 km/2.45 Std.) weitergehen (Distanzen jeweils ab Melide). **(3)** Melide ist berühmt für seine »Pulperías«, auf Kraken spezialisierte Gaststätten. Sehr beliebt ist die Pulpería Ezequiel (Av. Lugo, direkt am Weg, pulperiaezequiel.com.

Von **Ferreira (1)** aus bleiben wir zunächst rund 30 Min. auf der LU-2901 und verlassen sie dann auf einem Forstweg nach links. Durch den Weiler A Leboreira gelangen wir erneut zur LU-2901, folgen ihr nach links, kürzen sie kurz geradeaus ab und finden nach rechts bei **San Xurxo** (**2**; gut 45 Min.) einen Picknickplatz und den Brunnen San Jorge de Aguasantas (heiliger Georg der heiligen Wasser). Teils auf der LU-2901, teils auf abkürzenden Waldwegen kommen wir durch Montecelo nach **Merlán** (knapp 30 Min.).

i *Inmitten des Friedhofs von **Merlán** steht die im 12. Jh. erbaute **Igrexa de San Salvador de Merlán**. Obwohl sie im 15. oder 16. Jh. umgebaut wurde, muten der von Säulen getragene Vorbau und das Rundbogenportal noch recht romanisch an. In ihrem Innern birgt sie ein Taufbecken aus dem 14. Jh., das von einem Jakobuskreuz geziert wird. Links der Kirche schließen alte Nischengräber den Friedhof ab. Ein Blick auf die Lebensdaten der dort vor langer Zeit Bestatteten erstaunt und stimmt nachdenklich: Die meisten erreichten ein hohes Alter von 80, 90 Jahren. Das Leben vor über 100 Jahren war sicher hart und entbehrungsreich, aber dennoch (oder gerade deshalb?) hat es die Lebenserwartung nicht beeinträchtigt.*

Kurz nach dem Friedhof biegen wir links ab und wandern auf einem Feldweg in 10 Min. nach **As Seixas (3)**. Zur Herberge geht es an der Kreuzung rechts, wir gehen links durch das Dorf und anschließend auf einem schönen Waldweg bergan nach **Casacamiño** (**4**; 30 Min.). Danach steigen wir auf einer Kiesstraße auf eine aussichtsreiche Anhöhe hinauf. Die flachen Hänge sind mit rosa Heidekraut und gelbem Ginster übersät, dazwischen lugen hellgraue Felsen hervor, während die Senke links von uns dicht bewaldet ist.

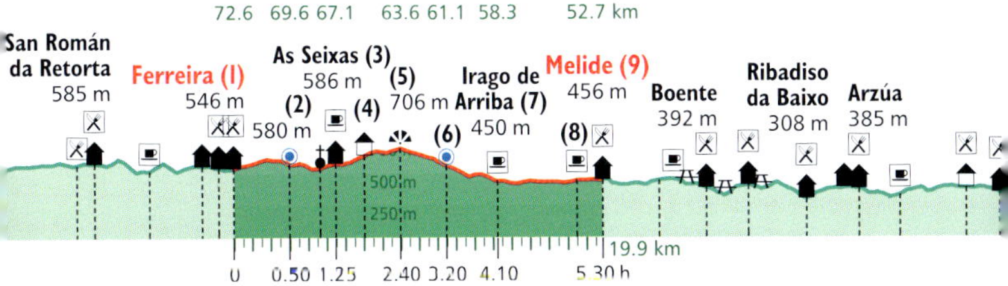

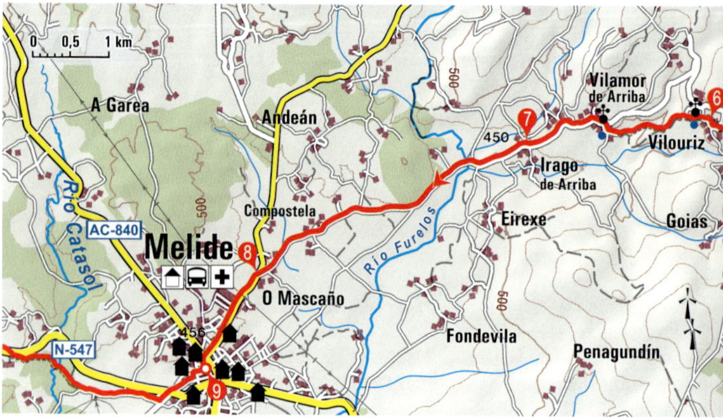

Schließlich biegen wir links in ein Sträßchen ein, gehen nach rechts durch den Weiler O Hospital das Seixas und erklimmen auf einem Sträßchen den höchsten Punkt des Tages: Auf dem 706-m-Pass **(5)** überschreiten wir das letzte Mal auf dem Camino Primitivo die 700-m-Grenze (45 Min.). Ab jetzt geht es in tiefer gelegene Gefilde. Wir wandern auf dem Sträßchen bergab; sobald der Wald zurücktritt, bietet sich uns ein wunderbarer Weitblick über den sanft gewellten Flickenteppich bis hin nach Melide und darüber hinaus.

Dann werden wir nach links auf einem schönen Fußweg nach **Vilouriz (6)** geleitet (knapp 45 Min.; Brunnen). Nach dem Weiler bringt uns ein Kiesweg in ein hübsches, fast alpin anmutendes Tälchen hinab. Wir überqueren den Bach Rego dos Lagares und steigen recht steil hinauf nach **Vilamor de Arriba** (gut 30 Min.). Nach der Kirche biegen wir links in das Landsträßchen ein, dem wir nun bis kurz vor Melide treu bleiben.

Es bringt uns durch **Irago de Arriba** (**7**; 15 Min.) und den Weiler mit dem Namen Compostela (dessen große Schwester Santiago de Compostela jedoch noch in weiter Ferne liegt) nach **O Mascaño** (**8**; 1 Std.). Ab hier gehen wir nach links auf dem Gehweg neben der Landstraße DP-4606 und gelangen in der Stadt nach schräg links auf die Plaza del Convento mit der Iglesia de Sancti Spiritus im Zentrum von **Melide** (**9**; 20 Min.). Der Camino führt nach rechts zur städtischen und anderen Herbergen. Die Straße schräg links führt zur zentralen Kreuzung an der N-547 (Alb. O Cruceiro und Alb. Arraigos).

i ***Melide**, galicisch Melid, ist das geografische Zentrum Galiciens. Hier trifft der Camino Primitivo auf den Camino Francés – manche sagen, es sei genau umgekehrt, der Camino Francés treffe auf den älteren, ursprünglichen Weg. Wie auch immer, erst durch den Pilgerweg wurde aus der Bauernsiedlung mit dem lateinischen*

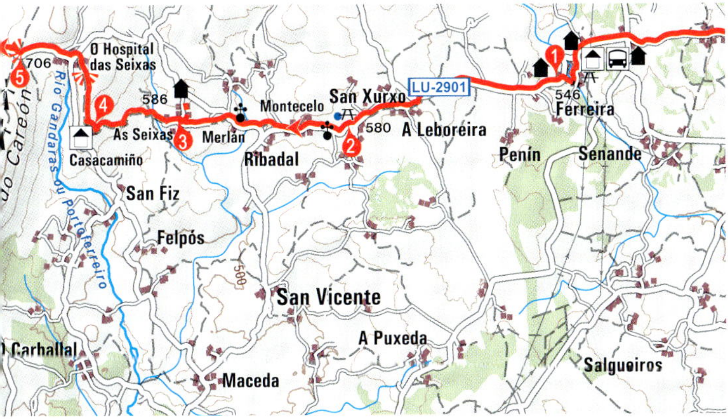

Namen Villa(m) Melliti, benannt nach ihrem Besitzer Mellitus, eine Stadt. Ab Mitte des 10./Anfang des 11. Jh. tauchte sie auch in schriftlichen Dokumenten auf. Angezogen durch die Pilgerströme, die von Norden über Oviedo und von Osten über den »französischen« Weg kamen, siedelten sich Händler, Handwerker und eine erkleckliche Zahl von Gastwirten an – bis Ende des 16. Jh. widmete sich ein Großteil der Anwohner diesem Gewerbe. Ab 1281 veranlasste Alfonso IX. den Bau einer Festung und der heute verschwundenen Iglesia de San Pedro. Ab 1320 profitierte die inzwischen von einer Mauer umgebene Stadt von einem neuen Wegezoll. Aus jener Zeit stammt die 1949 wiederaufgebaute **Capilla de San Roque** an der Av. de Lugo. Daneben steht das angeblich älteste Wegkreuz Galiciens (14. Jh., gotisch). Ebenfalls im 14. Jh. wurde an der heutigen Plaza del Convento ein Franziskanerkonvent gegründet, erhalten ist jedoch nur noch die **Iglesia de Sancti Spiritus**, die ab 1498 mit Steinen der inzwischen zerstörten Festung errichtet wurde. Im Hauptschiff birgt sie zwei gotische Sarkophage. Ab dem 18. Jh. wurde die Außenfassade im barocken Stil umgestaltet. Bei genauem Hinsehen erkennt man vor allem am Kirchturm Ähnlichkeiten mit der Kathedrale in Santiago. Außerhalb der Stadt, am Weg, liegt die **Iglesia de Santa María de Melide** (romanisch, Ende 11. Jh.).
Kulinarisches: Die Pulpeiras von Melide sind für **Pulpo** (Krake) berühmt. Eine süße Spezialität sind **Melindres**, Gebäckbällchen aus Mandeln mit Zuckerguss; am 2. So im Mai ist ihnen die Messe **Festa do Melindre** gewidmet, lokale Sportler schwören auf ihre Qualitäten als Energy-Snack. Sonntags großer **Wochenmarkt**.
Feste: Zu **Corpus Cristi** (Fronleichnam) wird die Plaza del Convento mit einem Blumenteppich geschmückt; am 29. Juni Patronatsfeiern zu Ehren von **San Pedro**; ab dem 15. Aug. mehr als einwöchige Feier zu Ehren von **San Roque**, eine der bedeutendsten Fiestas in Galicien.
Information: turismomelide.com und concellodemelide.org.

13 *Melide – O Pedrouzo*

8.30 Std.

33,1 km

Herbergen: Boente (392 m, 20 EW), **(1)** PH, ◆◆◆, 40 B/16 €. Alb. El Alemán, Tel. 677 251 300 u. 981 501 984 (Betreiber sprechen auch Deutsch u. Englisch), albergueelaleman.com. W/T, Bar/Rest., Terrasse, Garten, kl. Pool. Viel Platz, hell, freundlich. 11.30–23 Uhr, April–Okt. **(2)** TH, ◆◆◆, 40 B/15 € (EZ 45 €, DZ 60 €). Alb.-Pensión Boente, Tel. 981 501 974, albergueboente.com. W/T, Pool, Terrasse, Mahlzeiten. Check-in 12–21 Uhr, März–Nov., restl. Zeit mit Reservierung. **(3)** TH, ◆◆◆, 22 B/13 €. Alb. Fuente Saleta, Tel. 981 501 853. W/T. Bar/Rest.; viel Platz. 11.30–22 Uhr, 15. März–Okt. **Castañeda** (414 m, 120 EW), PH, ◆◆◆, 4 B/13 € (1 DZ 40 €). Alb. Santiago, Tel. 699 761 698. W/T, Bar/Rest. Nett, weil sehr klein. 7–22 Uhr, März–Nov. **Ribadiso da Baixo** (308 m, 10 EW), **(1)** XH, ◆◆◆, 70 B/10 €. Schön in einem weiten Bachtal gelegen, wegen großer Beliebtheit schnell voll. Küche (ohne Utensilien), W/T. 13–23 Uhr, ganzjährig. **(2)** PH, ◆◆◆, 52 B/12 € (DZ 40 €). Alb. Los Caminantes I, Tel. 647 020 600, albergueloscaminantes.com. Küche, W/T, Terrasse, Garten. 12–22.30 Uhr, März–Nov. **(3)** TH, ◆◆◆, 24 B/12 €. Alb. Milpés, Tel. 981 500 425, alberguemilpes.com. W/T, Mikrowelle, Mahlzeiten. Terrasse. 6–23 Uhr, März–Nov. **Arzúa** (385 m, 5900 EW), **0,8 km vor Zentrum: (1)** TH, ◆◆△, 42 B/ 16 €. Alb. Los Tres Abetos, Tel. 649 771 142, tres-abetos.com. Küche, W/T. 13–22 Uhr, ganzjährig. **(2)** TH, ◆◆◆, 46 B/15 €. Alb. de Selmo, Tel. 981 939 018, oalberguedeselmo.com. Küche, W/T, Getränke-/Snackautomaten. Check-in 13–20 Uhr, Ostern–Okt. **(3)** TH, ◆◆◆, 50 B/12 €. Alb. Don Quijote, Tel. 696 162 695, alberguedonquijote.com. W/T; gute Betten. Check-in 12–21 Uhr, März–Nov. (Pension ganzjährig). **(4)** TH, ◆◆◆, 72 B/12 €. Alb. Santiago Apóstol, alberguesantiagoapostol.com, Tel. 660 427 771. Küche, W/T, Rest. Ab 11 Uhr, ganzjährig. **(5)** TH, ◆◆◆, 39 B/12 €. Alb. Ultreia, Tel. 626 639 450, albergueultreia.com. W/T, Küche. 12–23 Uhr, März–Okt. **(6)** PH, ◆◆◆, 46 B/14 €. Alb. de Camino, Tel. 981 500 415 und 678 758 296, decaminoalbergue.com. W/T, Terrasse; Massagen. 12–23 Uhr, Feb–Dez. **Im Zentrum: (7)** TH, ◆◆◆, 14 B/12 € (DZ 35–45 €). Alb.-Pensión Arzúa, Tel. 981 508 233 und 608 380 011. Küche, W/T, Garten, Salon mit Kamin. 12–23 Uhr, März–Nov. **(8)** TH, ◆◆◆, 14 B/14–15 € (8 DZ 50 €). Alb.-Pensión Cima do Lugar, Tel. 661 633 669, cimadolugar.com. W/T. Check-in 13–19 Uhr, März–Dez. **(9)** TH, ◆◆◆, 40 B/17 € (normales Bett 22 €). Alb. Cruce de Caminos. Tel. 604 051 353, crucedecaminosarzua.com. Neu, modern, viel Platz. Küche, W/T, Bar, Abendessen, Frühstück; gute Stock- und Einzelbetten. Check-in 13–19 Uhr, ganzjährig. **(10)** XH, ◆◆△, 50 B/ 10 €. Schöner Altbau, Küche (ohne Utensilien), W/T; kein Internet. 13–23 Uhr, ganzjährig. **(11)** TH, ◆◆◆, 24 B/15 € (EZ 30 €, DZ 48 €). Alb. San Francisco, Tel. 604 069 338, alberguesanfrancisco.com. W/T, Mikrowelle, Cafeteria; gute Stockbetten, geräumig. Check-in 13.30–19 Uhr, 10. Feb.–10. Dez. **(12)** TH, ◆◆△, 130 B/15 €. Alb. Vía Láctea, Tel. 981 500 581, alberguevialactea.com. Drei Küchen, W/T. Schlafsäle mit oben offenen Wänden getrennt. 12.30–22 Uhr, ganzjährig, (Winter nur mit Reservierung). **(13)** PH, ◆◆△, 22 B/15 €. Alb. O Santo, Tel. 646 871 096 und 981 508 210. Küche, W/T. 12–22 Uhr, März–Okt. **Burres** (330 m, 20 EW; 800 m südl. vom Weg an N-547), TH, ◆◆◆, 30 B/14 € (EZ 38 €, 4 DZ 42 und 50 €). Alb. Pensión Camiño das Ocas, Tel. 648 404 780, caminodasocas.com. Küche, W/T, Cafeteria, Garten. 14.30–22 Uhr, April–Okt. **As Quintas** (400 m, 20 EW), PH, ◆◆◆, 8 B/17 €. Alb. Taberna Vella–Heidi's Place, Tel. 687 543 810 (Reservierung empfohlen, Heidi und Rolf sprechen Deutsch). Küche, W/T, gemeins. Abendessen. Schöner großer Garten (viele Katzen u. Hühner, nichts für Pilger mit Angst vor Tieren oder Allergien), sehr freundliche Herbergseltern. 14–23 Uhr, April–Okt. **A Calle de Ferreiro** (350 m, 70 EW, PH, , 30 B/15 €. Alb. A Ponte de Ferreiros, Tel. 665 641 877, albergueaponte.hol.es/. Mikrowelle, Cafeteria, W/T. 13–22 Uhr, Mitte Jan.–24. Dez. **Salceda** (370 m, 150 EW), **(1)** 350 m südl. vom Weg/jenseits der N-547 nahe km 75: TH, , 8 B/15 € (DZ 60 €, als €). Alb. turístico Salceda (schöne Landhotel-Anlage), Tel. 981 502 767, WhatsApp 647 406 767, albergueturisticosalceda.com. W/T, Bar/Rest., Garten (Vorsicht Allergiker: viele Hunde und Katzen), Jacuzzi. Herberge ab 13 Uhr, Pension ab 14 Uhr, März–Nov. **(2)** TH, , 20 B/22 € (1 DZ Preis vor Ort). Alb. La Corona, Tel. 675 149 086 und 981 073 382. Mikrowelle, Ofen, W/T; Bettzeug; Garten mit kl. Pool. Check-in 12.30–20 Uhr, März–Okt. **O Empalme** (405 m) PH, , 15 B/12 €. Alb. Andaina, Tel. 981 502 925. W/T, Bar/Rest. Ab 12 Uhr, März–Okt. **Santa Irene** (372 m, 10 EW), XH, , 36 B/10 €. Direkt an Straße. Küche (ohne Utensilien). 13–23 Uhr, ganzjährig. **A Rúa** (278 m, 60 EW), **(1)** TH, , 46 B/13–14 € (2 DZ ab 55 €, 3er-Zi. 72 €, 4er-Zi 68–72 €, 6er-Zi. 96–108 €). Alb. Espíritu Xacobeo, Tel. 620 635 284, espirituxacobeo.com. Zwei Küchen, W/T, gute Sanitäranlagen, Garten. Geräumig, hell. Check-in 12.30–20 Uhr, März–Nov. **(2)** TH, , 112 B/Juni/Juli/Sept. 12 €, Aug. 13 €. Camping Peregrino O Castiñeiro, Reservierung Tel. 662 456 093 oder campingperegrino.es. W/T, Bar; Zelte mit je 4 B, Schlafsackverleih. 12–22 Uhr, Juni–Sept. **O Pedrouzo** (205 m, 940 EW), nach A Rúa, links 500 m die N-547 hoch (Camino: geradeaus; vom Zentrum direkt zum Camino: Bei Casa bzw. Rúa do Concello, Rathaus, gelbe Pfeile), **(1)** TH, , 14 B/15 € (5 DZ 50–55 €, als EZ 45–50 €). Alb. O Burgo (Ortsanfang), Tel. 981 511 406, albergueoburgo.es. W/T, Mikrowelle. Check-in 12–20 Uhr, März–Nov. **(2)** XH, , 126 B/10 €. Küche (ohne Utensilien), W/T. 13–23 Uhr, ganzjährig. **(3)** TH, , 62 B/14–16 €. Alb. Mirador de Pedrouzo, Tel. 686 871 215, alberguemiradordepedrouzo.com. W/T, Mikrowelle, gute Betten, viel Platz. Terrasse, Pool. Ab 12.15 Uhr, März–Nov. **(4)** PH, , 54 B/12 €. Alb. Porta de Santiago. Tel. 607 835 354, portadesantiago.wordpress.com. W/T, Küche, Terrasse. 13–23 Uhr, März–Nov. **(5)** TH, , 78 B/14 € (Juli–Sept. 15 €). Alb. O Trisquel, Rúa do Picón 1, Tel. 616 644 740. Küche, W/T. 12–23 Uhr, März–Nov. **(6)** PH, , 34 B/14 €. Alb. Otero, Tel. 671 663 374, albergueotero.com. W/T, Mikrowelle, Terrasse. Check-in 11–19 Uhr, März–Nov. **(7)** TH, , 40 B/13 €. Alb. Edreira, Tel. 660 234 995, albergue-edreira.com. Mikrowelle, W/T, Terrasse. 12–23 Uhr, März–Okt. **(8)** TH, , 94 B/12 € (Juli–15. Sept. 14 €). Alb. Cruceiro de Pedrouzo, Tel. 981 511 371, alberguecruceirodepedrouzo.com. Küche, W/T, Terrasse, Sauna. 12–23 Uhr, März–Nov. **(9)** TH, , 50 B/ 13 €. Alb. Rem, Tel. 981 510 407. Bar, W/T. Check-in 12–18 Uhr, März–Okt.

Die Strecke: Gut markiert, trotz hügeligem Gelände eine leichte, aber lange Etappe. Vor allem Waldwege.

Höhenunterschied: 570 m im Aufstieg, 740 m im Abstieg.

Kritische Stellen: Keine.

Landschaft: Die Beschaulichkeit hat ein Ende, wir wandern im Pilgerstrom durch eine enge Kette von Weilern und Siedlungen. Das Klima wird milder, Palmen, Kakteen und Bananenstauden bereichern die Vegetation. Die nicht heimischen (vor allem für die Papierindustrie angepflanzten) Eukalyptusbäume duften zwar herrlich, sind aber ökologisch sehr umstritten.

Infrastruktur: Parabispo (460 m, 2 EW); Boente ; Castañeda ; Ribadiso da Baixo ; Arzúa Rúa Padre Pardo, Tel. 981 500 450; Pregontoño (335 m, 35 EW) ; As Quintas ; A Calzada (386 m, 50 EW) ; A Calle de Ferreiros ; Salceda ; A Brea (375 m, 70 EW) ; O Empalme ; Santa Irene ; A Rúa ; O Pedrouzo Tel. 981 511 196.

Anmerkungen: **(1)** In fast jedem Ort gibt es eine kleine Bar, Nov.–ca. Ostern sind aber nicht immer alle geöffnet. **(2)** Da viele Pilgerinnen und Pilger am Wochenende in Santiago sein möchten, ist es mittwochs und donnerstags meist sehr voll in Arzúa. Wer kann, sollte Arzúa an diesen Tagen meiden.

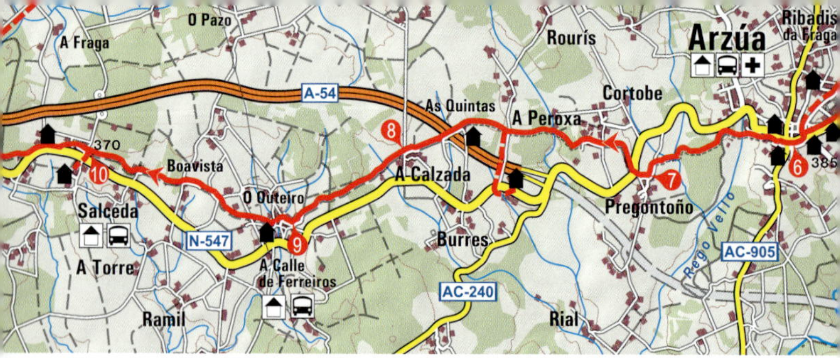

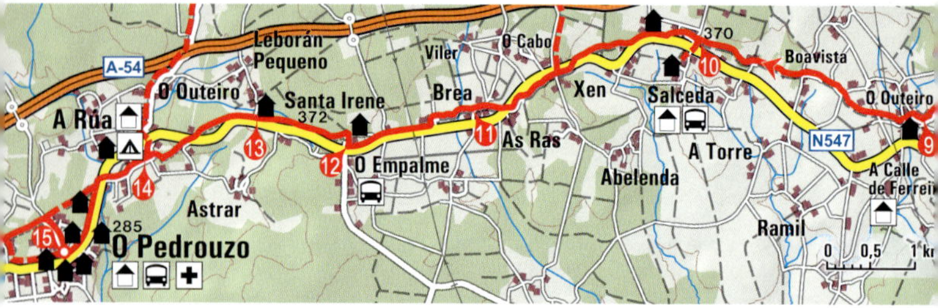

Wir überqueren hinter **Melide (1)** die N-547 und gelangen nach rechts zur romanischen Iglesia de Santa María (u. a. schöne Fresken). Durch hügeliges Gelände kommen wir durch **Raído** (**2**; 45 Min.) nach **Boente** (**3**; knapp 45 Min.; Kirche mit hübscher Jakobusfigur und beliebtem Stempel für den Pilgerpass). Von dort geht es hinunter in das Tal des Río Boente und wieder steil hinauf nach **Castañeda** (**4**; gut 30 Min.). Die mittelalterlichen Pilger lie-

Ein seltener Anblick auf dem Camino Francés: ein menschenleerer Weg.

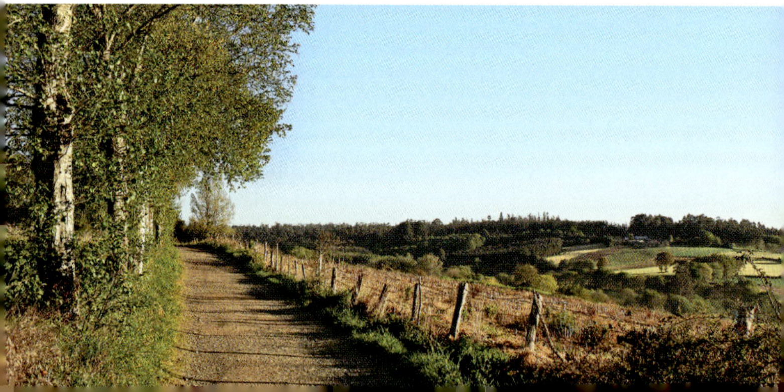

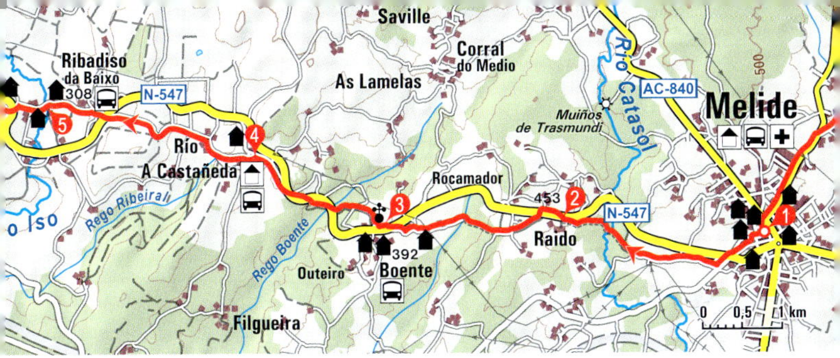

ßen hier, als Beitrag zum Bau der Kathedrale von Santiago, den aus Triacastela mitgebrachten Kalkstein in den Kalköfen. Heute ist von den Kalkfabriken allerdings nichts mehr zu sehen. Dann geht es kräftig bergauf und -ab ins idyllische **Ribadiso da Baixo** (**5**; knapp 1 Std.). An der Landstraße entlang gehen wir nach **Arzúa** (**6**; 45 Min.).

*Das interessanteste Baudenkmal von **Arzúa** ist die gotische **Capilla de la Madalena** (14. Jh.). Bekannt ist der Ort aber vor allem für seinen **Queixo:** runde, 0,5–3,5 kg schwere Käselaibe der Originalherkunftsbezeichnung D.O. Arzúa-Ulloa. Die Basis ist Kuhmilch, die Konsistenz ist weich, der Geschmack mild. Daneben gibt es auch den für ganz Galicien typischen, kegelförmigen Tetilla (dt. Brüstchen), ebenfalls ein sehr milder Weichkäse aus Kuhmilch. Am ersten Wochenende im März findet die große Käsemesse **Festa do Queixo** statt, ein gastronomischer und kultureller Jahrmarkt, bei dem bis zu 100.000 Laib Käse verkauft werden.*
*Seit 2002 besteht eine **Städtepartnerschaft** zwischen **Arzúa** und **Niedereschach** (Baden-Württemberg, Schwarzwald-Baar-Kreis). In den 1960er-Jahren waren Frauen und Männer aus Arzúa als Gastarbeiter nach Niedereschach gekommen, daraus entstand eine bis heute andauernde enge alemannisch-galicische Freundschaft. Um einen regen Austausch und gegenseitige Besuche der Partnergemeinden kümmert sich seit 2013 der Freundeskreis Arzúa. So kommt es, dass man etwa beim Niedereschacher Adventsdörfle am »Arzúa-Stand« Käse aus Arzúa, galicische Weine und Queimada kosten kann.*

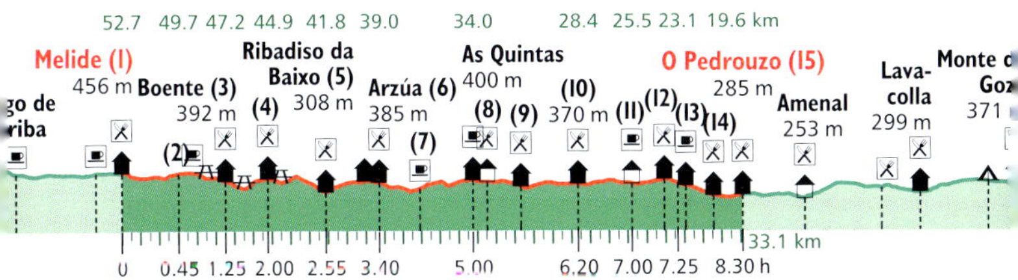

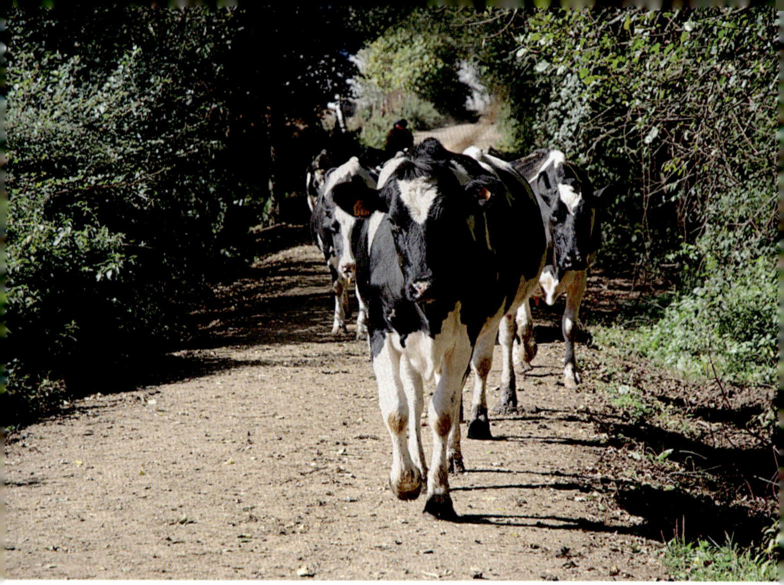

Die tun nichts, die wollen nur in den Stall.

Auf kleinen Sträßchen und unbefestigten Wegen wandern wir durch eine hügelige, sehr schöne landwirtschaftlich geprägte Landschaft. Gut 30 Min. nach Arzúa erreichen wir **Pregontoño (7)**. Wir unterqueren die N-547 (nicht von Wegstein »C. complementario« verwirren lassen, wir sind auf dem richtigen Weg) und gelangen nach 30 Min. zum Abzweig nach links zur Herberge Camiño das Ocas. Geradeaus kommen wir durch **As Quintas** (10 Min.; Alberge Taberna Vella – Heidi's Place) und über die Autobahn nach **A Calzada** (**8**; 10 Min.). Dann wandern wir gemütlich nach **A Calle** (**9**; ½ Std.), **Boavista** (½ Std.) und **Salceda** (**10**; 15 Min.; Ortsteil O Castro; nach Bar O Curro links Abzweig zur Alb. Turístico Salceda). Kurz müssen wir direkt neben der N-547 gehen und verlassen sie dann nach rechts (geradeaus: Bar/Rest.). Zweimal über die Nationalstraße gelangen wir nach **A Brea** (**11**; 45 Min.). Danach links zur N-547 und rechts leicht ansteigend nach **O Empalme** (**12**; 30 Min.). Dort gehen wir erneut rechts über die N-547, am Restaurant vorbei zum Wald und dann links. Parllel zur Nationalstraße gelangen wir zur öffentlichen Herberge von **Santa Irene** (**13**; 20 Min.).

Danach führt der Weg bergab durch den Wald nach **A Rúa** (**14**; 20 Min.) und auf einem Asphaltsträßchen zur N-547. Der Jakobsweg läuft geradeaus, ohne Pedrouzo zu berühren. Das Zentrum und die Herbergen von **O Pedrouzo (15)** liegen rund 500 m entfernt links die N-547 hinauf (20 Min. ab A Rúa).

7.45 Std.
28,7 km

Lugo – Friol V11

Herbergen: Keine.
Unterkunft: Friol (463 m, 3700 EW), bei beiden unbedingt reservieren: **(1)** Rest.-Pensión Casa Benigno (EZ 30 €, DZ 50 €, 1 Zi. mit bis zu 5 B/20 €/Person, nur Juni–Aug. ein 3er-Zi. 75 €), an Hauptstraße in der Ortsmitte, Tel. 982 375 028. **(2)** Casa da Gabana (EZ 60 € MF, DZ 78–87 € MF), jenseits der Parkanlage ggü. Casa Benigno, Tel. 673 674 722, casadagalbana.com.
Die Strecke: Mit grünen Pfeilen markiert; da kein offizieller Weg, wird die Markierung evtl. nicht durchgehend gut gepflegt. Teils Asphalt, teils unbefestigte Wege, nur moderate An- und Abstiege.
Höhenunterschied: 460 m im Auf- und Abstieg.
Kritische Stellen: Der knapp 4 km lange Weg entlang des Bachs Rego da Mera war zuletzt sehr ungepflegt und die Brücken und Stege in marodem Zustand, insbesondere bei Nässe ist der Weg evtl. schlecht bis gar nicht begehbar, dann auf die Variate (s. u.) ausweichen. GPS-Track als Unterstützung hilfreich. In Alta verzweigt sich der Weg, hier unbedingt links gehen. Der Weg rechts verläuft nahe der LU-232 und führt nicht nach Bóveda de Mera.
Landschaft: Sofern der knapp 4 km lange Pfad durch den zauberhaften, teils dschungelartigen Wald im Tal des Rego da Mera gangbar ist, ist er wunderschön. Danach wandern wir teils auf Landsträßchen, teils auf Feld- und Waldwegen durch eine bäuerliche Gegend mit verschlafenen Dörfern inmitten einer weiten, sanft gewellten Landschaft. Manches Mal erinnert der Blick über den Flickenteppich aus Wäldern und Weiden fast an das mediterrane Südfrankreich. Mitten darin finden sich in Bóveda de Mera die rund 1700 Jahre alten, wunderschönen römischen Fresken im alten römischen Tempel.
Infrastruktur: Friol Av. de Lugo s/n, Tel. 982 371 005.
Varianten: (1) Umgehung des Rego da Mera: Wie beschrieben zur Wegteilung 15 Min. nach dem Río Miño. Dann links mit dem offiziellen Weg bergan. Nach Unterquerung der N-540 an der Gabelung rechts (Etappe 11 nach links) in das Sträßchen und gut 1,5 km bis zur LU-232 bei O Astariz. Ab hier nach rechts gut 1 km an der LU-232 bis zum Abzweig rechts nach O Veral, nach 200 m rechts und nach weiteren 200 m nahe A Mera links mit dem Hauptweg weiter (insg. rund 700 m kürzer als der Hauptweg). **(2)** Von Bóveda de Mera zum offiziellen Weg (Etappe 11): Vor dem Eingang zum Tempel rechts hoch zur Kirche, nach links an dieser vorbei aus dem Dorf. Bei der nächsten T-Kreuzung links auf dem Sträßchen durch den Weiler Cabanas; bei der nächsten T-Kreuzung der Straße nach rechts folgen (Schild »Ruta O vello Lugo Agrario«) bis ins Dorf Barcurín (2 km/30 Min.). Ab dort nach rechts mit dem Hauptweg bis San Román da Retorta (6 km/gut 1.30 Std.; ab Lugo 21,5 km/6 Std.) oder Ferreira (je nach Herberge 11,8 km/3.30 Std. bis 13,5 km/4 Std.; ab Lugo 27,3 km/8 Std. bis 29 km/8.30 Std.).
Anmerkungen: Keine Einkehrmöglichkeit oder Laden unterwegs, daher Tagesproviant und ausreichend Wasser mitnehmen.

Von der städtischen Herberge von **Lugo (1)** gehen wir zurück zur Rúa de San Pedro, auf dieser nach rechts zur Praza Maior und geradeaus zur Kathedrale. Der Weg führt geradeaus an deren Nordseite vorbei. (Muscheln markieren nach rechts einen etwas längeren Weg zur Praza de Campo, dort nach links, durch die Porta Miña aus der Altstadt und durch den Stadtteil Carme hinab zum Miño.) Wir aber gehen geradeaus, nach der Kathedrale

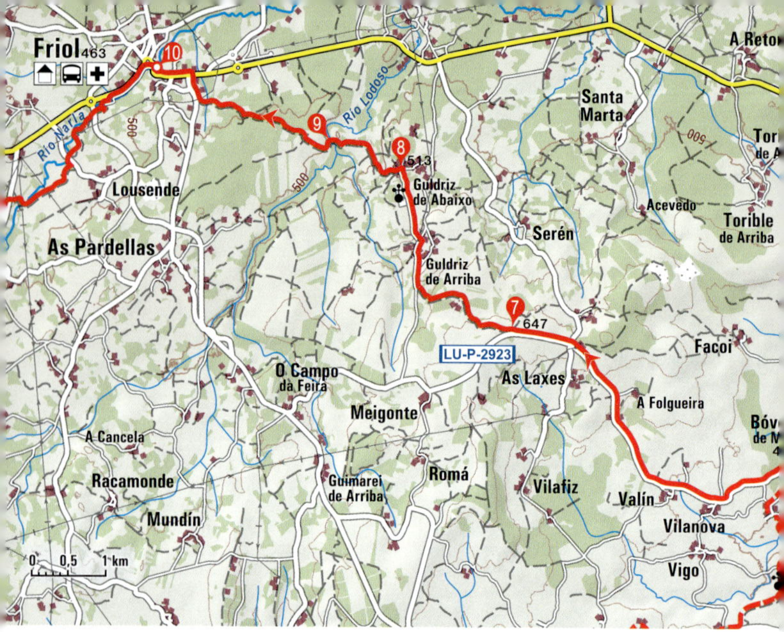

durch die Porta de Santiago, über die Straße und auf der steilen und bei Nässe rutschigen Rúa de Santiago hinunter zum Río Miño (knapp 30 Min.). Nach der römischen Brücke geht es rechts in die Straße. Kurz nach den Tennisplätzen bzw. dem Frei- und Flussbad gelangen wir durch eine scharfe Rechtskurve zur Wegteilung **(2)** (15 Min. ab Río Miño).
Der offizielle Weg bzw. Variante 1 biegen nach links oben ab. Wir aber gehen geradeaus auf der Straße bzw. dem Kiesweg daneben parallel zum Miño weiter (grüne Pfeile). Nach wenigen Minuten verlässt der Kiesweg die Straße geradeaus und wir kommen teils auf Holzstegen in ein Wäldchen, unterqueren eine hohe Straßenbrücke und nehmen etwa 100 m danach den links abzweigenden Grasweg (evtl. Schriftzug »Friol«). Oben an der Straße rechts; nach rund 100 m zweigt rechts eine Straße ab: hier geradeaus in den schma-

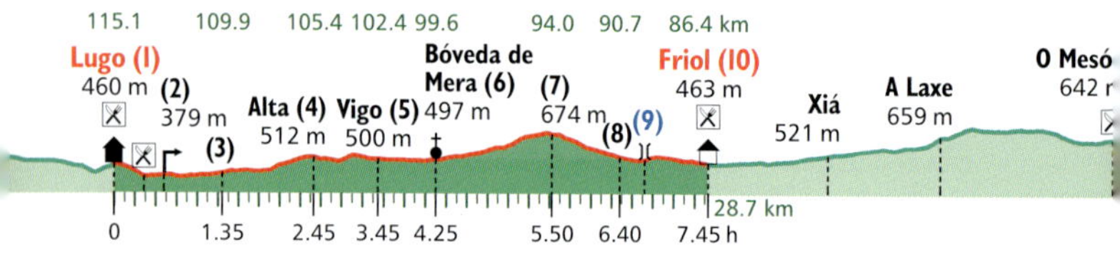

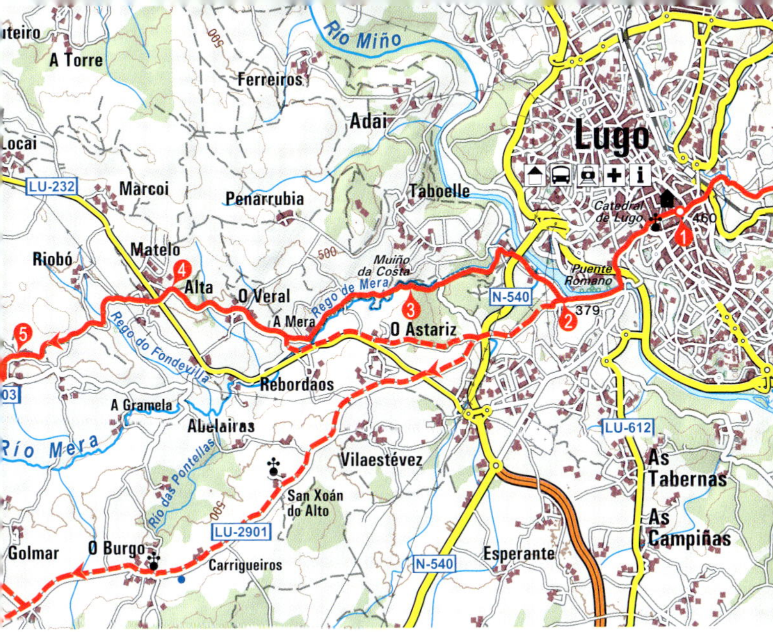

len Fußweg. Er schwenkt rasch nach links, nähert sich dem Rego de Mera und hält sich links des Bachlaufs. Wir passieren geradeaus eine Brücke, wenig später steigt der Pfad leicht an und bringt uns zur alten **Muiño da Costa (3)**, wo der Bach zum Mühlteich aufgestaut wurde (knapp 1 Std. seit Abzweig vom Hauptweg).

Danach bleibt der schöne Pfad weiterhin links des Bachs, bis wir auf einer Holzbrücke ans andere Ufer wechseln (Hinweis auf eine Kletterwand). Knapp 15 Min. später biegen wir an der T-Kreuzung links ab (Schild »Sendeiro Penarrubia«). Wir entfernen uns etwas vom Bach, stoßen auf eine Straße, biegen links ab und vor dem Bach gleich wieder rechts, um wieder neben dem Bach zu gehen; lediglich bei einer Wiese entfernen wir uns kurz etwas nach rechts. Nach etwa 10 Min. stößt von rechts eine geschotterte Waldstraße zu uns (evtl. hellgrüner Pfeil). Hier gehen wir schräg links auf dem grasigen Weg weiter am Bach entlang. Kurz darauf gelangen wir an eine Straße und auf dieser nach rechts in das Dorf **A Mera** (gut 30 Min. seit Muiño da Costa). Der idyllische Teil der Etappe ist zu Ende.

Abzweige ignorierend gehen wir geradeaus durch den Weiler (danach von links: Variante 1) in eine offene Weidelandschaft. An der Stoppstelle geht es rechts und dann nach links zur Kirche in **O Veral** (20 Min.). Danach auf dem grasigen Weg hinauf zur Straße und auf dieser nach **Alta (4)** (15 Min.).

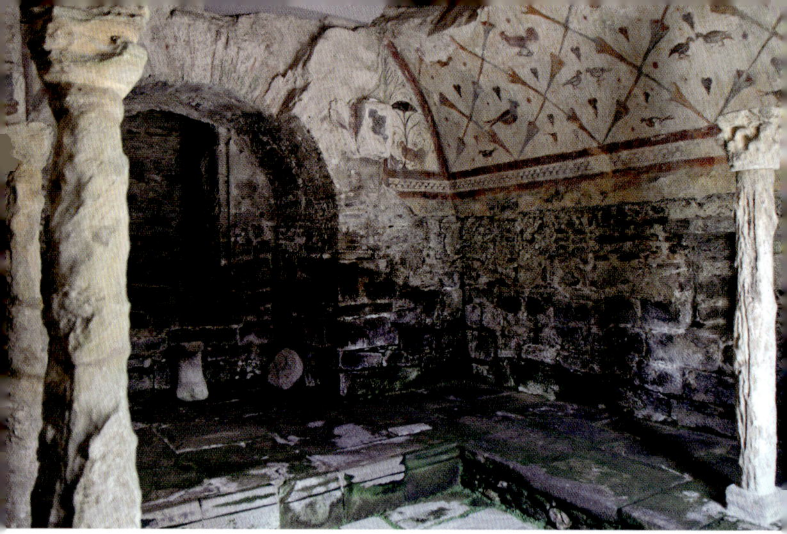

Unglaubliche 1700 Jahre alt sind die Fresken von Santa Eulalia de Bóveda.

An der Kreuzung zeigen die grünen Pfeile in zwei Richtungen. Wir biegen hier links ab und gehen kurz danach geradeaus über die LU-232 hinweg. An Kirche und Friedhof vorbei halten wir uns nach der »Verkehrsinsel« mit den Sitzbänken rechts und biegen in das nächste Sträßchen am Dorfrand links ein. Bei der folgenden Gabelung bei der offenen Gerätehalle folgen wir dem Sträßchen nach links durch ein kleines Tal; bei der T-Kreuzung halten wir uns nach links oben und achten nach rund 300 m auf den etwas unvermittelt nach rechts in den Wald abzweigenden Pfad. Er führt uns an einer alten Feldsteinmauer entlang an einem »Refugio de Caza« (Jägerunterstand) vorbei, danach folgen wir schräg rechts dem u. U. wenig begangenen, leicht verwachsenen Pfad neben der Mauer. Bei der T-Kreuzung am Ende biegen wir links ab und stoßen nach gut 250 m wieder auf ein Sträßchen. Auf diesem nach rechts gelangen wir in den Weiler **Vigo** (**5**; 1 Std. ab Alta).
Bei erster Gelegenheit folgen wir dem alten Fußweg nach links an den Häusern vorbei; eventuell begrüßen uns kläffende, aber sonst harmlose Hunde. Nach wenigen Dutzend Metern biegen wir wieder links in die Straße ein und kurz danach weiter unten rechts in die LU-P-2903. Auf dieser bleiben wir nun bis zur Kreuzung, wo uns das Straßenschild »Santa Eulalia de Bóveda« geradeaus in das vor uns liegende **Bóveda de Mera (6)** leitet (knapp 45 Min. ab Vigo). Wir gehen geradeaus in den Ort, passieren den Abzweig nach rechts oben zur Kirche und finden kurz danach rechts den Eingang zum unter der Kirche liegenden römischen Tempel.

Fasane, Pfaue, Hühner und Gänse – die Vogelschar wirkt so lebendig und natürlich, als hätte der Künstler eben erst den Pinsel beiseitegelegt, um sein Tagwerk zu beenden. Zu welchem Zweck der Maler um das 3./4. Jh. n. Chr. den kaum 6 x 6 m großen Raum unter der **Iglesia de Santa Eulalia de Bóveda** *so liebevoll und reich und zudem mit Vögeln, die es in diesen Breitengraden gar nicht gab, dekorierte, gibt bis heute Rätsel auf. War es ein der Erdenmutter Kybele (sp. Cibeles, lat. Magna Mater) geweihter Tempel? Fanden hier Tieropfer statt? Oder lassen die Trauben darauf schließen, dass hier Dionysos, dem Gott des Weins gehuldigt wurde? War es ein Nymphenschrein oder doch ganz profan eine Art antikes Spa-Bad? Oder lag der deutsche, auf frühchristliche Archäologie spezialisierte Kunsthistoriker Helmut Schlunk (Brandenburg 1906 – Endingen 1982) mit seiner These richtig, dass es sich um eine Begräbnisstätte handelte? Fest steht, dass die Fresken in Alter, Art und Qualität so weit im Nordwesten Spaniens einzigartig sind. Dass sie bis heute erhalten geblieben sind, ist ein kleines Wunder.*

Etwa ab Mitte des 6. Jh. integrierten westgotische Christen den Tempel in einen eigenen Kirchenbau. Der Hufeisenbogen – typisch für die im 7. Jh. erbauten westgotischen Kirchen – über dem Eingang gilt als einer der ältesten auf der Iberischen Halbinsel. Einige der in die Wände gemeißelten Reliefs werden der römischen, asturischen bzw. westgotischen Kultur zugeschrieben. In einem auf das 8. Jh. datierten Dokument ist von einer zweigeschossigen Kirche die Rede. Rund 1000 Jahre später, im 18. Jh., stürzte jedoch das Gewölbe (sp. Bóveda) des römischen Unterbaus ein. Beim Wiederaufbau der Kirche wurde der mit den Trümmern gefüllte Raum einfach zugemauert. Bis ihn 1914 der Pfarrer José María Penado wiederfand. Er berichtete dem Bistum und den zuständigen Behörden von seiner Entdeckung. Doch erst 1926 nahmen Experten erste Untersuchungen vor und machten den Fund schließlich öffentlich. Sogar aus dem Ausland reisten Archäologen an, wie der oben erwähnte Helmut Schlunk (der u. a. 1943 das Deutsche Archäologische Institut in Madrid gründete). Mangels fachlicher Konservierung gingen besonders in den 50er- und 60er-Jahren Teile der Fresken verloren. Erst seit 2017 scheint man sich der Sache wieder ernster anzunehmen und einen besseren Schutz und Erhalt in die Wege zu leiten.

Tempel und Oficina de Información: *zuletzt Di–Sa 10–15 Uhr, Mo, So und an Feiertagen geschlossen. Im kleinen Informationsbüro gibt es einen sehr schönen Stempel für den Pilgerpass.*

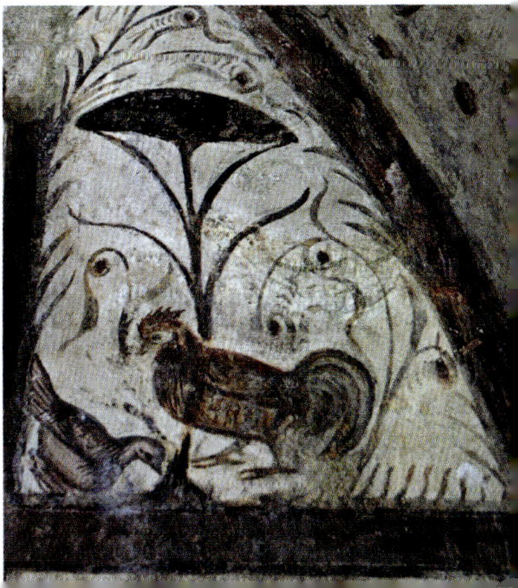

So lebendig wie eben erst gemalt.

Wir kehren zurück zur Kreuzung, biegen links in die LU-P-2923 ein und wandern auf ihr durch eine schöne weite Landschaft mit Weiden und Wäldchen. Am Abzweig nach Cabanas und Vilanova vorbei kommen wir durch Valín (gut 30 Min. seit Bóveda de Mera). Kurz nach dem Schild »Folgueira« beginnt das Sträßchen anzusteigen, wenig später passieren wir ein Haus mit einer kleinen Jakobswegkachel. Danach wird der Anstieg flacher und wir stoßen auf eine Straßenkreuzung, wo wir geradeaus auf der LU-P-2122 in Richtung »Palas de Rei« und »Friol« auf den breiten, aussichtsreichen Höhenrücken gehen. Knapp 15 Min. später, nachdem wir den höchsten Punkt der Kuppe überschritten haben, achten wir auf den vor einer Linkskurve der Straße geradeaus abzweigenden Feldweg (**7**; knapp 1 Std. ab Valín).
Mit schönen Fernblicken geht es bergab, nach einem Weidegatter wird der Weg zur Kies- bzw. Sandstraße. Nach einer Ruine (links des Wegs) schwenkt der Weg nach links und mündet bei Guldriz de Arriba wieder in eine Straße (25 Min. seit Abzweig). Wir gehen nach rechts durch den Weiler und biegen am Ende, bei dem Bushäuschen, links ab. Am Friedhof vorbei kommen wir nach **Guldriz de Abaixo** (**8**; 25 Min.), wo wir links und gleich wieder rechts in die Erdstraße einbiegen. Nun müssen wir auf einige Abzweige achten: Bei der ersten Gabelung bleiben wir geradeaus (rechts), bei der zweiten gehen wir links (links: Zaun aus Steinplatten). Der Weg wird zum Waldpfad, begleitet kurz den Bach links von uns und überquert schließlich den **Río Lodoso (9)** (20 Min.). Danach steigen wir auf dem teils steinigen Weg bergan, verlassen den Wald und kommen auf einem Feldweg an einer neu erbauten Halle vorbei. Kurz danach gehen wir geradeaus über eine Kreuzung und wandern nochmals auf einem schönen Weg durch den Wald, teilweise schaut der blanke Granit aus dem Boden. Schließlich biegen wir am Ortsrand von Friol rechts in die Straße ein, passieren den alten **Torre de Friol** (herrschaftliches Haus mit ummauerter Wiese rechts) und folgen an der T-Kreuzung links der LU-232. Nach einem ersten größeren Platz links der Straße kommt eine Rechtskurve und wir erreichen über den Río Narla den zentralen Platz von **Friol (10)** mit der Pension Casa Benigno (45 Min. ab Río Lodoso).

i **Friol** *ist ein kleines, unspektakuläres Kreishauptstädtchen in der tiefsten galicischen Provinz. Und genau das ist seine Stärke. Man kann Entschleunigung aufwendig an vielen exotischen Plätzen dieser Erde suchen – oder man gönnt sich einfach einen ruhigen Nachmittag in Friol. Sich nach der Etappe im kleinen Flusspark barfuß ins Gras legen, am Tisch vor der Dorfkneipe bei einem kühlen Getränk dem Palaver der Anwohner lauschen oder abends oben am Platz sitzen, das Farbspiel am leise plätschernden Brunnen beobachten, während langsam die Sonne im Westen versinkt. Wirklich verpassen tut man dabei nichts. Das bedeutendste Bauwerk, den* ***Torre de Friol****, haben wir bei der Ankunft passiert. Der im 13. Jh. errichtete – kaum mehr erkennbare – Festungsturm gilt als der älteste der Provinz Lugo, das granitene Gebäude rundherum entstand zwischen dem 15. und 17. Jh.*

6.15 Std.
25,1 km

Friol – Sobrado dos Monxes V12

Herbergen: Sobrado dos Monxes (506 m, 300 EW), **(1)** K/XH, , 98 B/ 10 €. Monasterio de Santa María de Sobrado (Zisterzienser-Orden), Tel. 620 710 895. Küche, W/T; frisch renovierte Schlafräume, viel Platz. Rezeption 12–13 und 16–22 Uhr (Bettruhe strikt um 22 Uhr), ganzjährig. **(2)** PH, , 28 B/15 €. Alb. Lecer, C/ Casiñas 12, Tel. 627 609 911. Mikrowelle, Frühstück, W/T. Check-in 13–20 Uhr, März–Okt.
Alternative Unterkünfte: Sobrado dos Monxes: Hotel San Marcus (EZ ab ca. 45 €, DZ ab ca. 60 €), Praza Portal 49, Tel. 981 787 527, hotelsanmarcus.es.
Die Strecke: Meist gut mit grünen Pfeilen markiert, evtl. wird die Markierung aber nicht regelmäßig erneuert.
Höhenunterschied: 350 m im Auf- und 300 m im Abstieg.
Anforderungen: Unbefestigte Feld- und Forstwege, einige Abschnitte auf winzigen Landstraßen. Sehr moderate An- und Abstiege.
Kritische Stellen: Allgemein empfiehlt sich, gut auf die Wegbeschreibung zu achten.
Landschaft: Bevor wir rund 10 km vor Sobrado dos Monxes in den Camino del Norte einbiegen, wandern wir nochmals durch eine angenehm weltferne und ruhige Region mit dem vertrauten Wechsel von Feldern, Weiden, Wäldern und kleinen Dörfern.
Infrastruktur: O Mesón (642 m, 40 EW); Sobrado dos Monxes C/ Santiago do Campo, Tel. 981 777 372. Messe in Kirche neben Kloster So 13 Uhr und Juni–Sept. Mo–Fr 19.30 Uhr, Andachten im Kloster vgl. S. 145.
Anmerkungen: **(1)** Erst nach ca. 5 Std. Einkehrmöglichkeit in O Mesón; Proviant und Wasser mitnehmen. **(2)** Wer die Etappe um gut 10 km/2.30 Std. bis Boimorto verlängert, kann es am nächsten Tag gut bis Pedrouzo (Etappe V13b, 25 km) oder gar Lavacolla (Variante, rund 31 km) schaffen.

Wir verlassen **Friol (1)**, indem wir aus der Pensión Casa Benigno kommend schräg links über die Straße zur Brücke über den Río Narla und über die Treppe hinunter in den Park gehen. Wir durchqueren diesen auf dem Kiesweg neben dem Fluss. Vor dem Freibad schwenken wir nach links, nach Überqueren des Bachs rechts und vor der Muíño de Serín (erst 2016 geschlossene Wassermühle) links. Danach kommen wir nach rechts auf einem Waldweg zu einer Straße, in die wir links einbiegen, die wir aber kurz darauf wieder nach rechts auf einem Feldweg verlassen. Immer auf dem Hauptweg bleibend wandern wir an Weiden entlang, bis der Feldweg in ein Sträßchen mündet. Wir folgen ihm nach links und schlagen nach gut 100 m rechts den Feldweg ein. Mit schönen Weitblicken streifen wir durch Maisfelder, bis wir an der Wegkreuzung kurz vor der ehemaligen Mühle **Muiño de Rosón (2)** nach rechts abbiegen (45 Min. ab Start).
Nach der Brücke über den Río Narla stoßen wir nach links erneut auf ein Sträßchen. Wir folgen ihm nach links und biegen nach 150 m in den ersten Feldweg nach rechts ein. Er führt durch ein Eukalyptuswäldchen, passiert eine Steinmauer, dann schwenkt er nach rechts und Birken und Eichen säumen den nun grasigeren Weg. Zuletzt wird er geradeaus zur »Corredoira«

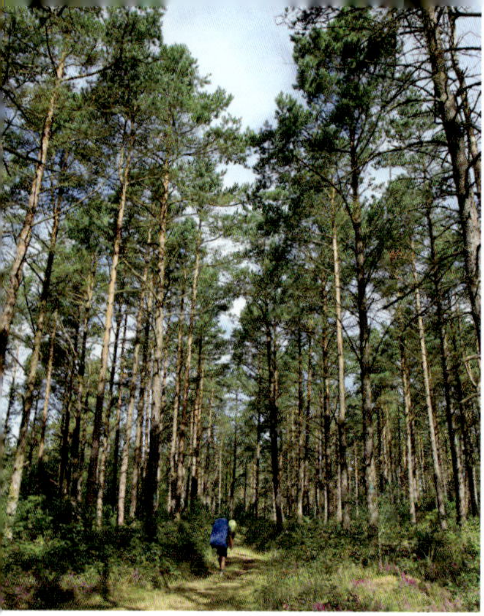

Ruhige Waldwege erfreuen das Herz.

(galicischer Hohlweg). Geradeaus über eine Straße kommen wir in den Weiler Ordóñez und hier nach rechts in einen schmalen, evtl. auch leicht verwachsenen Hohlweg, der links vom Friedhof wieder auf die Straße trifft (alternativ kann man vor Ordóñez bis hierher auch der Straße nach rechts folgen). Nach links durchqueren wir die Dorfmitte von **Xiá** (**3**; knapp 45 Min. ab Muiño de Rosón) und wandern auf dem Sträßchen durch den gleich folgenden Weiler Fonteseca. Bei einem danach evtl. geradeaus und rechts zeigenden Pfeil (links eine Weide und Lagerhalle) gehen wir noch gut 300 m auf der Straße weiter und biegen erst dann rechts in den von Birken gesäumten Feldweg ein (rund 1 km nach Xiá). Bei der ersten Gabelung halten wir uns rechts, bei der zweiten links in den Waldweg, der zum von Farn und Brombeerbüschen umrankten Pfad wird. Wir folgen ihm durch einen Rechtsschwenk, biegen links in eine quer verlaufende Forststraße ein und gehen auf Höhe zweier Häuser nach rechts auf der alten, von Bäumen gesäumten Pflasterstraße bis zu einer Kreuzung bzw. Gabelung **(4)** westlich von **Froxelle** (gut 30 Min. ab Xiá).

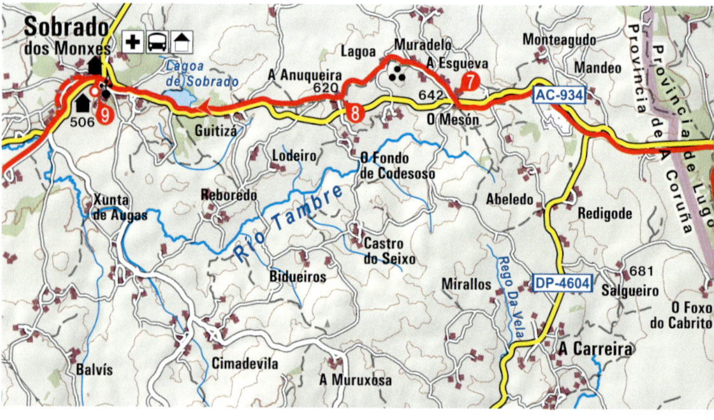

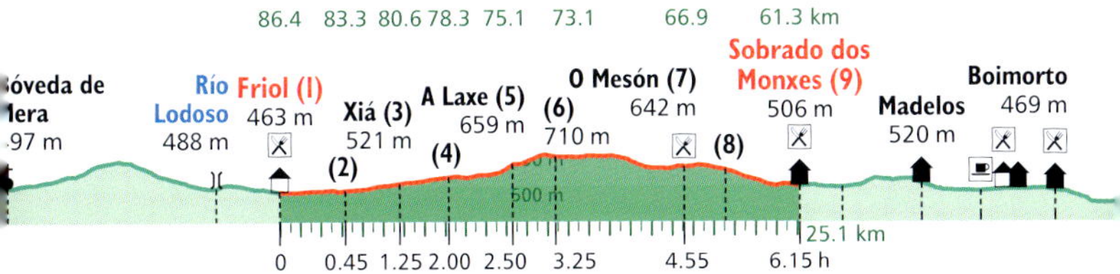

Hier nicht links in die Straße einbiegen, sondern in den Feldweg gleich davor. An der Gabelung nach wenigen Schritten halten wir uns rechts und bei der nächsten Gabelung links (zuletzt grüner Pfeil auf Stein auf dem Boden). Wir passieren geradeaus eine Lichtung und finden wieder einen Pfeil an einem Baum. Der Weg führt links schwenkend durch einen Birkenwald. An einer weiteren Gabelung bleiben wir rechts, dann knickt der Weg nach rechts ab und verläuft kurz links des Bachs Rego do Candaíde durch Eichen- und Kiefernwald (zuletzt auch rote Pfeile). Dann gehen wir geradeaus über eine Asphaltstraße hinweg (LU-P-2120; davor links des Wegs die nicht sichtbare Muiño de Candaíde) in eine Forststraße.
Schilder weisen darauf hin, dass Pilzesammeln verboten und das Gebiet videoüberwacht ist; kurz darauf passieren wir ein Silo und ein eingezäuntes Areal und biegen danach links in den grasigen Waldweg ein, auf dem wir bergab auf Trittsteinen den Rego do Candaíde überqueren. Am Waldende stoßen wir bei einem Haus (rechts) auf eine T-Kreuzung, wo wir nach rechts neben der Weide bergan und geradeaus bis zu einer quer verlaufenden Straße gehen. Wir folgen ihr nach links, passieren die Weiden eines Öko-

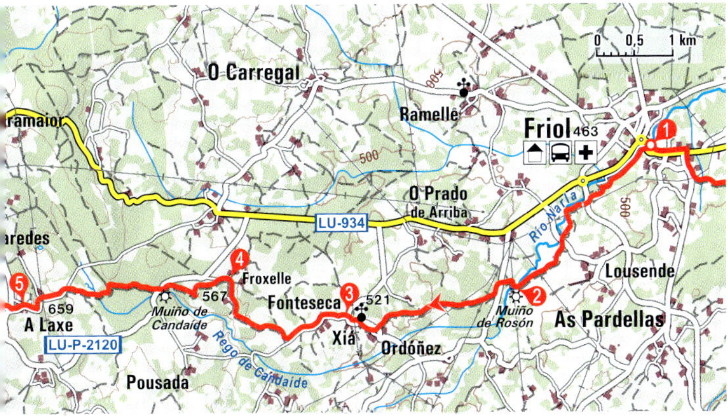

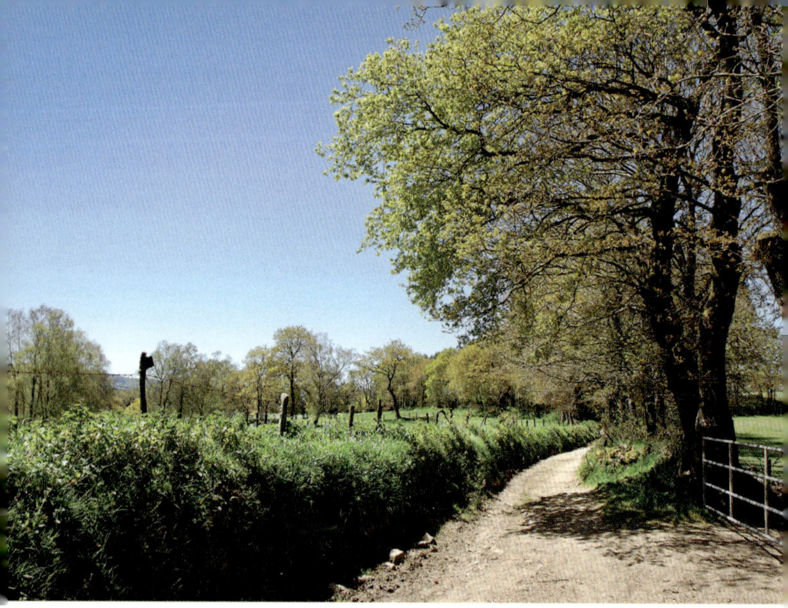

Galicien von seiner schönsten Seite. Kurz vor Sobrado dos Monxes.

Bauernhofs und wandern an der nächsten T-Kreuzung nach links hinauf nach **A Laxe** (**5**; gut 45 Min. ab Froxelle).
Beim Waschhaus gehen wir nach links unten, an der Stopp-Stelle rechts, gleich wieder links und beim ersten Haus erneut links. Der Weg steigt in offeneres Gelände an; bei einer Gabelung halten wir uns nach rechts oben, um schließlich nach schräg links durch ein Gatter auf einem grasigen Weg durch einen schönen, lichten Kiefernwald zu wandern, in dem Erika- und Brombeerbüsche das Unterholz bilden. Schließlich gelangen wir an eine Kreuzung am Waldrand **(6)** (gut 30 Min. ab A Laxe). Wir sind hier praktisch an der Grenze zwischen den Provinzen Lugo und A Coruña. Rechts zweigen zwei Wege ab, wir nehmen den linken davon und gehen nun immer, alle Abzweige rechts ignorierend, in Richtung Norden, mal am Waldrand, mal im Wald, bis wir nach rund 30 Min. auf die Landstraße AC-934 und damit auf den Camino del Norte treffen. Wir wandern nach links auf dem Fußweg durch **Vilariño** nach **O Mesón** (**7**; 1 Std. ab AC-934). Nach der Bar biegen wir rechts ab, kommen durch **A Esgueva** nach **Muradelo** und achten nach dem letzten Haus auf den Abzweig links. Kurz darauf bietet sich ein wunderschöner Weitblick ins offene Land. Wir passieren bergab das Gehöft **A Lagoa**, danach gehen wir geradeaus in den schönen, nach Regen eventuell morastigen Feldweg. Beim nächsten Ge-

höft, **A Anuqueira** (**8**; gut ½ Std.), halten wir uns rechts (Muschel an Fels; rotes Haus) und wandern auf dem von Büschen gesäumten Weg zur AC-934, der wir rechts folgen (Vorsicht, teils reger LKW-Verkehr!). Kurz nach **Guitizá** zweigt der Weg nach rechts zur **Lagoa de Sobrado** ab. Je nach Jahreszeit empfängt uns der kleine See mit einem imposanten Froschkonzert. Danach folgen wir kurz der AC-934 über eine sehr schmale, alte Straßenbrücke zum Ortsrand, kurz darauf gehen wir links zum Platz (Cafés, Bäume) vor dem Kloster. Die private Herberge befindet sich rechts die Hauptstraße hoch. Wir gehen links durch den Torbogen und auf das Gebäude mit der Aufschrift PAX zu und damit zum Eingang der Klosterherberge von **Sobrado dos Monxes** (**9**; 1 Std.).

i *Der Gebäudekomplex des* ***Monasterio de Santa María de Sobrado*** *lässt noch die einstige Größe des Klosters erahnen. Es wurde 952 als Familienkloster für Mönche und Nonnen gegründet. Mit der Entsendung von Mönchen aus Clairvaux (Frankreich) durch den heiligen Bernhard begann am 14. Februar 1142 das Klosterleben nach der Regel des Zisterzienserordens. Die folgenden zwei Jahrhunderte entwickelte sich das Kloster zum geistigen und wirtschaftlichen Zentrum der Region. Ende des 15. Jh. schloss es sich der kastilischen Kongregation an. Die meisten Gebäudeteile stammen aus dieser neuen Blütezeit. Als älteste Teile sind die Küche (13. Jh.) und der Kapitelsaal (1215–20) erhalten sowie die* ***Capilla de San Juan*** *(1230), einziger Überrest der alten Klosterkirche beim großen Kreuzgang. Die ab 1630 erbaute* ***Iglesia de la Asunción*** *mit ihrer üppig verzierten Fassade und den markanten Türmen gilt als eines der schönsten Beispiele des galicischen Barocks. Der Innenraum beeindruckt durch seine schlichte Pracht, doch großflächige Moosflecken zeugen von Feuchtigkeit im Gemäuer. Mit einer Inschrift an der Außenfassade hat sich der Erbauer, Pedro Monteagudo, verewigt: »Monteagudo me hiço 1676«, »Monteagudo schuf mich«, meißelte er in den Granit. 1708 erhielt die Stiftskirche die Weihe. Mit der Verstaatlichung der Kirchengüter endete das Klosterleben, die Gebäude verfielen. Ab 1954 begannen Mönche aus Cóbreces (Kantabrien) mit dem Wiederaufbau, seit 1966 lebt wieder eine Zisterziensergemeinschaft im Kloster. Seit 2015 gehört es zum Weltkulturerbe der UNESCO.*
*Besucher betreten den Klosterbereich durch den Torbogen des ehemaligen Besucherhauses (**Casa de Audiencias**, heute Gästehaus). Original aus dem 18. Jh. sind nur noch die Fassaden erhalten. Die Marienfigur über dem Torbogen ist eine Nachbildung des Originals aus dem 13. Jh. Drei Kreuzgänge hat das Kloster: Der* ***Claustro Grande*** *(großer Kreuzgang) ist den Mönchen vorbehalten. Daneben liegen der kleinere* ***Claustro de Entrada*** *oder* ***de Peregrinos****, der Eingangs- bzw. Pilgerkreuzgang (ab 1623), an dem sich die Herberge befindet (Besichtigung 10 (So 12.15)–13 und 16.30–19 Uhr; 3 €, Pilger, die im Kloster übernachten, gratis und Zugang ohne zeitliche Beschränkung). Den bis zu 4,5 m tiefen See* ***Lagoa de Sobrado*** *legten die Mönche von 1500 bis 1530 als Bewässerungsreservoir an.*
Messe: *Mo–Sa 19 Uhr So 11 Uhr, weitere Informationen zu Andachten vor Ort und auf monasteriodesobrado.org (runterscrollen bis »Celebraciones«).*

V13a Sobrado dos Monxes – Arzúa

5.30 Std.
22,2 km

Herbergen: Madelos (520 m, 12 EW), TH, 16 B/ab 18 € (DZ 60 €, EZ 40 €). Alb. Rural Abeiro da Loba, Tel. 680 690 989 (Reserv. empfohlen), abeirodaloba.com. Abendessen, Frühstück, W/T; sehr schönes Haus, viel Platz und Ruhe; Garten. 16–22 Uhr, April–Okt. **Boimil** (Ortsteil von Boimorto; 479 m, 40 EW), X/SH, 33 B/10 €. Alb. de Boimorto. Küche (ohne Utensilien). Bar/Rest. 500 m davor und 500 m danach. 13–22 Uhr, ganzjährig. **Boimorto** (469 m, 2100 EW), TH, 12 B/15 € (1 EZ 35 €, 3 DZ 45 €). Alb. Casa da Gándara, Rúa da Gándara 49, Tel. 630 067 975, casadagandara.es. Mikrowelle, W/T; z. T. gemeins. Abendessen, Frühstück; Jacuzzi, Garten, Terrasse; charmantes altes Dorfhaus. Ab 12 Uhr, April–Nov. **Casaldoeiro** (324 m, 15 EW), TH, 14 B/18 € (inkl. Frühstück und W/T). Alb. Reste y San Roque (400 m abseits), Tel. 600 313 568 (WhatsApp). Bar-Rest., W/T; Garten. Einsam und ruhig gelegen. Ab 11 Uhr, Ostern–Okt. **Arzúa** (394 m, 5900 EW), **(1)** TH, 16 B/20 € (EZ 45 €, DZ 49 €). Alb. A Conda (Pensión Vilariño Moscoso; nördlich des Zentrums/am Weg), Tel. 670 385 351, pensionvilarino.com. Waschm., Küche. Ab 13 Uhr, April–Okt. **Östl. des Zentrums: (2)** TH, 50 B/ 12 €. Alb. Don Quijote, Tel. 696 162 695, alberguedonquijote.com. W/T; gute Betten. Check-in 12–21 Uhr, März–Nov. (Pension ganzjährig). **(3)** TH, 72 B/12 €. Alb. Santiago Apóstol, alberguesantiagoapostol.com, Tel. 660 427 771. Küche, W/T, Rest. Ab 11 Uhr, ganzjährig. **(4)** TH, 39 B/12 €. Alb. Ultreia, Tel. 626 639 450, albergueultreia.com. W/T, Küche. 12–23 Uhr, März–Okt. **(5)** TH, 46 B/15 €. Alb. de Selmo, Tel. 981 939 018, oalberguedeselmo.com. Küche, W/T, Getränke-/Snackautomaten. Check-in 13–20 Uhr, Ostern–Okt. **(6)** PH, 46 B/14 €. Alb. de Camino, Tel. 981 500 415 und 678 758 296, decaminoalbergue.com. W/T, Terrasse; Massagen. 12–23 Uhr, Feb–Dez. **Im Zentrum: (7)** 14 B/ 12 € (DZ 35–45 €). Alb.-Pensión Arzúa, Tel. 981 508 233 und 608 380 011. Küche, W/T, Garten, Salon mit Kamin. 12–23 Uhr, März–Nov. **(8)** TH, 14 B/14–15 € (8 DZ 50 €). Alb.-Pensión Cima do Lugar, Tel. 661 633 669, cimadolugar.com. W/T. Check-in 13–19 Uhr, März–Dez. **(9)** TH, 40 B/17 € (normales Bett 22 €). Alb. Cruce de Caminos. Tel. 604 051 353, crucedecaminosarzua.com. Neu, modern, viel Platz. Küche, W/T, Bar, Abendessen, Frühstück; gute Stock- und Einzelbetten. Check-in 13–19 Uhr, ganzjährig. **(10)** XH, 50 B/ 10 €. Schöner Altbau, Küche (ohne Utensilien), W/T; kein Internet. 13–23 Uhr, ganzjährig. **(11)** TH, 24 B/15 € (EZ 30 €, DZ 48 €). Alb. San Francisco, Tel. 604 069 338, alberguesanfrancisco.com. W/T, Mikrowelle, Cafeteria; gute Stockbetten, geräumig. Check-in 13.30–19 Uhr, 10. Feb.–10. Dez. **(12)** TH, 130 B/15 €. Alb. Vía Láctea, Tel. 981 500 581, alberguevialactea.com. Drei Küchen, W/T. Schlafsäle mit oben offenen Wänden getrennt. 12.30–22 Uhr, ganzjährig, (Winter nur mit Reserv.). **(13)** PH, 22 B/15 €. Alb. O Santo, Tel. 646 871 096 und 981 508 210. Küche, W/T. 12–22 Uhr, März–Okt.

Die Strecke: Einfach, fast nur Asphaltsträßchen. Bis kurz vor Arzúa gut markiert.

Höhenunterschied: 180 m im Aufstieg, 290 m im Abstieg.

Kritische Stellen: Keine.

Landschaft: Bevor wir auf den Camino Francés treffen, können wir nochmal ländliche Ruhe genießen. Gemütlich geht es auf Sträßchen durch die offene, sanft gewellte Landschaft.

Infrastruktur: Corredoiras (466 m, 50 EW); Boimil; Boimorto Rúa Gándara, Tel. 981 516 110; Casaldoeiro (400 m links des Wegs bei Herberge); Arzúa Rúa Padre Pardo, Tel. 981 500 450.

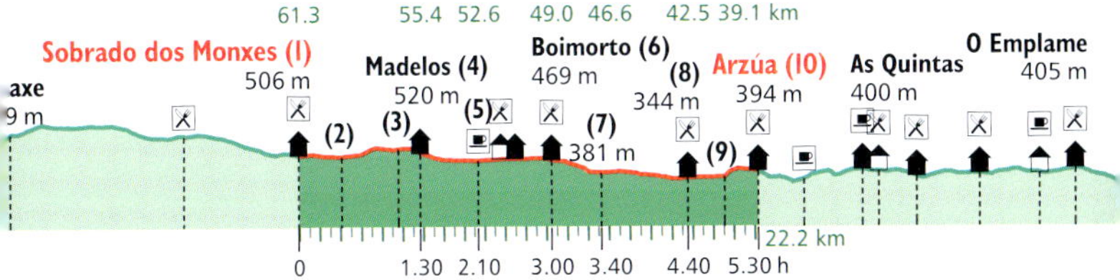

Variante: Am Ende von Boimorto verzweigt sich der Weg: Geradeaus geht es nach Pedrouzo oder Lavacolla, vgl. Etappe V13b.

Anmerkungen: Ab Arzúa wird es sehr voll auf dem Weg und es empfiehlt sich die Reservierung der Unterkunft. In der Wochenmitte kann man in eine »Pilgerwelle« geraten, da viele wegen der Rückreise am Sa/So in Santiago sein möchten. Etwas ruhiger hat man es evtl., auch auf den Folgeetappen, wenn man Freitag bis Dienstag in Arzúa ankommt.

Wir gehen aus dem Kloster von **Sobrado dos Monxes (1)** und an der Hauptstraße nach links; in einem Schlenker nach rechts verlassen wir sie kurz (man kann auch an der Straße bleiben). Ein gutes Stück außerhalb verlassen wir die AC-934 nach links und gleich wieder rechts über den Rio Tambre (links Picknickplatz). Bei **Vilarchao** (**2**; 30 Min.) nimmt uns ein unbefestigter Fahrweg auf. Geraume Zeit später folgen wir wieder kurz der AC-934, verlassen sie aber gleich darauf auf einem Waldweg nach rechts. Wieder auf Asphalt kommen wir durch **Froxa** (**3**; 45 Min.) und durch Wald und Wiesen nach **Madelos** (**4**; 15 Min.; nach links: Alb. Abeiro da Loba). Der Weg verliert leicht an Höhe, dann zieht er in leichtem Auf und Ab durch einen lichten Eukalyptuswald. Schließlich biegt der Weg im 90-Grad-Winkel nach links zur AC-934 ab. Wir gehen aber noch 10 Min./600 m geradeaus bis zur nächsten T-Kreuzung und dort links zur AC-934; an dieser rechts nach **As Corredoiras** (**5**; 45 Min.) und geradeaus über die Kreuzung auf die AC-234. Wenig später macht der Weg einen Abstecher über **Boimil**, kehrt zur AC-234 zurück, passiert die **Herberge der Xunta** (knapp 30 Min.; rechts der Straße) und führt weiter durch das langgestreckte Boimorto. Beim Spiel- und Sportplatz (Brunnen) fast am Ortsende von **Boimorto** (**6**; knapp 30 Min.) gehen wir rechts und schlagen beim »Centro de Saúde« (Gesundheitszentrum) links das mit »Arzúa 10 km« ausgeschilderte Sträßchen ein (geradeaus: Etappe V13b).

Wir wandern auf Sträßchen durch **A Igrexa** (**7**; knapp 45 Min.) nach **Vilar** (Schild »Arzúa 6 km«). Das Sträß-

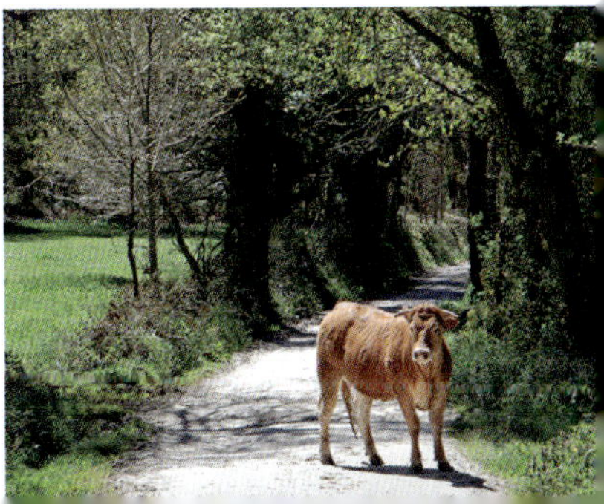

Kurz hinter Sobrado dos Monxes.

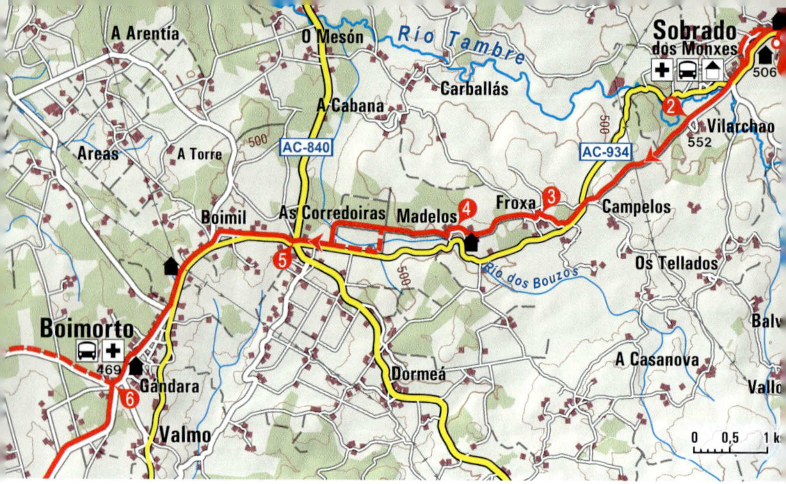

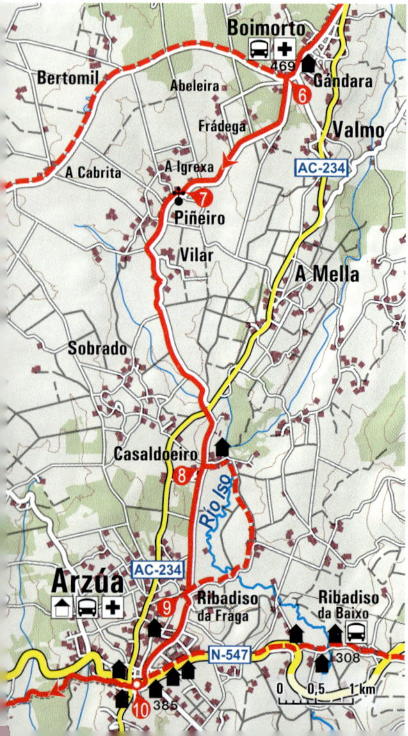

chen führt uns durch eine weite, landwirtschaftlich geprägte Region, zwischen kleinen Waldstücken liegen Weiden und Felder in der sanft modellierten Landschaft. An der AC-234 gehen wir rechts und gleich wieder links. Kurz darauf ist in **Casaldoeiro** (**8**; 1 Std.; nach links zur Alb. Reste y San Roque; von dort zum Weg: nach der Herberge rechts, an Gabelung rechts und bis zur Straße, auf dieser rechts nach Ribadiso da Fraga; gut 1 km länger). Der Camino führt geradeaus nach **Ribadiso da Fraga** (**9**; 25 Min.). Im Rechts-links-Schwenk geht es bergauf und am Sportplatz vorbei. Geradeaus auf der Rúa do Viso und der Rúa de Valle Inclán bergab, an der Rúa d e Padre Pardo links und gleich rechts zur Hauptstraße (Rúa de Lugo), wo wir an der **Praza do Peregrino** auf den **Camino Francés** treffen. Nach rechts geht es ins Zentrum von **Arzúa** (**10**; 25 Min.; links weitere Herbergen). Ab hier siehe Etappe 13, S. 132 ff.

9.15 Std.

37,2 km

Sobrado dos Monxes – O Pedrouzo

V13b

Herbergen: Madelos (520 m, 12 EW), TH, , 16 B/ab 18 € (DZ 60 €, EZ 40 €). Alb. Rural Abeiro da Loba, Tel. 680 690 989 (Reserv. empfohlen), abeirodaloba.com. Abendessen, Frühstück, W/T; sehr schönes Haus, viel Platz und Ruhe; Garten. 16–22 Uhr, April–Okt. **Boimil** (Ortsteil von Boimorto; 479 m, 40 EW), X/SH, , 33 B/ 10 €. Alb. de Boimorto. Geräumig. Küche (ohne Utensilien). Bar/Rest. 500 m davor und 500 m danach. 13–22 Uhr, ganzjährig. **Boimorto** (409 m, 2100 EW), TH, , 12 B/15 € (1 EZ 35 €, 3 DZ 45 €). Alb. Casa da Gándara, Rúa da Gándara 49, Tel. 630 067 975, casadagandara.es. Mikrowelle, W/T; teilweise gemeins. Abendessen, Frühstück; Jacuzzi, Garten, Terrasse; charmantes altes Dorfhaus. Ab 12 Uhr, April–Nov. **A Rúa** (278 m, 60 EW), **(1)** TH, , 46 B/13–14 € (2 DZ ab 55 €, 3er-Zi. 72 €, 4er-Zi 68–72 €, 6er-Zi. 96–108 €). Alb. Espíritu Xacobeo, Tel. 620 635 284, espirituxacobeo.com. Zwei Küchen, W/T; Garten. Geräumig, hell. Check-in 12.30–20 Uhr, März–Nov. **(2)** TH, , 112 B/Juni/Juli/Sept. 12 €, Aug. 13 €. Camping Peregrino O Castiñeiro, Tel. 662 456 093, campingperegrino.es. W/T, Bar; Zelte mit je 4 B, Schlafsackverleih. 12–22 Uhr, Juni–Sept. **O Pedrouzo** (285 m, 940 EW), nach A Rúa, links 500 m die N-547 hoch (Camino: geradeaus; vom Zentrum direkt zum Camino: Bei Casa bzw. Rúa do Concello, Rathaus, gelbe Pfeile), **(1)** TH, , TH, , 14 B/15 € (5 DZ 50–55 €, als EZ 45–50 €). Alb. O Burgo (Ortsanfang), Tel. 981 511 406, albergueoburgo.es. W/T, Mikrowelle. Check-in 12–20 Uhr, März–Nov. **(2)** XH, , 126 B/ 10 €. Küche (ohne Utensilien), W/T. 13–23 Uhr, ganzjährig. **(3)** TH, , 62 B/14–16 €. Alb. Mirador de Pedrouzo, Tel. 686 871 215, alberguemiradordepedrouzo.com. W/T, Mikrowelle, gute Betten, viel Platz. Terrasse, Pool. Ab 12.15 Uhr, März–Nov. **(4)** PH, , 54 B/12 €. Alb. Porta de Santiago. Tel. 607 835 354, portadesantiago.wordpress.com. W/T, Küche, Terrasse. 13–23 Uhr, März–Nov. **(5)** TH, , 78 B/14 € (Juli–Sept. 15 €). Alb. O Trisquel, Rúa do Picón 1, Tel. 616 644 740. Küche, W/T. 12–23 Uhr, März–Nov. **(6)** PH, , 34 B/14 €. Alb. Otero, Tel. 671 663 374, albergueotero.com. W/T, Mikrowelle, Terrasse. Check-in 11–19 Uhr, März–Nov. **(7)** TH, , 40 B/13 €. Alb. Edreira, Tel. 660 234 995, albergue-edreira.com. Mikrowelle, W/T, Terrasse. 12–23 Uhr, März–Okt. **(8)** TH, , 94 B/12 € (Juli–15. Sept. 14 €). Alb. Cruceiro de Pedrouzo, Tel. 981 511 371, alberguecruceirodepedrouzo.com. Küche, W/T, Terrasse, Sauna. 12–23 Uhr, März–Nov. **(9)** TH, , 50 B/ 13 €. Alb. Rem, Tel. 981 510 407. Bar, W/T. Check-in 12–18 Uhr, März–Okt.

Alternative Unterkünfte: O Alto (425 m, 10 EW): Twin Pines Pilgrims Rooms, Tel. 635 959 047; **Piñeiro** (300 m, 80 EW): Rest./ Casa Rural Piñeiro, Tel. 608 765 210, restaurantepineiro.com.

Die Strecke: Bis zum Abzweig 6 km vor Pedrouzo mit Wegsteinen markiert. Fast ausschließlich auf wenig befahrenen Landsträßchen, eher flach, keine steilen Anstiege.

Höhenunterschied: 410 m im Auf- und 630 m im Abstieg.

Kritische Stellen: Die 4 km lange Strecke ab dem Abzweig von der N-634 bis nach A Rúa (Camino Francés) ist nicht markiert, verläuft aber eindeutig an einer Straße.

Landschaft: Eine sehr lange und straßen-/asphaltlastige Etappe, die aber mit viel Ruhe, Einsamkeit und Ausblicken in die weite und wenig besiedelte Landschaft punktet.

Infrastruktur: Corredoiras (466 m, 50 EW); Boimil; Boimorto Rúa Gándara, Tel. 981 516 110; Cabrita (448 m, 10 EW) Mo Ruhetag; 15 km/ 3.45 Std. danach mit kl. Laden; Piñeiro; A Rúa; Pedrouzo Tel. 981 511 196.

Varianten: (1) Abzweig in O Alto nach Salceda (ab O Alto 9 km; im Zweifel nicht den Aufschriften auf der Straße, sondern der Wegbeschreibung folgen) oder Santa Irene (ab O Alto 14 km): In O Alto links in die DP-0604. Nach rund 400 m rechts in die Straße in Richtung »Parroquia de Oins«. Immer an dieser Straße durch die aufeinanderfolgenden Weiler Ferradal/A Igrexa/Beis (3,4 km/ ¾ Std.) und weiterhin alle Abzweige ignorierend zur N-547 (4,6 km/1¼ Std.). Geradeaus über die N-547 hinweg stößt man nach rund 70 m auf den Camino Francés; gut 1 km nach links: Herbergen von Salceda; nach rechts in rund 2 km Alb. El Chalet und 1,7 km weiter Herbergen von Santa Irene. **(2)** Direkt nach San Paio bzw. Lavacolla. Diese Variante bietet sich bei Übernachtung in Boimorto an, dann sind es bis zur nächsten Herberge in Lavacolla rund 33 km: statt links nach Pedrouzo abzuzweigen, rund 9 km geradeaus an der N-634 bis zur Nordseite des Flugfeldes von Lavacolla (unterwegs in Santiso Tankstelle mit Bar), und nach rechts mit dem Camino Francés (vgl. Etappe 14) nach Lavacolla (3 km).

Anmerkungen: (1) Die Länge und Straßenlastigkeit der Etappe mögen abschre-

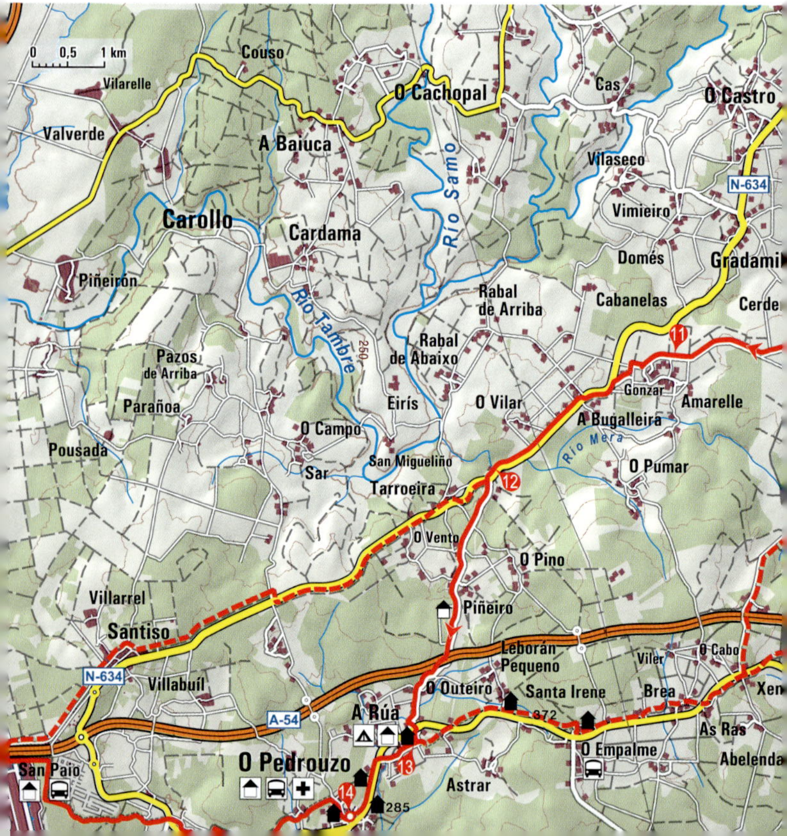

cken, sie ist aber durchaus machbar und hat Vorteile: Sie wird kaum begangen und besticht trotz des Verlaufs an Landstraßen durch sehr viel Ruhe. Im Vergleich zu Etappe V13a sind es gut 4 km weniger bis Santiago de Compostela. Und: Ab Pedrouzo sind es nur noch knapp 20 km auf dem meist sehr vollen und turbulenten Camino Francés. **(2)** Kaum (verlässliche) Einkehrmöglichkeiten, mit Proviant und vor allem im Sommer mit reichlich Wasser vorsorgen.

Von **Sobrado dos Monxes (1)** gehen wir wie in Etappe V13a durch **Vilarchao** (**2**; 30 Min.), **Froxa** (**3**; 45 Min.) und **Madelos** (**4**; 15 Min.). Dann erst durch einen Eukalyptuswald, zuletzt an der AC-934 nach **As Corredoiras** (**5**; gut 30 Min.). Geradeaus über die Kreuzung in die AC-234 und über **Boimil** zur **Herberge der Xunta** (knapp ½ Std.; rechts der Straße) und geradeaus durch Boimorto. Beim Spiel- und Sportplatz (Brunnen) fast am Ortsende von

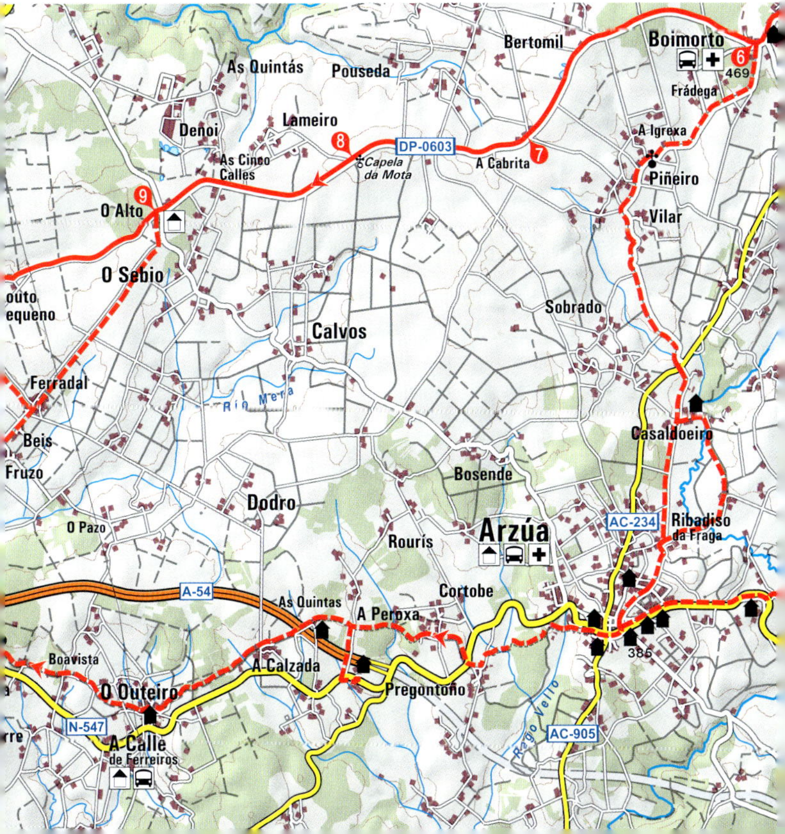

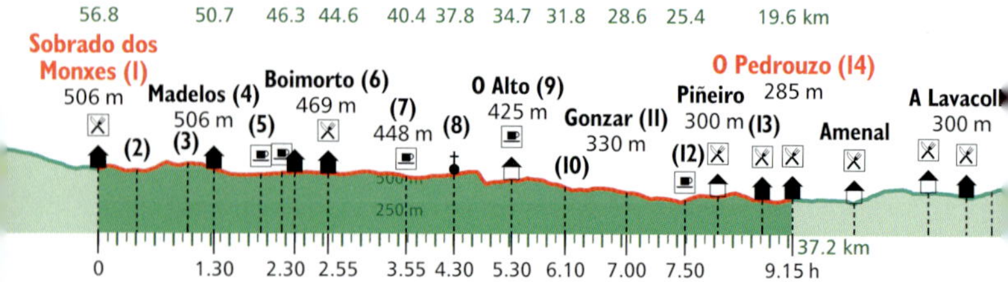

Boimorto (**6**; knapp 30 Min.) gehen wir rechts. Beim »Centro de Saúde« (Gesundheitszentrum) zweigt links der Weg nach Arzúa ab (Etappe 13Va).
Wir aber folgen die nächsten Kilometer geradeaus der Landstraße DP-0603. Nach gut 1 Std. passieren wir die Bar in **Cabrita (7)**, gut 30 Min. später (Straßenschilder nach links nach »Arzúa, O Xen, Pedrouzo, Sta. Irene« ignorieren) steht links der Straße die **Capela da Mota (8)**. Weiter an der DP-0603 kommen wir geradeaus durch **As Calles** (knapp 45 Min.; Schild »Sta. Irene« nach links ignorieren) nach **O Alto** (**9**; 15 Min.; nach links Variante 1, Schild »Arzúa/Salceda 8 km«; es sind noch 9 km). Wir gehen geradeaus in die kleine Straße. Sie wird zum Feldweg (Abzweig rechts ignorieren) durch Wäldchen (teils Eukalyptus), Weiden und Felder. Bei der Gabelung auf Höhe eines Hofs halten wir uns rechts und kommen an einem Waschplatz und Brunnen vorbei ins Dorf **Couto Pequeno** (**10**; knapp 45 Min.). Auf Asphalt gelangen wir ab- und ansteigend zu einer Stoppstelle. (Hier könnte man nach links in knapp 2 km in Ferradal an Variante 1 anschließen, ab Ferradal nach rechts in knapp 5 km zum Camino Francés; bis Salceda 6 km angegeben, es sind noch 7,5 km).
Wir gehen auf dem Sträßchen geradeaus durch Cerdeira und Cimadevila, bis wir an einer (schrägen) T-Kreuzung rechts in die Straße einbiegen. Am Hinweis »San Gregorio S.A.T – 400 m« vorbei erreichen wir das locker gestreute **Gonzar** (**11**; gut 45 Min.) und achten kurz danach auf den recht unerwarteten Abzweig nach links und gleich wieder nach rechts; gleich darauf erreichen wir die N-634. Wir folgen dem Weg daneben, der nach geraumer Zeit einen Schlenker nach links macht, ein Bächlein überquert und wieder nach rechts oben auf die N-634 stößt.
Rechts befindet sich die Bar (**12**; gut 45 Min. ab Gonzar). Wir gehen nach links und dann links in die Straße (DP-6601) nach Pedrouzo (geradeaus: Variante 2) und wandern ohne Markierung auf dem Gehweg neben der DP-6601 durch **Vento** und **Piñeiro**, unterqueren die neue Autobahn, passieren **O Outeiro** und gehen nach links unter der N-547 hindurch, gleich danach links stoßen wir in **A Rúa (13)** auf den Camino Francés (1 Std. ab der Bar). Hier nach rechts bis zur N-547 und an dieser links hinauf nach **O Pedrouzo** (**14**; knapp 30 Min.).

5.15 Std.
19,6 km

O Pedrouzo – Santiago de Compostela

14

Herbergen: Lavacolla (300 m, 160 EW), **(1)** TH, 33 B/20 €. Alb. A Fábrica, Tel. 681 075 647. Küche, W/T; Betten mit Privatsphäre; Garten. 14–22 Uhr, ganzjährig. **(2)** TH, 40 B/14–16 € (EZ 20 €). Alb. Lavacolla, Tel. 981 897 274 und 653 630 300, alberguelavacolla.com. Küche, W/T. Check-in ab 14 Uhr, März–19. Dez. **Monte do Gozo** (371 m), **(1)** XH, 400 B/10 €. Riesiger Pavillonkomplex. Küche, W/T, Bar/Rest.; 8er-Zi. 13–23 Uhr, ganzjährig. **(2)** TH, TH, 772 B/12–30 € (92 DZ/EZ 57–152 €). Alb. Monte do Gozo, Tel. 881 255 386, montedogozo.com. Im Pavillonkomplex; W/T, Cafeteria, im Sommer Freibad. Check-in 7–23 Uhr (Hauptsaison 24 Std.), März–Nov. **Santiago de Compostela** (253 m, 98.100 EW), **4 km vor Zentrum: (1)** XH, 80 B/10 €. Alb. de San Lázaro, Rúa San Lázaro (hinter Museo Pedagógico), Tel. 981 571 488. Küche (ohne Utensilien), W/T. Drei Nächte möglich. 9–22 Uhr, ganzjährig. **2 km vor Zentrum: (2)** V/KH, 56 B/14 €. Alb. Fin del Camino, Rúa de Moscóva s/n, Tel. 981 587 324, alberguefindelcamino.com. Küche, W/T. Auch zu Stoßzeiten meist noch freie Betten. Check-in 13–20 Uhr, Ostern–Mitte Okt. **(3)** PH, 30 B/14–18 €. Alb. A Fonte de Compostela, Rúa Estocolmo (links des Weg, die Treppen hinunter), Tel. 604 019 115 (Whatsapp), alberguesafonte.com. Küche, W/T; modern, geräumig. Check-in 16.30–20 Uhr, ganzjährig. **1 km vor Zentrum: (4)** TH, 36 B/ 15–25 €. Alb. Monterrey, Rúa das Fontiñas, 65 A, Tel. 655 484 299, alberguemonterrey.es. W/T, Mikrowelle. Check-in 13–20 Uhr, 15. März–Okt. **(5)** TH, 36 B/14–22 €. Alb. La Credencial, Rúa Fonte dos Concheiros 13, Tel. 639 966 704 (WhatsApp), lacredencial.es. Küche, W/T; 4-Bett-Abteile. Ab 12 Uhr, März–Nov. **(6)** TH, 24 B/ 20–24 €. Alb. SCQ, Rúa Fonte dos Concheiros 2c, Tel. 622 037 300, alberguescq.com. Küche, W/T, Bettzeug. Check-in 13–20 Uhr, März–15. Dez. **(7)** TH, 40 B/18–22 € (DZ 45–60 €). Alb. SIXTOs no Caminho, Rúa Fonte dos Concheiros 2a, Tel. 881 067 936 u. 682 721 194 (Whatsapp, nur Textnachrichten), sixtosnocaminho.com. W/T, Andachtsraum; Betten mit Privatsphäre. Check-in 13–24 Uhr, April–Mitte Nov. **(8)** TH, 24 B/ab 20 €. Alb. Santos, Rúa dos Concheiros 48, Tel. 881 169 386. Mikrowelle, W/T, Abendessen, Frühstück. 11.30–23 Uhr, März–Nov. **(9)** PH, 24 B/13–27 €. Alb. La Estrella de Santiago, Rúa dos Concheiros 36–38, Tel. 617 882 529 (WhatsApp), laestrelladesantiago.es. W/T. Auch nur Duschen und Siesta möglich. Check-in 9–19 Uhr, März–Dez. **Zentrum: (10)** TH, 58 B/ 20–25 €. The Last Stamp (bei Pl. de Cervantes), Tel. 981 563 525 und 645 360 594, thelaststamp.es. Schließfächer, Küche, W/T; Betten mit Privatsphäre. Ganztags, 21. Feb.–15. Dez. **(11)** TH, 20 B/22–30 €. Alb. Azabache, Rúa da Acibechería 15 (nahe Kathedrale), Tel. 981 071 254, albergueazabache.com. Teeküche, W/T. Check-in 13–20 Uhr (Zugang 24 Std.), Feb.–Nov. **(12)** TH, 50 B/20–35 €. Alb. Santiago Km.0, Rúa Carretas 11 (kurz vor dem Pilgerbüro), Tel. 881 974 992, santiagokm0.es. Küche, W/T, Bettzeug, Garten, Terrasse. 8–23 Uhr, März–Dez. **Westlich des Zentrums: (13)** TH, 20 B/15–20 € (4 EZ/DZ 40–50 €). Alb. Blanco, Rúa das Galeras 30, Tel. 699 591 238, prblanco.com. W/T, Mikrowelle, Frühstück; Betten mit Privatsphäre. 14–22 Uhr, ganzjährig. **(14)** TH, 34 B/ab 19 €. Alb. Mundoalbergue, C/ San Clemente 26, Tel. 674 415 600, mundoalbergue.es. Küche, Frühstück, W/T, kleiner Garten. Check-in 8–20 Uhr, ganzjährig. **Südöstlich des Zentrums: (15)** PH, 150 B/18–20 € (150 EZ 21–24 €, 4 DZ 42–48 €). Seminario Menor, Av. Quiroga Palacios, 2A, Tel. 881 031 768, alberguesdelcamino.com. Küchen, W/T, Frühstück; Laden; normale Betten. Tgl.

19 Uhr Messe ggü. im Convento de Belvís. Check-in 8–24 Uhr (Zugang zu Schlafbereich 13.30–0.30 Uhr). Ende März–Okt. **Südlich des Zentrums: (16)** TH, , 20 B/17 und 19 €. Alb. La Estación, Rúa de Xoana Nogueira 14 (nahe Bhf.), Tel. 639 228 617, alberguelaestacion.com. Küche, W/T. 9–24 Uhr, April–Okt. **Nördlich des Zentrums: (17)** TH, , 30 B/16–25 €. Alb. Meiga Backpackers, Rúa Basquiños 67, Tel. 981 570 846 und 615 765 509. Küche, W/T, Garten. Check-in 10–20 Uhr, März–Okt.

Alternative Unterkünfte: Santiago de Compostela: (1) Seminario Mayor (Nordseite der Kathedrale), EZ und DZ verschiedener Kategorien in den alten Mönchszellen, Tel. 981 560 282, reservas@sanmartinpinario.eu, aktuelle Tarife und Reservierung auch über sanmartinpinario.es. Gleich um die Ecke zwei schöne Hotels mit Hofgärten: **(2)** Hostal Casa Felisa, DZ ohne Bad 25–40 €, DZ mit Bad 45–60 €, Rúa da Porta da Pena 5, Tel. 981 582 602, casafelisa.es. **(3)** Hotel Costa Vella, Rúa da Porta da Pena 17, Tel. 981 569 530, costavella.com. Tolles Gartenlokal.

Die Strecke: Einfach, gut markiert. Teils Waldwege, teils Landstraßen.

Höhenunterschied: 310 m im Auf- und 340 m im Abstieg.

Kritische Stellen: Keine.

Landschaft: Bis zum Monte do Gozo verläuft der Weg durch noch recht ländliches Gebiet. Kurz muss er den nördlichen Teil des Flughafengeländes umgehen, ansonsten dominieren Wälder, Wiesen und kleine Dörfer. Aber: Man teilt sich den Weg mit vielen, vielen Pilgern.

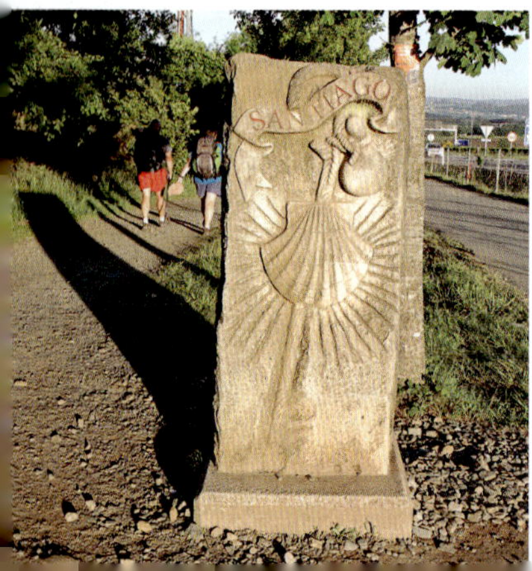

Infrastruktur: Amenal (253 m, 90 EW); San Paio (334 m, 70 EW); Lavacolla; Vilamaior (350 m, 90 EW); San Marcos (368 m, 760 EW); Monte do Gozo; Santiago de Compostela alles, s. »Pilgermesse« Hauptpost, Rúa do Franco 4 Lavacolla, Tel. 981 547 501 Hospital HM Rosaleda, Tel. 880 088 050, hmrosaleda.com.

Bahn, Bus: Der Bahnhof liegt südlich des Zentrums (Rúa do Hórreo, renfe.com; keine Gepäckaufbewahrung); zuletzt kein Reisebüro/Ticketverkauf in der Altstadt, Bahntickets kauft man am Bahnhof oder per Renfe-App. Südlich hinter dem Bahnhof liegt der Busbahnhof (Estación Intermodal, Rúa de Clara Campoamor, Tel. 981 542 416).

Flughafenbus: Buslinie 6A Busbahnhof–Flughafen, Haltestellen u. a. an der Praza de Galicia. Zum Flughafen ab Busbhf. Mo–Fr 6–22.30 Uhr, Sa 6–23 Uhr, So/Fei 6–23.15 Uhr; ab Flughafen tägl. 7–0.30 Uhr, jeweils im 20–30 Min.-Takt, Fahrzeit ca. 45 Min., 1 € (aktuelle Information auf tussa.org unter »Transporte urbano – Ver todas las líneas – Línea 6A«).

Bus Finisterre/Muxía: Ab Busbhf. mit »Monbus« nach Finisterre tägl. 9, 9.15 und 10 Uhr, zusätzlich Mo–Fr 13, 15.20 und 18.30 Uhr, Sa 12, 13, 15.20, 18.15 Uhr, So 12, 18.15 Uhr. Nach Muxía tägl. 9.15 Uhr sowie Mo–Fr 10.45 Uhr, Sa 16.45 Uhr, So 17 Uhr; Fahrzeit je nach Route 2–3 Std.; Ticket Finisterre 7,15 €, Muxía 6,65 €, Verkauf am Schalter beim Pilgerbüro, online auf monbus.es oder im Bus. Alle Angaben Stand Nov. 2023, je nach Jahreszeit häufig wechselnde Zeiten, aktuelle Fahrpläne auf monbus.es unter »Rutas y Puntos de Venta«.

Pilgerbüro/Oficina del Peregrino: (1) Rúa Carretas 33 (bei der Kathedrale/dem

Fast geschafft! Am Stadtrand von Santiago de Compostela.

Hostal de los Reyes Católicos die Rampe hinunter und rechts), Tel. 981 568 846, tgl. 9–19 Uhr (Winter 10–18 Uhr), 25. Dez. u. 1. Jan. geschl. (Pilgerbescheinigung dann in der Sakristei der Kathedrale), Information: peregrinossantiago.es. **(2)** Die Pilgerbescheinigung ist gratis und kann nur persönlich abgeholt werden. Am Eingang des Pilgerbüros scannt man den QR-Code und gibt auf peregrinossantiago.es unter »Registro – Individual« (Achtung, Fehler in der deutschen Version: Man muss »Eine Gruppe bilden« anklicken (auf spanischer Seite »Alta individual«) und die eigene Landesvorwahl (nicht +34) die Pilgerdaten an, die später auch im Büro abgefragt werden (z. B. Alter, Nationalität, Startpunkt, Motiv der Pilgerwanderung, Telefonnummer und E-Mailadresse), den per SMS oder E-Mail zugeschickten Nummerncode trägt man in den Pilgerpass ein. Dann erhält man ein Ticket (nur eines pro Person möglich) mit der Wartenummer, der QR-Code gibt die ungefähre Wartezeit an (bei großem Andrang ist nicht garantiert, dass man am selben Tag drankommt!). **(3)** Beim Pilgerbüro gibt es eine Andachtskapelle, Schließfächer, Toiletten, einen Postschalter und während der Hauptsaison Schalter der Busunternehmen Alsa (spanienweite Ziele) und Monbus (Busse nach Finisterre und Muxía).

Pilgermesse: In der Kathedrale tgl. 7.30, 9.30, 12 und 19.30 Uhr (für einen Sitzplatz zeitig vor Ort sein). Messe auf Deutsch (evtl. nur im Sommer) tgl. 8 Uhr in der Iglesia de San Fiz (Praza de San Fiz, östlich der Kathedrale, nahe Mercado de Abastos/Markthalle); in der Kapelle im Pilgerbüro auf Französisch tgl. 9 Uhr, auf Englisch tgl. 10.30 Uhr. Weitere Gottesdienste auf catedraldesantiago.es unter »Liturgía – Horarios – Misas«, Link »Misas en idiomas« (Messen in anderen Sprachen), »Misas en la ciudad« (Messen in anderen Kirchen).

Anmerkungen: Die Kathedrale von Santiago darf nicht mit Rucksack und Pilgerstab betreten werden.

Tipps: **(1)** Im Pilgrim House Welcome Center können Pilger Erlebnisse austauschen oder einfach zur Ruhe kommen (Rúa Nova 19, März–Dez. tgl. außer Mi und So 10–18 Uhr, pilgrimhousesantiago.com). Es werden keine Gepäckstücke aufbewahrt und es gibt auch keine Schlafplätze. **(2)** Gut und günstig isst man im Rest. Casa Manolo (Plaza de Cervantes, kurz vor der Kathedrale; oft lange Wartezeiten, freundliches Interieur, aber teils laut; tgl. 13–16 Uhr, Mo–Sa auch 19.30–23 Uhr; Jan. geschl.; casamanolo.es). **(3)** Im Sommer spielt bei gutem Wetter ab 22 Uhr die Tuna de Derecho (»tunas« sind ursprünglich Studentenkapellen) im Säulengang des Pazo de Raxoi ggü. der Kathedrale. Das gute Dutzend Gitarrenspieler und Sänger verbreitet gute Laune mit spanischem Flair (tunaderechosantiago.com).

Vom Zentrum von **O Pedrouzo (1)** aus geht man am besten zum Rathaus (»Casa do Concello«) und folgt den gelben Pfeilen durch die Rúa do Concello in wenigen Minuten bis zum Camino. Auf einem Waldweg erreichen wir **San Antón** (**2**; 30 Min. ab Kreuzung Camino/N-547; ab Zentrum kürzer) und **Amenal** (**3**; 30 Min.). Danach geht es auf einem Waldweg steil bergauf. Ein letztes Mal zeigt sich der Camino von seiner ländlichen, ruhigen Seite, bevor er in das Einzugsgebiet von Santiago eindringt.

Oben angekommen stoßen wir auf das **Flughafengelände** (**4**; knapp ¾ Std.), das auf der historischen Pilgerroute liegt, und umgehen es weiträumig nach rechts. Beim großen Kreisverkehr halten wir uns links und werden von einem schönen Wegstein in Santiago begrüßt (**5**; 10 Min.). Weiter um das Rollfeld und dann rechts erreichen wir **San Paio** (**6**; 20 Min.; Pilgerstempel in der Kapelle) und über eine Anhöhe **Lavacolla** (**7**; gut ½ Std.).

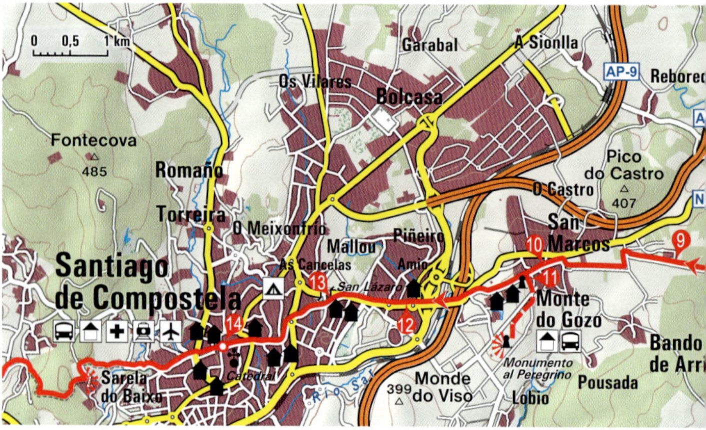

Die mittelalterlichen Pilger pflegten sich am kleinen Bach ***Lavacolla*** *(galicisch: Labacolla) gründlich zu waschen, um im Rahmen der Möglichkeiten sauber und wohlriechend am Grab des Apostels zu erscheinen. Angesichts der hygienischen Verhältnisse ein sinnvolles, wenn auch mit großer Wahrscheinlichkeit auf einem Missverständnis beruhendes Ritual. Der französische Mönch* ***Aymeric Picaud****, Verfasser des mittelalterlichen Pilgerführers* ***Codex Calixtinus****, soll die Bedeutung von Lavacolla falsch interpretiert haben. Statt korrekt »voller Geröll« (galicisch: rego dos coios) verstand er lava colea, was so viel bedeutet wie (vornehm übersetzt) »sich die Genitalien waschen«. Aber wer weiß, vielleicht hatte er es ja auch absichtlich falsch verstanden ...*

Danach wandern wir auf einem Sträßchen bergauf nach **Vilamaior** (**8**; knapp ½ Std.). Kurz nach dem Dörfchen kommen wir wieder durch Wald. Nach der Sendestation von **TV Galicia** (**9**; knapp ½ Std.) biegen wir beim Campingplatz links und dann rechts ab (rechts TV España) und gelangen durch **San Marcos** (**10**; ½ Std.) zum **Monte do Gozo (11**; 5 Min).

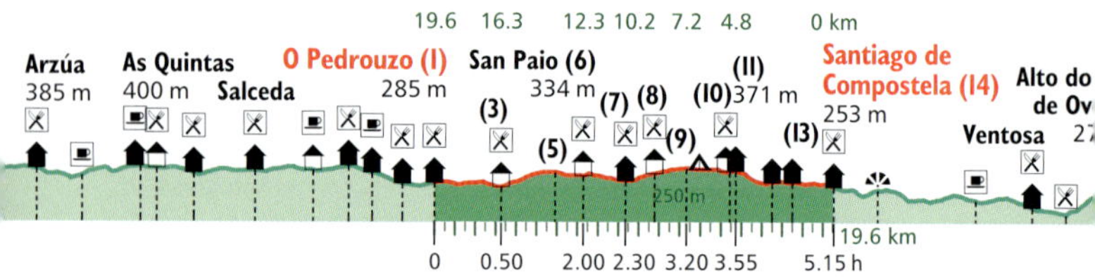

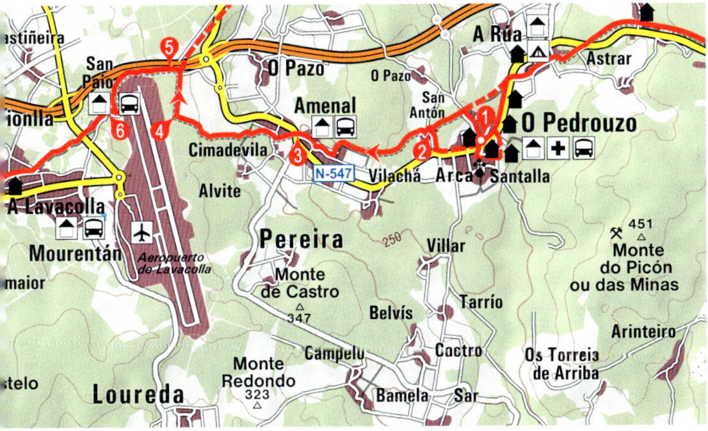

An kaum einer anderen Station am Jakobsweg prallen Freude und Wehmut so stark aufeinander wie am ***Monte do Gozo****. Freude, weil das Ziel endlich zum Greifen nah ist, Wehmut, weil die Zeit des Wanderns, des Unterwegsseins, der täglich neuen Eindrücke zu Ende geht. Ganz ähnlich muss es den mittelalterlichen Pilgern ergangen sein. Welch Genuss (sp. Gozo), wenn sie nach wochen- oder monatelanger Wanderung erstmals die Türme der Kathedrale erblickten. Unvorstellbar die Erleichterung, es allen Gefahren und Unbilden zum Trotz geschafft zu haben. Im Mittelalter durfte sich der Pilger einer Gruppe, der zuerst die Kathedrale erblickte, Pilgerkönig nennen. Viele der in ganz Europa verbreiteten Familiennamen wie König, Rey (span.), Roy oder Leroi (franz.) sollen darauf zurückzuführen sein. Zum Heiligen Jahr 1993 entstand am Monte do Gozo ein riesiger Freizeitkomplex mit der 800-Betten-Pilgerherberge, Hotels, einer Freiluftbühne und einem Freibad.*
Bei der ***Kapelle*** *befindet sich ein Stempel für den Pilgerpass. Das Denkmal zu Ehren der Besuche von Papst Johannes Paul II. (1982 und 1989) wurde 2021 wegen Baufälligkeit entfernt die vier großen bronzenen Gedenktafeln, die den Sockel bildeten, in den Boden eingelassen. Etwas weiter nach schräg links unten kann man die Türme der Kathedrale erkennen. Einen besseren Blick hat man knapp 700 m weiter südlichwestlich beim* ***Monumento al Peregrino****.*

Vom Monte do Gozo führt der Weg bergab (Eingang Herberge links) und über die Umgehungsstraße, die Autobahn und die Bahngleise. Nach dem kleinen Kreisverkehr (auf der linken Seite der Avda. do Camiño Francés bleiben) steht auf der rechten Straßenseite das **Museo Pedagógico** (**12**; ½ Std.; dahinter: Residencia de Peregrinos San Lázaro). Geradeaus gelangen wir vorbei am Hinweis nach links zur Alb. Fin del Camino in die Rúa de Valiño (**13**; ¼ Std./

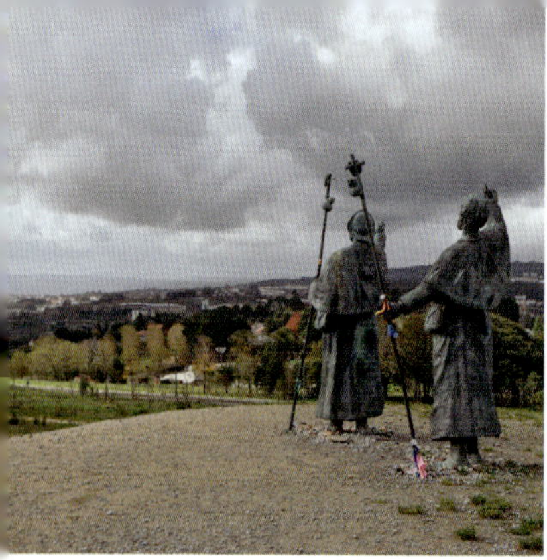

Am Monte do Gozo: das Ziel ist nah.

1 km; links unten: Alb. A Fonte de Compostela).
Wir gehen durch die Rúa das Fontiñas, die Fonte dos Concheiros, überqueren die Av. de Lugo, kommen durch die Rúa dos Concheiros in die Rúa de San Pedro und gelangen über die Porta do Camiño in die Altstadt. Durch die Rúa Casas Reais, die Rúa das Ánimas, über die Praza de Cervantes in die Rúa da Acibechería und weiter über die Praza da Inmaculada auf die Praza do Obradoiro zur **Kathedrale** von **Santiago de Compostela** (**14**; gut ½ Std.).

i *Glück, Stolz, Erleichterung, Euphorie, Müdigkeit, Melancholie, Trauer, Abschiedsschmerz – wenige Orte der Welt sind ein solches Sammelbecken von Emotionen wie die* ***Praza do Obradoiro*** *vor der Kathedrale von* ***Santiago de Compostela****. Gruppenfotos und Selfies werden auf dem Platz geschossen, die einen Pilger lassen ihrer unbändigen Freude freien Lauf, andere sitzen still auf dem Boden, wirken verloren, manche ratlos. Santiago überwältigt und überfordert gleichermaßen. Den Pilgern im Mittelalter ist es vermutlich nicht viel anders ergangen. Wie viele Menschen aus allen Teilen der Welt sind im Lauf der Jahrhunderte schon durch die Gassen gelaufen, haben in der Kathedrale gebetet und in den Tavernen gefeiert! Santiago ist das Ziel der langen Reise. Ohne diese Stadt gäbe es keinen Jakobsweg. Durch das Apostelgrab wurde Santiago de Compostela neben Rom und Jerusalem der dritte große christliche Wallfahrtsort und eines der bedeutendsten Pilgerziele der Christenheit.*
Seit Jahrhunderten ist der Weg durch die Stadt zur Kathedrale praktisch unverändert. Im Mittelalter erstanden die Pilger die Jakobsmuschel erst hier, etwa in der ***Rúa dos Concheiros****, in der die Muschelverkäufer (»Concheiros«) ihre Stände hatten. Sie betrieben ihr Gewerbe »extramuros«, außerhalb der im 11. Jh. errichteten Stadtmauer. Erst durch die* ***Porta do Camiño*** *gelangte man in die eigentliche Stadt. Früher war das »Tor des (Pilger-)Wegs« das wichtigste der insgesamt sieben Stadttore. Da hier alle aus Osten kommenden Pilger Einlass fanden, wurde es auch das »französische Tor« genannt. Ob Arme, Reiche, Bettler oder Könige – alle mussten hier durch. Um 1835 wurde es abgerissen, der Name blieb. Auf dem Platz vor seinem einstigen Standort sind in vielen Sprachen die Worte »Europa ist auf der Pilgerschaft geboren« in das Granitpflaster gemeißelt. Dann geht es durch die Rúa das Casas Reais zur* ***Praza de Cervantes****, mit einer Statue des spanischen Schriftstellers Miguel de Cervantes (Alcalá de Henares 1547–Madrid 1616, Autor des »Don Quijote«). Der eher kleine Platz war im 12. Jh. der wichtigste Versammlungs-*

ort der Stadt, auf ihm verlaß der öffentliche Ausrufer (»Pregonero«) städtische und bischöfliche Bekanntmachungen, bis ins 16. Jh. verkündete und vollstreckte die Inquisition hier ihre Urteile. Von 1583 bis 1787 befand sich hier das Rathaus, bis ins 19. Jh. fand auf dem Platz der Wochenmarkt statt. An den Platz schließt sich die ***Rúa da Acibechería*** *an. Vom 15. bis 17. Jh. verkauften hier zahlreiche Juweliere Schmuck und Amulette aus Azabache, dt. Gagat oder Jett. Als Souvenir besonders beliebt war und ist die sogenannte »Higa«, eine zur Faust geschlossene Hand, bei der der Daumen leicht zwischen Zeige- und Mittelfinger hervorschaut. Angeblich ist sie ein effizientes Mittel gegen den bösen Blick. Am Ende der Straße öffnet sich die Praza da Inmaculada mit dem mächtigen Benediktinerkloster* ***San Martín Pinario*** *(auch:* ***Seminario Mayor*** *(Priesterseminar): gegründet kurz nach Entdeckung des Apostelgrabes im 9. Jh., heutiger Bau 16.–18. Jh.; Kirche und Museum Mi–Mo 11–14 und 15.30–19.30 Uhr, Führungen durch den Klosterkomplex Mo und Do 12.30, 16 und 17.30 Uhr, espacioculturalsmpinario.com). Ein Trakt dient als Gästehaus (»Hospedería«).*

Direkt gegenüber erhebt sich die Nordfassade der Kathedrale. Die Treppen hinunter und durch die Unterführung gelangt man auf die großen ***Praza do Obradoiro*** *mit der markanten, auf den spanischen 1-, 2- und 5-Cent-Münzen abgebildeten Fassade der* ***Catedral de Santiago de Compostela****. Der eher profane Name »Obradoiro«, zu deutsch »Werkstatt«, geht auf die Bauhütten (gal. »obradoiro«) der Steinmetze zurück, die von 1650 bis 1750 an der Barockfassade arbeiteten. Diese verbirgt die romanische, 1075–1211 entstandene Kathedrale mit dem von 1168 bis 1188 vom genialen Meister Mateo geschaffenen* ***Pórtico de la Gloria****, dem Glorien- oder Himmelsportal. Über 200 mit Gold und Farbe verzierten Steinfiguren stellen den Sündenfall, die Erlösung und das Jüngste Gericht dar. 20 Jahre lang, von 1168 bis 1188, arbeite der geniale Meister Mateo daran. Heute gilt es als eines der schonsten Meisterwerke der romanischen Bildhauerkunst, seine aufwendige Restaurierung ist fast abgeschlossen. Zentrales Element ist die Mittelsäule mit dem hl. Jakobus, darüber thronend Christus der Erlöser, umgeben von den vier Evangelisten. Zum Ritual gehörte, beim Betreten der Kathedrale die Säulenbasis, die Wurzel des Baumes Jesse, mit den Worten »Ich glaube an einen einzigen Gott« zu be-*

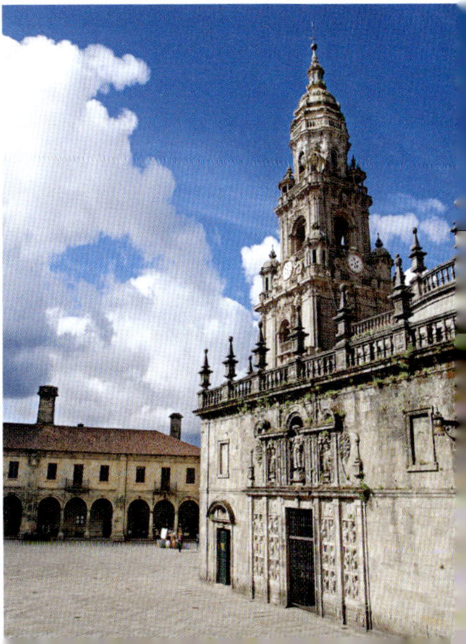

Die Porta Santa der Kathedrale.

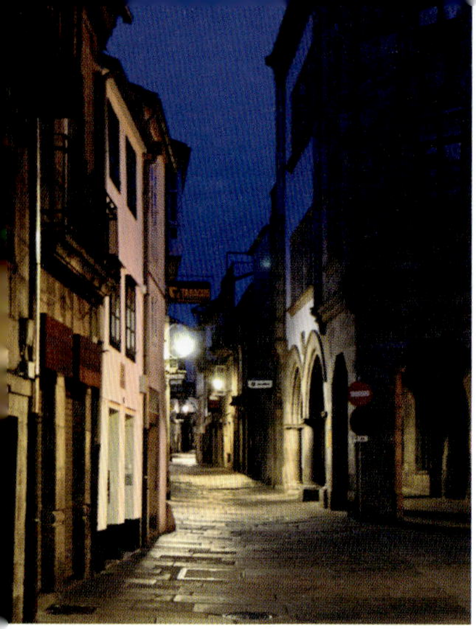

Die Altstadt bei Nacht.

rühren. Seit einigen Jahren ist dies verboten, doch die Spuren von Millionen von Pilgerhänden sind noch zu sehen. Links davon stehen auf einem Pfeiler die Propheten Jeremias, Jesaja, Moses und Daniel, Letzterer verzückt lächelnd. Nach Meinung des Volkes freute er sich über die von Kennerhand gearbeitete barbusige Schönheit gegenüber. Die Kirchenoberen ließen daraufhin die für die unschicklichen Spekulationen verantwortliche Oberweite abflachen. Die Bauern, so wird erzählt, protestierten auf ihre Weise: Sie formten einen Käse nach Vorbild des Corpus delicti und nannten ihn »Tetilla« (Brüstchen). Die dem Altar zugewandte, kniende Figur soll Meister Mateo sein, angeblich dazu verurteilt, sein Werk nie sehen zu dürfen. Er wird auch **Santo dos Croques**, der Heilige der Kopfnüsse genannt, da man durch dreimaliges Berühren seines Hauptes mit der Stirn an seinem Genie teilhaben konnte – leider ist dieses IQ-steigernde Ritual inzwischen auch verboten. Ein ganz besonderes Spektakel bietet zu besonderen Anlässen (s. u.) der **Botafumeiro**, das rund 53 kg (gefüllt 100 kg) schwere, 150 cm hohe versilberte Weihrauchfass. Im 12. Jh. erwähnte der Pilgerführer »Codex Calixtinus« einen »Turibulum Magnum«, ein riesiges Räuchergefäß, mit dem man gegen den strengen Körpergeruch der Pilger ankämpfte. Im 15. Jh. spendete der französische König Louis XI. ein silbernes Weihrauchfass, das 1809 von napoleonischen Soldaten gestohlen wurde. Das aktuelle Modell entstand 1851, zusammen mit einer 1971 angefertigten Replik wird es in der Bibliothek aufbewahrt. Es ist ein beliebtes Spektakel, wenn acht Männer, die »Tiraboleiros«, am 20 m langen Seil ziehen und der Botafumeiro mit bis zu 68 km/h durch das Querschiff saust. Nur zweimal löste er sich bisher vom Seil, ohne jedoch größere Schäden anzurichten.

Termine Botafumeiro: 6. Jan., Ostersonntag, Christi Himmelfahrt, 23. Mai, Pfingsten, 25. Juli (Jakobustag), 15. August (Mariä Himmelfahrt), 1. Nov. (Allerheiligen), Christkönig (Ende Nov.), 8. Dez. (Mariä Empfängnis), 25. Dez. (Weihnachtstag), 30. Dez., oder wenn er gegen Bezahlung bestellt wird (Info im Pilgerbüro).

Beherrscht wird das 97 m lange Kirchenschiff vom prachtvollen **Hauptaltar** mit dem mit Gold, Silber und Edelsteinen geschmückten **Jakobus**. Wenn die Treppe hinter dem Altarraum erklommen, der Apostel umarmt ist, ist die Pilgerreise zu Ende. In der **Krypta** darunter ruhen die als die sterblichen Überreste des Heiligen verehrten Gebeine (Altar und Krypta tgl. 8.30–21 Uhr; teils lange Wartezeit).

Öffnungszeiten und Entrittspreise: ***Kathedrale:*** *tgl. 7–21 Uhr (gratis, Eingang durch Puerta de Platerías).* ***Museum:*** *tgl. 10–20 Uhr, normal 6 €, Pilger 4 €.* ***Museum und Pórtico de la Gloria:*** *tgl. 10–20 Uhr (maximale Verweildauer im Pórtico de la Gloria 30 Min.) normal 12 €, Pilger 10 €.* ***Museum und Kathedraldach:*** *tgl. 10–20 Uhr, 12 €, Pilger 10 €, mit* ***Pórtico*** *und* ***Torre de la Carraca*** *(Nordturm) 20 €.* ***Nächtliche Führungen*** *durch die Kathedrale: Di–So 22.30, 22.45 und 23 Uhr, 25 € Information und Online-Tickets: catedraldesantiago.es unter »Reserva tu visita« – »Museo Catedral/Pórtico de la Gloria«, »Museo Catedral/Cubiertas/Torre de la Carraca«, »Museo/Colección Permanente«, »Vistias Nocturnas«; Öffnungszeiten und Preise jeweils unter »Horarios« und »Precios«).*

Die Nordseite der Praza do Obradoiro wird von der prächtigen Fassade des ***Hostal de los Reyes Católicos*** *dominiert. Das 1489 von den Königen Isabel und Fernando gestiftete und 1509 eröffnete Pilgerhospitz ist heute ein Parador Nacional (staatliches Luxushotel) und gilt als das älteste Hotel der Welt. Noch immer besteht die Tradition, Pilger zum Mittagessen einzuladen. Die Tickets dazu erhalten die jeweils ersten zehn Pilger, die sich im Pilgerbüro die Pilgerbescheinigung ausstellen lassen. Gegenüber der Katherdale nimmt der* ***Pazo de Raxoi*** *(1767–1787) die ganze Westseite des Platzes ein. Der Palast sollte als Internat für den Kinderchor der Kathedrale, als Priesterseminar bzw. als weltliches und kirchliches Gefängnis dienen, letztendlich zog jedoch das Rathaus von Santiago ein. Im Sommer spielt im Arkadengang ab 22 Uhr die* ***Tuna de Derecho*** *mit rund 12 Sängern und Gitarristen typisch spanische und lateinamerikanische Lieder – gute Laune ist dabei garantiert (vgl. Tipp S. 155).*

Links der Kathedrale schließt sich der erzbischöfliche Palast ***Pazo de Xelmírez*** *(12./13. Jh.) an. Er geht auf Bischof Diego Xelmírez (span. Gelmírez, 1099–1140) zurück, eine der wichtigsten und umtriebigsten kirchenpolitischen Figuren in den Anfängen des Jakobskultes. Er förderte den Bau vieler Kirchen und Klöster entlang der Pilgerwege. Für sein Ziel, Santiago noch attraktiver zu machen, schreckte er auch vor eher zweifelhaften Methoden nicht zurück. So stahl er in einer Nacht-und-Nebel-Aktion im Jahr 1102 im portugiesischen Braga die Reliquien der heiligen Susanna und bestückte damit in Santiago die Iglesia de Santa Susana. Im Süden vollendet das* ***Colegio de San Jerónimo*** *(17. Jh.), einst Schule für Kinder mittelloser Eltern, heute Institut für galicische Studien, das prächtige Ensemble.*

Ein Symbol, das zum Nachdenken anregt, ist bei genauem Hinsehen an der Mittelsäule der ***Porta das Praterías****, dem Südeingang der Kathedrale, zu sehen: Sie trägt das* ***Jesusmonogramm*** *(sp. »Crismón«) mit dem ersten und letzten Buchstaben des klassischen griechischen Alphabets, wie es auch auf Taufkerzen zu sehen ist: Alpha und Omega (Ω), nach den Worten Jesu: »Ich bin das A und das Ω, der Erste und der Letzte, der Anfang und das Ende«. Hier sind sie jedoch umgekehrt angeordnet: erst das Ω dann das A: Nachdem die Gläubigen bis an das Apostelgrab gepilgert sind, sollen sie jetzt in ein neues und hoffentlich besseres Leben gehen. Die mittelalterlichen Pilger mussten dabei erst einmal standhaft sein: Vom Praterías-Portal gelangten sie über die* ***Praza das Praterías*** *mitten hinein in das*

Getümmel der Stadt mit all ihren weltlichen Verlockungen. Die Silberschmiede (sp. »Plateros«), die hier ihre Waren feilboten, gehörten da sicherlich noch zu den harmloseren Versuchungen ... An die Praza das Praterías schließt sich die ***Praza da Quintana*** *an. Hier, an der Ostseite der Kathedrale, befindet sich die* ***Porta Santa*** *(17. Jh., verziert mit Skulpturen aus dem 12. Jh.), die nur in Heiligen Jahren geöffnet wird.*

Auf die Porta Santa schauend links um die Ecke fristet der ***Geisterpilger*** *nachts sein trauriges Dasein. Es soll ein Geistlicher sein, der Nacht für Nacht auf seine Liebste, eine Nonne, wartet. Sie wollten zusammen durchbrennen, sie aber versetzte ihn. Nach einer anderen Legende handelt es sich um einen französischen Adligen, der als Buße für den Mord an seinem Vater nach Santiago pilgern musste. Unterwegs beging er zwei weitere Morde. Am Ziel verzieh ihm zwar der Geist seines Vaters den Vatermord, verurteilte ihn jedoch dazu, in Santiago auf die Ankunft der Seelen seiner Opfer zu warten, um auch von ihnen Vergebung zu erhalten.*

Tagsüber wimmelt es in der ***Altstadt*** *von Menschen. Dennoch hat sich Santiago mit seinen nicht mal 100.000 Einwohnern einen provinziellen, fast intimen Charakter erhalten. Am meisten spürt man das bei einem nächtlichen Bummel. Selbst mitten im Sommer kehrt jenseits der »Hauptschlagader« Rúa do Franco früh Ruhe ein. Schummriges Laternenlicht taucht die Gassen und die von stämmigen Säulen getragenen Arkadengänge in warmes Licht. Selbst auf dem Vorplatz der Kathedrale kann man nachts besinnliche Momente erleben. Dann ist Santiago vor allem eines: eine der schönsten und stimmungsvollsten Altstädte Spaniens.*

Museen: Museo das Peregrinacións e de Santiago*, Pilgermuseum, Praza das Praterías (Di–Fr 9.30–20.30 Uhr, Sa 11–19.30 Uhr, So 10.15–14.45 Uhr, Eintritt 2,40 €, Pilger 1,20 €).* ***Museo do Pobo Galego****, galicisches Volkskundemuseum, San Domingo de Bonaval (Di–Sa 11–18 Uhr, So/Feiertag 11–14 Uhr, 4 €, museodopobo.gal).* ***Centro Galego de Arte Contemporáneo****, Museum für zeitgenössische Kunst, Rúa Valle Inclán (Di–So 11–20 Uhr, gratis, cgac.xunta.gal). Außerhalb der Stadt befindet sich das vom amerikanischen Architekten Peter Eisenman entworfene Kulturzentrum und Prestigeprojekt* ***Cidade da Cultura de Galicia****. Aus finanziellen Gründen wurden nur vier der ursprünglich sechs geplanten Gebäude errichtet; sie können tgl. besichtigt werden (Anfahrt: Buslinie 9; cidadedacultura.gal).*

Feiertage: *Um Christi Himmelfahrt* ***Fiestas de la Ascensión****, Umzüge, Viehmarkt und viel Pulpo a la Feira. Ab 20. Juli:* ***Santiago Apóstol****, große Feier zu Ehren Jakobus', viele Veranstaltungen, am 24. Juli gegen 23.30 Uhr spektakuläres Feuerwerk über der Kathedrale, Haupttag ist der 25. Juli (vermutlicher Todestag des Apostels).*

Kulinarisches: *In den meisten Lokalen gibt es zum Getränk eine Tapa. Der perfekte kulinarische Abschluss der Reise ist eine* ***Mariscada*** *(Fisch- und Meeresfrüchteplatte), dazu galicischer Weißwein und als Nachtisch eine* ***Tarta de Santiago*** *(Mandelkuchen); im Herbst gibt es Stände mit* ***gebrannten Maronen****. Lohnend ist ein Bummel durch den* ***Mercado de Abasto****s: Die große Markthalle am Ostrand der Altstadt ist nach der Kathedrale der meistbesuchte Ort in Santi-*

ago de Compostela (Mo–Sa 8–14 Uhr, am meisten Betrieb herrscht 9.30–12.30 Uhr sowie Do und Sa, mercadodeabastosdesantiago.com).
Oficina de Turismo: Rúa do Vilar 63, Tel. 981 555 129. tgl. 10–18 Uhr (u. a. auch Information zu Unterkünften); weitere Infos auf santiagoturismo.com.

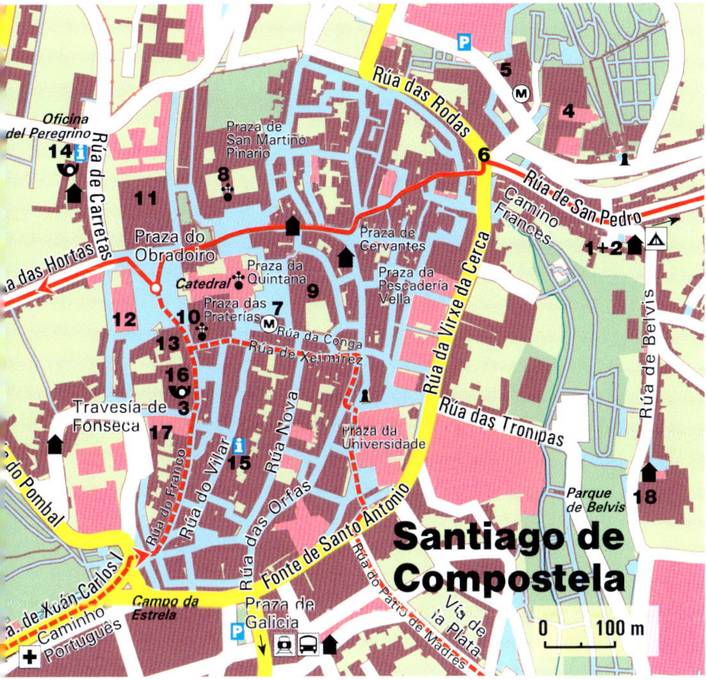

1 Zum Monte do Gozo
2 Zu den Herbergen vor dem Zentrum
3 Schließfächer im Hauptpostamt
4 Galicisches Volkskundemuseum
5 Museum für zeitgenössische Kunst
6 Porta do Camiño
7 Pilgermuseum
8 Seminario Mayor San Martín Pinario
9 Mosteiro de San Paio de Antealtares
10 Kathedrale/Praza do Obradoiro
11 Hostal de los Reyes Católicos (Parador Nacional)
12 Rathaus von Santiago
13 Colegio de San Jerónimo
14 Pilgerbüro (Of. del Peregrino)
15 Touristeninformation
16 Hauptpostamt
17 Polizei
18 Seminario Menor

Der Weg nach Finisterre und Muxía

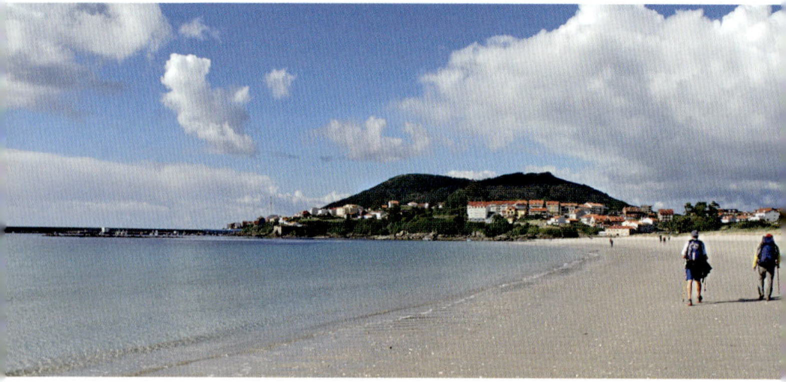

Die lange Wanderung neigt sich gen Ende: die letzten Schritte bis Finisterre.

Viele Pilger setzen ihre Wanderung bis nach Finisterre (galicisch Fisterra, lat. Finis Terrae) fort, ans Ende der Welt, wie die Menschen im Altertum glaubten. Allein die Sonnenuntergänge über dem Atlantik sind es wert, den rund 90 km langen Weg dorthin zurückzulegen. Die wie ein Finger in den Atlantik ragende Landspitze war schon für Phönizier, Kelten und Römer ein mystischer Ort, an dem sie Sonnen- und Fruchtbarkeitsriten feierten. Nach dem Auffinden des Apostelgrabes erwachte die Faszination für das »Ende der Welt« neu. Eine christliche Rechtfertigung erhielt sie im Mittelalter mit den in Finisterre und Muxía angesiedelten Jakobuslegenden. Doch jenseits jeglicher Ideologie ist es immer eines geblieben: ein ganz spezieller Ort mit ganz eigener Magie.
Costa da Morte, Todesküste, heißt Galiciens Nordwesten. Unzählige Schiffe sanken in diesen unberechenbaren Gewässern. Die letzte und schlimmste Katastrophe verursachte 2002 der Untergang des Öltankers Prestige, bei dem 70.000 Tonnen Schweröl ins Meer gelangten; Zehntausende Seevögel verendeten. Für Galiciens Küste, die vom Fischfang und der Muschelzucht lebt, war dies seinerzeit ein ökologisches und ökonomisches Desaster. Inzwischen ist es zwar nicht vergessen, doch scheint wieder Normalität eingekehrt zu sein. Seit 2007 gehört das Kap Finisterre aufgrund seiner einzigartigen Lage und Geschichte zum Europäischen Kulturerbe. Einen tollen Eindruck von dieser zum einen grünen und ländlich geprägten und zum anderen auch rauen und wilden Küste vermittelt die Wanderung von Finisterre nach Muxía. Auf der rauen Landspitze von Muxía mit der Kapelle der Jungfrau vom steinernen Schiff erlebt man den Atlantik noch unmittelbarer als am Leuchtturm von Finisterre.

6.15 Std.

21,8 km

Santiago de Compostela – Negreira

15

Herbergen: **Ventosa** (110 m, 400 EW), TH, , 20 B/18,50 € (2 DZ 50 €). Alb. A Casa do Boi, Tel. 981 890 967, acasadoboi.com. W/T, Betten mit Bettzeug; Cafetería (7.30–10 und 18–23 Uhr); Garten. Check-in 15–22 Uhr, ganzjährig. **Negreira** (167 m, 6800 EW), **(1)** TH, , 40 B/15 €. Alb. Alecrín (Ortsanfang), Tel. 616 628 768, albergueennegreira.com. Küche, W/T; einfach, aber viel Platz. 12–22.30 Uhr, Ende März–Mitte Nov. **(2)** TH, , 50 B/15 € (EZ 26/40 €, DZ 37–50 €, 3er/4er Zi. 54–100 €) Alb. San José, Rúa de Castelao 20 (vor Ort Schilder, 500 m nach rechts, von Herberge ins Zentrum: 400 m), Tel. 636 761 290, alberguesanjose.es. Küche, W/T, Garten; viel Platz. 12.30–22.30 Uhr, März–Nov. **(3)** TH, , 40 B/15 €. Alb. Cotón (Zentrum), Tel. 649 253 895 und 881 979 654, alberguecoton.es. W/T, Küche; ein großer Schlafsaal; Information zum Weg. Ab 12 Uhr, Mai–Okt. **(4)** TH, , 30 B/15 € (EZ ab 40 €, DZ ab 55 €). Alb. El Carmen, Tel. 636 129 691, alberguehostalmezquita.com. W/T, Mikrowelle, Bar/Rest.; älteres Stadthaus. 12–23 Uhr, ganzjährig. **(5)** XH, , 16 B/10 €. Mit dem Weg 1 km aus dem Ort und bergauf bis Hinweis zur 250 m entfernten Herberge. Küche, normale Betten. 13–22 Uhr, ganzjährig.

Die Strecke: Hügeliges Gelände, teils Sträßchen, teils Waldwege. Markierung auch in Richtung Santiago.

Höhenunterschied: 440 m im Aufstieg, 530 m im Abstieg.

Kritische Stellen: Keine.

Landschaft: Mit vielen Wäldern, Wiesen und Weiden und kleinen Ortschaften eine recht ansprechende Etappe.

Infrastruktur: Quintáns (161 m, 70 EW); Alto do Vento (183 m); Ventosa; Aguapesada (60 m, 130 EW) A; Trasmonte (215 m, 60 EW); Ponte Maceira (143 m, 20 EW); Negreira € A i Rúa Castelao, Tel. 981 886 378.

Anmerkungen: **(1)** In Negreira empfiehlt es sich, bei Übernachtung in der Herberge der Xunta im Ort Proviant einzukaufen (Gadis-Supermarkt am Weg), ggf. auch für das Frühstück und die nächsten Tage, da bis Cee nur eingeschränkte Einkaufsmöglichkeiten in Olveiroa. **(2)** Zwischen Negreira und Cee (Etappe 17) kein Bankautomat, Arzt oder Apotheke.

Der Weg nach Finisterre beginnt auf der **Praza do Obradoiro** vor der Kathedrale von **Santiago de Compostela (1)**. Am Hostal Reyes Católicos vorbei gehen wir hinunter zur Rúa das Hortas. Hier schräg links über die Rúa do Pom-

Auf ans Ende der Welt!

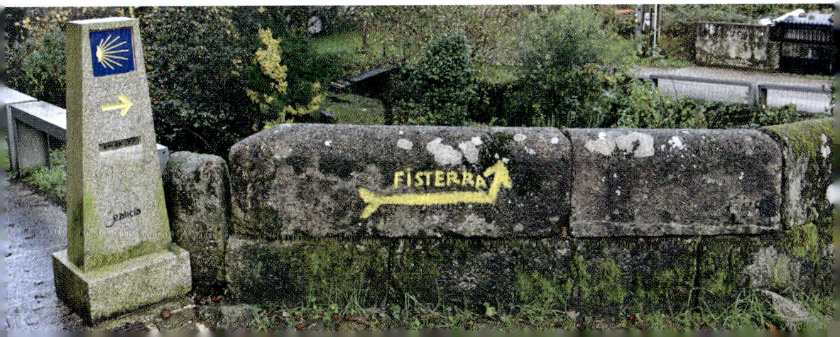

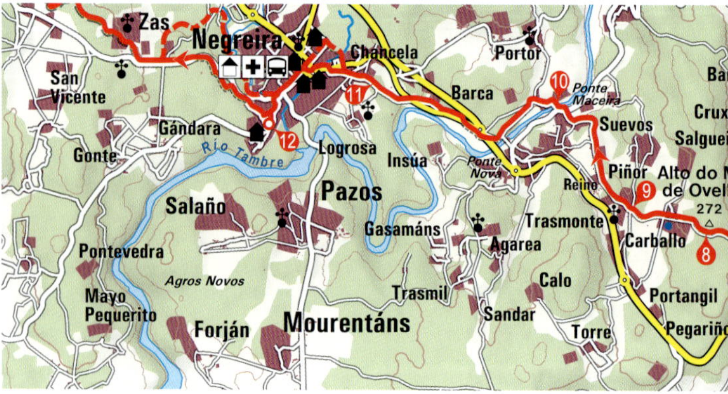

bal in die Straße Campo do Cruceiro do Gaio. Diese zweigt nach links ab, während sich der Camino geradeaus auf der Rúa da Poza do Bar fortsetzt. Am Ende der Straße gelangen wir zur Carballeira de San Lourenzo (kleine Grünanlage mit alten Eichen, Wegstein »Km 89,586 a Fisterra« (bis zum Leuchtturm), »Km 86,482 a Muxía«. Wir nehmen den Fußweg rechts durch den Park und bergab. Unten überqueren wir eine kleine Brücke und wenden uns nach links, an der Weggabelung kurz darauf halten wir uns wieder links. Der Weg schlängelt sich durch ein Wäldchen, steigt dann bergan und mündet in ein Asphaltsträßchen, über das wir nach links nach **Sarela do Baixo (2)** gelangen (knapp 45 Min.). Zurück bietet sich ein letzter Blick auf die Kathedrale von Santiago.

Der Weg führt rechts durch den Wald nach **O Carballal** (**3**; gut 30 Min.). Durch Streusiedlungen und ein Wäldchen kommen wir nach **Quintáns** (**4**; 45 Min.). Teils auf Waldwegen steigen wir bergan zum **Alto do Vento** (**5**; 30 Min.), passieren kurz darauf nach rechts **Ventosa (6)** und den Weiler Castelo. Neben der Straße gelangen wir nach **Aguapesada** (**7**; 30 Min.; Bar mit Laube aus Kiwi-Pflanze, zweite Bar nach 500 m, am Weg). Dann steigen wir auf einem teils steilen Waldweg, das letzte Stück auf einem Sträßchen zum **Alto do Mar de Ovellas (8)** an (gut 45 Min.). Wir passieren Carballo und wandern auf der Landstraße durch **Trasmonte** (**9**; 20 Min.) und Reino nach **Ponte Maceira** (**10**; 30 Min.).

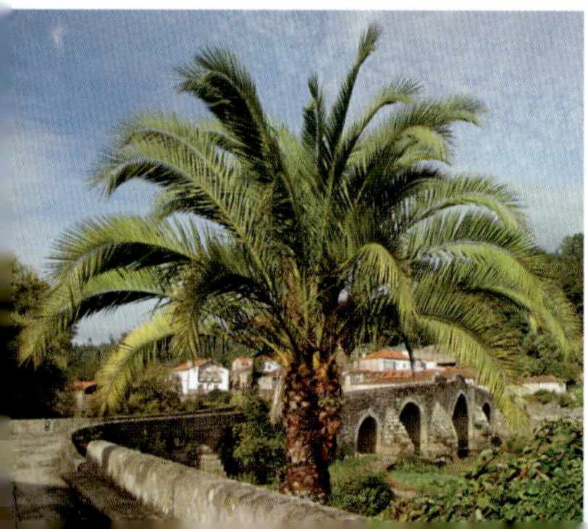

Südliches Flair bei Ponte Maceira.

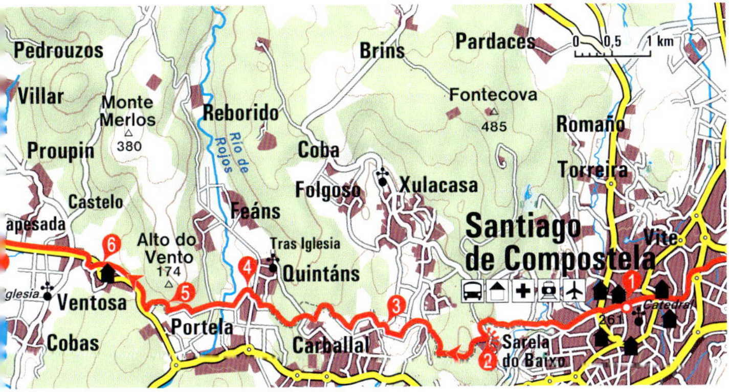

*Seit dem 14. Jh. überqueren die Pilger auf der gotischen Brücke bei **Ponte Maceira** den **Río Tambre**. Erst im 18. Jh. musste das elegante, auf dem Scheitelpunkt spitz zulaufende Bauwerk restauriert werden. Von der Brücke aus bietet sich ein schöner Blick über den Fluss und mehrere restaurierte Mühlen sowie ein schönes mittelalterliches Anwesen (»pazo«) inmitten einer Parkanlage. Die **Capilla de San Brais** am Fuße der Brücke stammt aus dem 18. Jh.*

Nach der Brücke wenden wir uns nach links. Kurz wandern wir auf einem schönen Flussweg, dann Feldweg nach Barca und hinauf nach **A Chancela** (**11**; gut 45 Min.). Vorbei am Abzweig zur Alb. San José kommen wir zur Alb. Alecrín. Wir durchqueren den Ort der Länge nach und gelangen leicht ansteigend direkt zum Supermarkt Gadis (letzte Einkaufsmöglichkeit vor der öffentlichen Herberge) im Zentrum von **Negreira** (15 Min.). Danach biegen wir nach links von der Hauptstraße ab. Wir passieren ein altes Anwesen (Pazo do Cotón) und verlassen Negreira durch einen Torbogen. Danach gehen wir schräg links bergauf. An einer Weggabelung setzt sich der Camino nach rechts fort. Die **Herberge der Xunta (12)** liegt 250 m geradeaus an der Straße (20 Min. ab Zentrum).

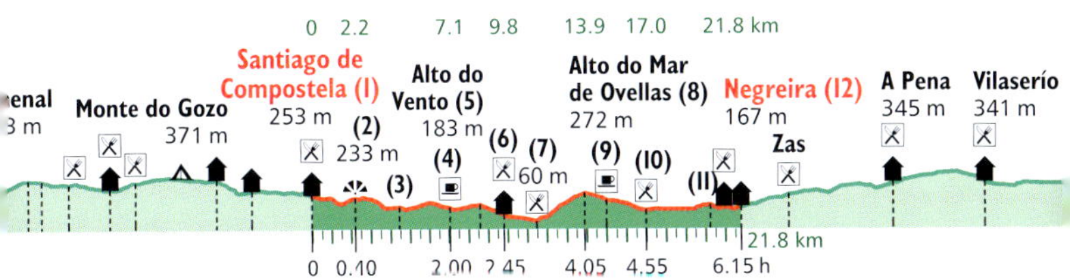

16 Negreira – Olveiroa

8.30 Std.
33,3 km

Herbergen: A Pena (345 m, 130 EW), **(1)** TH, , 16 B/17 € (2 DZ 50 €). Alb. Alto da Pena, Tel. 609 853 486. W/T, Mikrowelle, Bar/Rest., gemeins. Abendessen; klein, aber fein. 7–22.30 Uhr, ganzjährig. **(2)** TH, , 35 B/17 € (3 DZ 60 €, 1 EZ 40 €). Alb. Rectoral San Mamede de Pena (am Weg), Tel. 649 948 014. W/T; gemeins. Abendessen in Rest. Alto da Pena; Pool; renoviertes ehemaliges Pfarrhaus, schöne Lage; gute Betten mit Privatsphäre. Check-in 14–20 Uhr, ganzjährig. **Vilaserío** (341 m, 50 EW), **(1)** TH, , 14 B/14 € (3 DZ 40–50 €, als EZ 30–40 €). Alb. Casa Vella. Tel. 615 452 253. W/T, Mahlzeiten, Küchennutzung auf Anfrage; schönes Landhaus, Garten. 10–22 Uhr, April–Okt. **(2)** TH, , 32 B/14 € (DZ/EZ vor Ort erfragen). Alb. O Rueiro, Tel. 981 893 561. W/T, Bar/Rest. geräumige Zimmer. Ab 11 Uhr, ganzjährig (Winter mit Reservierung). **(3)** SH, , 14 B/Spende. Alte Schule am Ortsende. Duschen. Offen, ganzjährig. **Santa Mariña** (334 m, 60 EW), **(1)** TH, , 38 B/15 € (4 DZ 50 €). Alb. Casa Pepa, Tel. 981 852 881, alberguecasapepa.es. W/T, Bar/Rest. 12–23 Uhr, ganzjährig. **(2)** PH, , 24 B/14 €. Alb. Santa Mariña, Tel. 981 852 897. W/T, Bar/Rest. 12–23 Uhr, April–Nov. **Lago** (337 m, 70 EW), TH, , 28 B/14 €15 (1 4er-Zi. 65 €). Alb. Monte Aro, Tel. 881 005 935 u. 682 586 157, alberguemontearo.com. Mikrowelle, W/T, Bar/Rest.; modern, geräumig. 12–23 Uhr, März–Nov. **Olveiroa** (279 m, 110 EW), **(1)** TH, , 18 B/15 € (DZ ab 45 €, EZ 35 €). Alb. Casa Manola, Tel. 981 741 745, casamanola.com. W/T, Bar/Rest., Laden. Ab 12 Uhr, ganzjährig außer Feb. **(2)** TH, , 50 B/15 € (12 DZ 50 €, 4 EZ 45 €). Alb. Hórreo, Tel. 981 741 673, casaloncho.com. W/T, Küche, Bar/Rest.; große Schlafräume, viel Platz. Bis 23 Uhr, März–Nov. **(3)** XH, , 34 B/10 €. Küche (ausgestattet); kleine Zimmer, Betten recht eng gestellt. Offen, ganzjährig.

Die Strecke: Gut markiert. Lange, aber machbare Etappe. Viel Landstraße, sonst Feld- und Waldwege. Nur anfangs Schatten. Steiler Anstieg vor Lago, kann aber umgangen werden.

Höhenunterschied: 650 m im Aufstieg, 540 m im Abstieg.

Kritische Stellen: Keine.

Landschaft: Landschaftlich recht reizvolle Etappe. Der Weg zieht sich durch hügeliges Hinterland und die Hochebenen der Region Xallas. Weit verstreute kleine Siedlungen und Weiler mit nur wenigen Einwohnern bestimmen das Bild der landwirtschaftlich geprägten Region.

Infrastruktur: Zas (259 m, 80 EW); A Pena; Vilaserío; Santa Mariña; Lago; Mallón/Ponte Olveira (260 m, 30 EW); Olveiroa.

Varianten: **(1)** Ab Negreira gibt es einen schönen Weg am Fluss entlang, er ist aber 1,4 km länger und hat 50 Hm mehr Auf- und Abstieg (Schilder, gelbe Pfeile): bei der Brücke am Ortsrand beim blauen Schild »Bonita variante alternativa al Camino de Fisterra–Muxía« (bzw. grün »Ruta dos tres Pazos«) rechts (von der Herber-

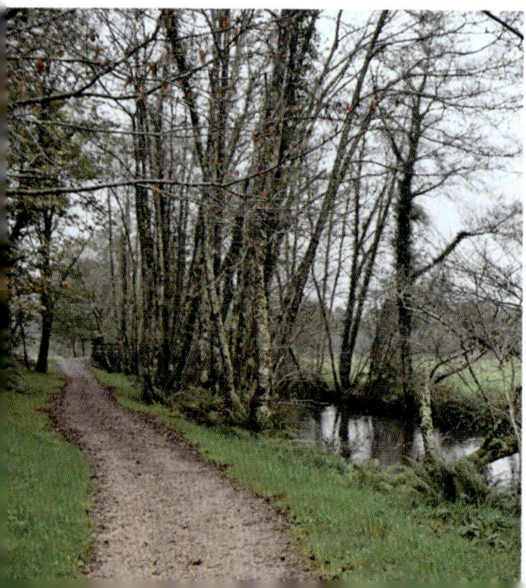

Schöne Fluss-Variante ab Negreira.

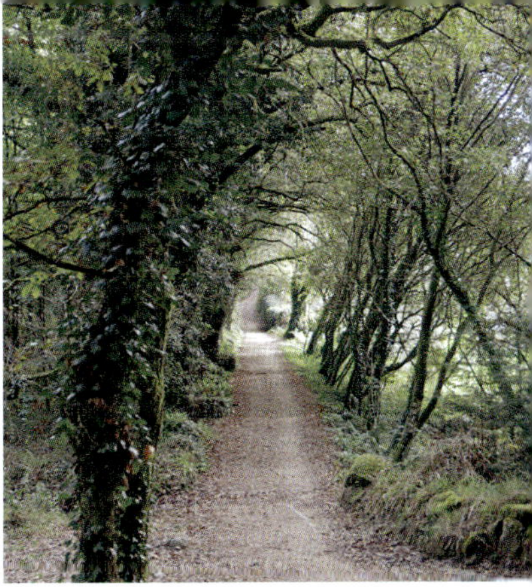

Auf dem Weg nach Camiño Real.

ge der Xunta kommend links) auf den Flussweg einbiegen (recht charmanter Fehler: Gehzeit wird mit »Zeitreise« übersetzt). Nun eben am schönen Ufer des Río Barcala entlang; zwei Brücken werden überquert, an der dritten geradeaus vorbei. Beim Sitzplatz mit Brunnen links über die Wiese (links: Kapelle) und nach links auf der Straße bergan; wo sie auf eine quer verlaufende Straße trifft, schräg rechts in den Waldweg. Er wird zum schönen Waldpfad und steigt weiter bergauf. Bei der Einmündung eines Wegs von rechts geradeaus bergauf (kein Pfeil). Oben geradeaus auf Asphalt bis zur quer verlaufenden Landstraße; hier rechts in den Hauptweg. **(2)** Die Variante zwischen Portocamiño und Vilaserío (blaue Schilder) ist gleich lang und verläuft abseits der Straße, hat aber 40 Hm mehr Auf- und Abstieg. **(3)** Eine 500 m längere Variante ab Vilar do Castro verläuft über den Monte Aro nach A Picota (4,6 km), von dort aus aber 3,6 km an einer Landstraße nach Mallón und wird daher hier nicht beschrieben. **(4)** Vor Lago kann man auf der Straße bleiben und spart sich so 50 zusätzliche Höhenmeter an Auf- und Abstieg. **Anmerkung:** Vor allem gegen Ende wenig Schatten, daher kann die Etappe bei warmem Wetter etwas anstrengend sein. Genügend Wasser mitnehmen.

Von der **Herberge der Xunta** von **Negreira (1)** aus gehen wir ein kurzes Stück bergab zurück und nehmen dann den ersten Weg nach links zur Kirche (zur Fluss-Variante: an der Straße zurück bis zur Brücke über den Río Barcala und dort links). Beim Friedhof geht es rechts in einen kleinen Weiler. Wir durchqueren ihn geradeaus und verlassen ihn zwischen der steinernen Säule und der mächtigen Kastanie hindurch. Auf dem Waldweg kommen wir zur Landstraße, auf der wir nach **Zas (2)** wandern (knapp 45 Min., von rechts: Fluss-Variante). Dort gehen wir rechts über die Straße und dann weiter auf einem ansteigenden Waldweg zum Weiler **Camiño Real** (**3**; knapp 30 Min.). Im Auf und Ab erreichen wir **Rapote** (**4**; knapp 45 Min.) und **A Pena** (**5**; 20 Min.; Treppe links hinauf zur ersten Herberge und Einkehrmöglichkeit). Kurz danach passie-

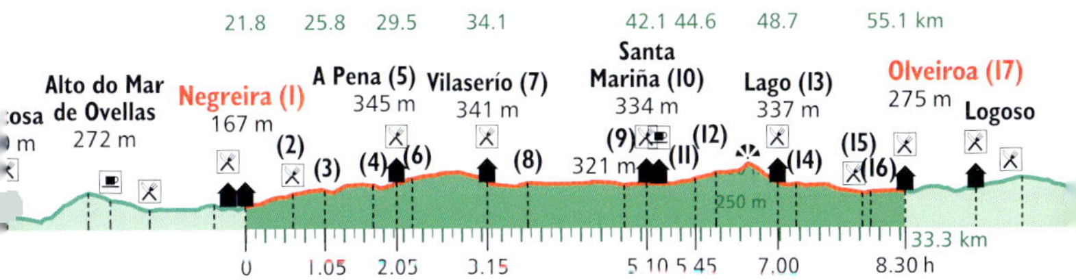

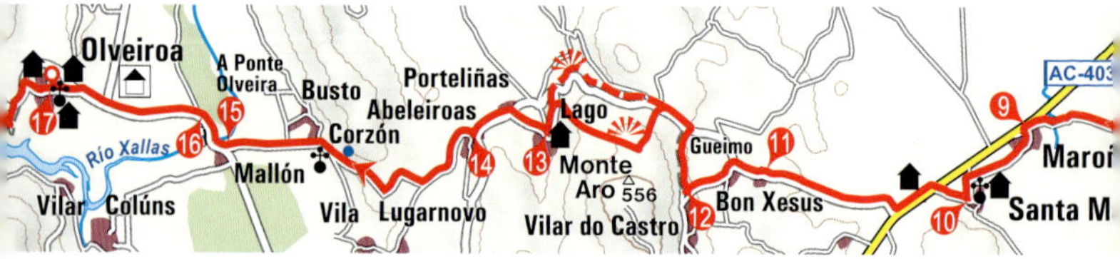

ren wir die zweite Herberge (bei der Kirche links am Weg) und gelangen durch den Weiler Piaxe zweimal links abbiegend nach **Portocamiño** (**6**; 15 Min.); dort rechts an der Landstraße weiter bergan. Kurz nach dem Hinweis auf den Windpark (»Parque Eólico de Corzán«) schlagen wir rechts das Sträßchen ein. Gleich darauf ist Variante 2 ausgeschildert: Sie folgt geradeaus dem Sträßchen (schöne Blicke ins Tal), bei der Gabelung links in den Fahrweg (blaues Schild) und in stetem Auf und Ab immer geradeaus. Schließlich geht es auf Beton bergab und geradeaus in einen Feldweg. Dann bei der T-Kreuzung rechts, bei nächster Gelegenheit links und über die Straße nach **Vilaserío** (**7**; 45 Min. ab Abzweig).
Der gleich lange **Hauptweg** biegt links in den Kiesweg ein, steigt bergan und gelangt wieder zur Landstraße; hier rechts und neben der Straße bis zum links abzweigenden Weg hinunter nach **Vilaserío** (**7**; 45 Min. ab Abzweig). Nach der Bar schlagen wir die Straße nach links unten ein und wandern – vorbei an der städtischen Herberge – nach **Cornado** (**8**; gut 30 Min.). Beim Brunnen biegen wir nach links oben ab und stoßen später auf ein Sträßchen, wo wir rechts und nach 300 m wieder links gehen.
Sehr weit und flachhügelig erstreckt sich das Hochplateau der Region Xallas (bekannt für Korbflechtarbeiten, »Cestería«, und ausgefallene Frauenhüte aus Stroh, »Sombreros de paja«) bis zum Horizont. Über landwirtschaftliche Wege gelangen wir nach **Maroñas** (**9**; gut 1 Std.; die dort angeschriebene Bäckerei befindet sich bei der zweiten Herberge von Santa Mariña) und **Santa Ma-**

Kurz vor Lago: Blick auf den Fervenza-Stausee.

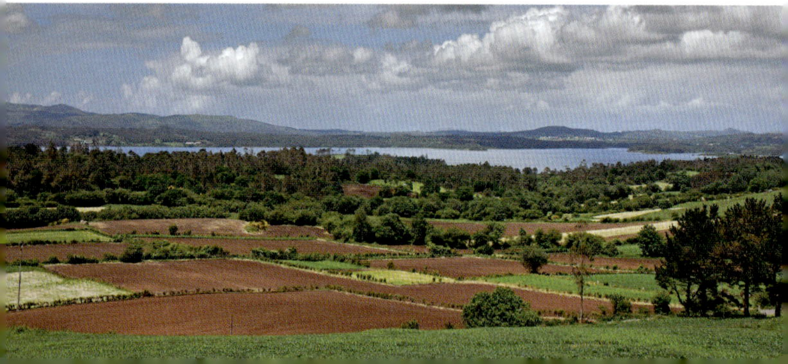

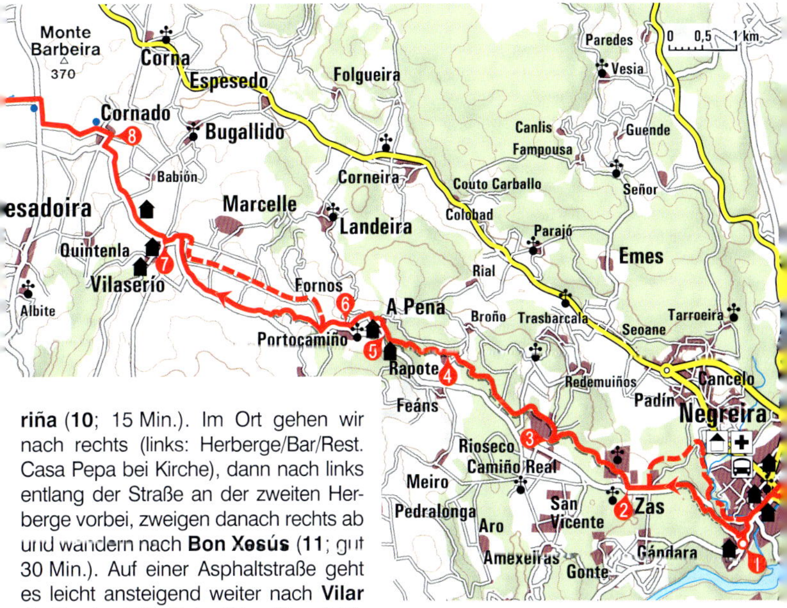

riña (**10**; 15 Min.). Im Ort gehen wir nach rechts (links: Herberge/Bar/Rest. Casa Pepa bei Kirche), dann nach links entlang der Straße an der zweiten Herberge vorbei, zweigen danach rechts ab und wandern nach **Bon Xesús** (**11**; gut 30 Min.). Auf einer Asphaltstraße geht es leicht ansteigend weiter nach **Vilar do Castro (12)** (links Weg über A Picota). Wir folgen der Straße nach rechts aus dem Weiler hinaus. Links vom Weg erhebt sich der höchste Berg der Region, der Aro (556 m). Bei dem Sträßchen kurz darauf biegen wir nach links oben ab. Nach gut 300 m zweigt der Weg nach links oben ab (wer sich den Anstieg sparen möchte, folgt der Straße geradeaus und bergab; nach der scharfen Links- und kleineren Rechtskurve auf dem Feldweg links nach **Lago**, **13**; ½ Std./1,8 km ab Abzweig).

Der **Jakobsweg** klettert nach links steil auf fast 480 m Höhe. Im Rechts-links-Schwenk geht es an einem Aussichtspunkt mit schönem Blick auf den Fervenza-Stausee vorbei und dann nach rechts bergab. Nach ca. 1 km/15–20 Min. achten wir auf den links abzweigenden Pfad, dann gleich wieder links und nach **Lago** (**13**; 45 Min./1,9 km ab Abzweig). Im Weiler biegt der Weg rechts ab, bei der nächsten T-Kreuzung links nach **Abeleiroas** (**14**; 15 Min.). Dort nach rechts und durch Felder und Wäldchen vorbei an Corzón, das rechts liegen bleibt, nach **Mallón** (**15**; 45 Min.). Wir biegen rechts in die Landstraße und gelangen in 5 Min. nach **Ponte Olveira** (**16**; 10 Min.). Ab hier wandern wir auf dem Fußweg neben der Straße über eine Anhöhe, kurz vor dem Ort lenkt uns ein Hinweis nach links nach **Olveiroa** (**17**; 1,7 km/20 Min.) hinein. Zur Herberge der Xunta folgt man dem Schild rechts in die Straße.

17 Olveiroa – Finisterre/Fisterra

8.15 Std.
30,8 km

Herbergen: Logoso (290 m, 30 EW), TH, 38 B/14 € (4 EZ 45 €, 4 DZ 50 €). Alb. O Logoso, Tel. 659 505 399, albergueologoso.com. W/T, Küche; Bar/Rest., kl. Laden; ruhig gelegen, geräumig, Taxifahrten u. a. zum Ézaro-Wasserfall. Check-in 13–19 Uhr, März–Nov. **Camiños Chans** (30 m, 350 EW), TH, 24 B/15 €. Alb. O Bordón, Tel. 655 903 932. W/T, Küche, Bar. 12–23.30 Uhr, März–Okt. **Cee** (3 m, 7600 EW), **(1)** TH, 14 B/15 € (4 DZ 40 €). Alb. Moreira, Tel. 620 891 547, alberguemoreira.es. Küche, W/T; schönes Haus, zwei Schlafsäle, Meerblick. Check-in 13–19 (Winter bis 18) Uhr, April–Okt. **(2)** PH, 40 B/15 €. Alb. A Casa da Fonte, Tel. 699 242 711 und 981 746 663. W/T, Küche; Frühstück. zwei Schlafsäle, viel Platz. 12–22 Uhr, März–Nov. **(3)** TH, 20 B/15–18 € (2 DZ 45 €, als EZ 35 €). Alb. Tequerón, Tel. 666 119 594. W/T, Küche; viel Platz. Check-in 10–22 Uhr (Gäste erhalten Schlüssel), ganzjährig. **Corcubión** (10 m, Herberge auf 111 m, 1700 EW), VH, 14 B/Spende. Alb. de San Roque, 1,5 km ab Zentrum auf dem Alto de San Roque, betreut vom galicischen Jakobswegverein, Tel. 679 460 942 (keine Reservierung). Traditionelle Herberge mit gemeins. Abendessen, Frühstück. 16–22 Uhr, April–Dez. **Amarela** (89 m, 40 EW), TH, 4 B/je nach Saison 17–23 € (2 DZ 45–65 €). Alb. San Pedro, Tel. 670 395 045. W/T (im Preis inbegriffen), überdachte Außenküche. 16–21 Uhr, ganzjährig. **Finisterre/Fisterra** (11 m, 2800 EW), eine Auswahl: **(1)** TH, 24 B/18 € (4 DZ 45–60 €, EZ 30–35 €). Alb. Cabo da Vila, Tel. 607 735 474, alberguecabodavila.com. Küche, Frühstück, W/T. 7–22 Uhr, März–Nov. **(2)** XH, 26 B/10 €. Sa/So/feiertags geschl.! Zentrum bei Bushaltestelle. Stempel aus Negreira und Olveiroa bzw. Lires notwendig! Küche, W/T; recht beengt. Ab 13 Uhr, ganzjährig. **(3)** TH, 16 B/15 € (DZ 30 €, EZ 20 €). Alb. Arasolis, Tel. 638 326 869. Küche, W/T. Check-in 10–20 Uhr, ganzjährig. **(4)** TH, 20 B/18 €. Alb. A Pedra Santa, Tel. 613 017 062 (WhatsApp), apedrasanta.com. Küche, W/T; viel Platz, modern. Ab 11 Uhr, ganzjährig. **(5)** TH, 18 B/ab 13 € (DZ 33 €). Alb. do Sol e da Lúa (nahe Schule), Tel. 617 568 648. Küche, W/T. Gemeins. Essen, Pilgeratmosphäre. Ganztags, ganzjährig (Winter nur mit Reservierung). **(6)** TH, 22 B/12 € (4 EZ 30 €, 4 DZ 35 €). Alb. Finistellae, Tel. 637 821 296, finistellae.com. Mikrowelle, Wasserkocher, W/T. 7.30–22.30 Uhr (Zugangscode), April–Nov. **(7)** TH, 12 B/15 € (DZ 40 €, EZ 25 €). Alb.-Pensión Fin da Terra e do Camiño (hinter Castillo), Tel. 675 361 890. Küche, Waschm. Pension direkt am Meer. Ab 10 Uhr, Ostern–Okt. **(8)** TH, 11 B/15 € (DZ 34 €). Alb. Por Fin, Tel. 636 764 726. Küche, W/T; geräumig. Ganztags, April–Nov. **(9)** TH, 14 B/15 € (2 DZ 40 und 50 €). Alb. La Espiral, Tel. 607 684 248. Küche, W/T: Frühstück; Info zu Finisterre. Check-in 12–21 Uhr, ganzjährig. **(10)** TH, 50 B/15–17 € (DZ 36–51 €). Alb. de Sonia (Buen Camino), Tel. 619 529 343, buencaminofinisterre.com. W/T, Küche; Meditations- und Yoga-Raum; schön gelegen, modern, hell, geräumig. Check-in 12–21 Uhr, Mitte Jan.–Mitte Nov. **(11)** TH, 14 B/12–18 € (DZ 30–60 €, 4er-Zi. 60–72 €, 8er-Zi. 96–115 €). Alb. Mar de Fóra, Tel. 648 263 639, alberguemardefora.com. Küche, W/T, Frühstück; schön strandnah gelegen. Check-in 11–19 Uhr, ganzjährig.

Die Strecke: Gut markiert, leicht bis mittelschwer. Bis Corcubión vorwiegend Wald- und Feldwege. Von Corcubión bis Finisterre z. T. an Straße.

Höhenunterschied: 470 m im Aufstieg, 730 m im Abstieg.

Kritische Stellen: Keine.

Landschaft: Eine lange, dafür sehr attraktive Etappe zum Atlantik. Anfangs erinnert die Vegetation an Heidelandschaften. Ab Hospital zeichnet sich die Küste immer deutlicher ab. Nach längerem Auf und Ab geht es steil hinunter nach Caminos Chans, ab Cee folgt der Weg der weit ins Land greifenden Ría (Meeresarm) de Corcubión, klettert über einen kleinen Bergrücken und gibt dann Blicke auf die Küste und eine kleine Bucht mit türkisblauem Wasser und weißem Sand frei. Zuletzt wandert man direkt auf der 2 km langen Praia da Langosteira nach Finisterre.

Infrastruktur: Logoso (in Herberge; Verkauf von Obst, Konserven etc.); Hospital (357 m, 40 EW); Caminos Chans; Cée Hospital Comarcal, Tel. 981 706 010; Corcubión Av. A Viña, Tel. 981 745 552; Estorde (7 m, 130 EW); Sardiñeiro (9 m, 460 EW); Finisterre Pfarrkirche im Ort Mo–Sa (außer Di) 20 Uhr, So 10 u. 19 Uhr (Apr.–Sept.), 20 Uhr (Okt.–März), Igl. de Santa María das Areas (am Weg zum Leuchtturm) So/Fei 12 Uhr C/ Calafigueira s/n, Tel. 981 712 263.

Busse ab Finisterre: **(1)** Nach Santiago: tgl. 9.45, 15, 17.45 u. 18.45 Uhr, zusätzlich Mo–Fr 8.20 u. 16.45 Uhr, Sa/So 11.45 Uhr, Fahrzeit 2.20–3.15 Std., Preis 7,15 €, Ticketverkauf je 1 Std. vor Abfahrt am Schalter oder auf monbus.es. **(2)** Nach Muxía tgl. 11.30 Uhr, Fahrzeit 30 Min., Preis 2,55 €, Ticket am Schalter. (Stand Nov. 2023, aktuelle Info vor Ort und auf monbus.es.).

Anmerkung: Die Pilgerbescheinigung »Fisterrana« gibt es in der Touristeninformation (vgl. S. 177); aus Muxía kommend Stempel aus Lires notwendig.

Tipp: Einzigartig, nämlich direkt beim Leuchtturm von Finisterre, liegt das schöne Hotel O Semáforo, Tel. 981 110 210, hotelsemaforodefisterra.com.

Wir verlassen **Olveiroa (1)** nach Westen, bei dem alten Waschplatz gehen wir links in den kleinen Hohlweg. Der Weg steigt langsam an, zieht sich an der Südflanke des Berges O Sino (415 m) entlang und fällt dann wieder ab. Nach knapp 45 Min. überqueren wir einen Bach, 15 Min. später erreichen wir **Logoso (2)**. Durch ein schönes Tal wandern wir hinauf nach **Hospital** (kl. Informationszentrum). Wir biegen vor dem Weiler links ab und gehen links in die Straße und zur Bar. Schräg gegenüber kürzen wir die Landstraße über die alte Straße ab. Links liegt die hässliche Eisenfabrik auf der Anhöhe. Am Kreisverkehr (**3**; knapp 45 Min.) zeigen zwei Wegsteine die Distanzen nach Finisterre/Leuchtturm

Kleiner Smalltalk bei der Ermita de Nuestra Señora de las Nieves.

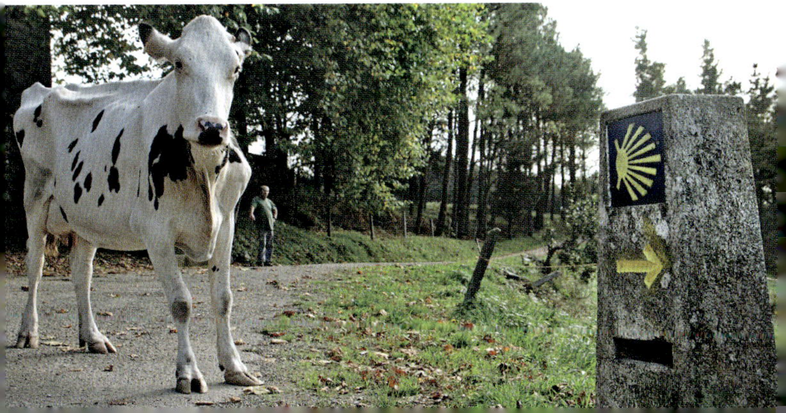

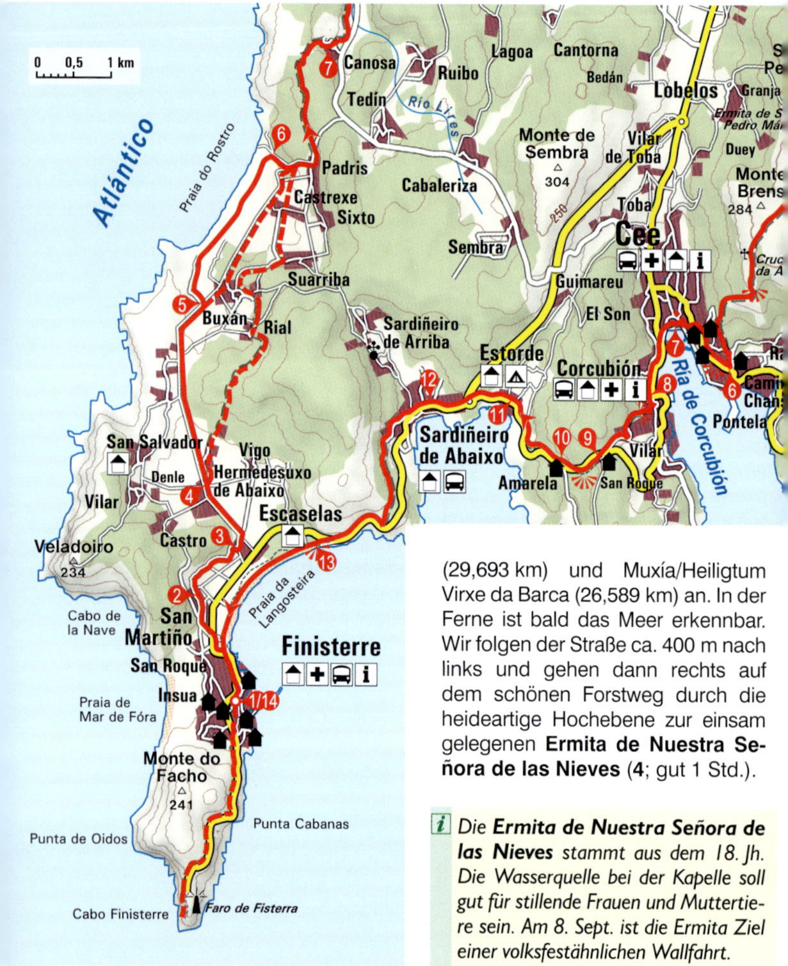

(29,693 km) und Muxía/Heiligtum Virxe da Barca (26,589 km) an. In der Ferne ist bald das Meer erkennbar. Wir folgen der Straße ca. 400 m nach links und gehen dann rechts auf dem schönen Forstweg durch die heideartige Hochebene zur einsam gelegenen **Ermita de Nuestra Señora de las Nieves** (**4**; gut 1 Std.).

*Die **Ermita de Nuestra Señora de las Nieves** stammt aus dem 18. Jh. Die Wasserquelle bei der Kapelle soll gut für stillende Frauen und Muttertiere sein. Am 8. Sept. ist die Ermita Ziel einer volksfestähnlichen Wallfahrt.*

Nach der Kapelle steigt der Weg an. Immer deutlicher zeichnet sich die Küste am Horizont ab. Nach knapp 1 Std. erreichen wir die **Ermita de San Pedro Mártir (5)**. Die Quelle bei der mittelalterlichen Kapelle soll gut gegen Rheu-

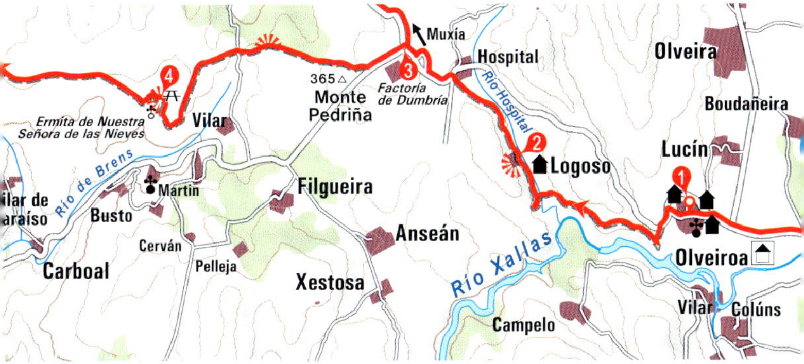

ma, Fußschmerzen und Warzen sein. Der Blick auf die Küste wird immer besser, rechts ist die Landzunge von Finisterre zu erkennen. Gut 30 Min. nach der Kapelle passieren wir den Hinweis auf das »Cruceiro da Armada« (etwas abseits liegendes Wegkreuz). Von der 283 m hohen Anhöhe bietet sich bei gutem Wetter ein atemberaubender Ausblick auf den Atlantik, die Ría von Corcubión und das Kap Finisterre. Welch Anblick für die mittelalterlichen Pilger, die noch nie ein Meer gesehen hatten!
Kurz danach erreichen wir teils sehr steil bergab **Camiños Chans** (**6**; 45 Min.). Der Abstieg endet an einer T-Kreuzung: Die Herberge O Bordón befindet sich rund 50 m links, der Weg führt rechts in knapp 100 m zur Hauptstraße und dort nach rechts fast auf Meeresniveau der Straße folgend nach **Cee** (**7**; 20 Min.; sonntags großer Markt). Von Cee aus folgen wir der Küstenlinie. Unterwegs weisen Wegzeichen nach rechts oben. Schöner ist, es geradeaus auf dem Gehweg direkt am Meer bis zu einer Verkehrsinsel mit Palmen in **Corcubión** (**8**; 20 Min.) zu gehen.

*i Das Hafenstädtchen **Corcubión** steht seit 1984 unter Denkmalschutz. Typisch sind die Häuser mit weißen Galerien und Steinsockeln. Die **Iglesia de San Marcos** wurde um 1430 im sogenannten küstengotischen Stil (gótico-marinero) errichtet. Der Kirchturm stammt aus dem 19. Jh., er ersetzte den alten, bei einem Unwetter eingestürzten. Während der Ölkatastrophe von 2002 verhinderten Anwohner und unzählige freiwillige Helfer mittels einer schwimmenden Barriere die Verseuchung der Bucht von Corcubión und Cee.*
***Fiestas:** 16. Juli **Romería del Carmen**, feierliche Schiffsprozession zu Ehren der heiligen Carmen, Schutzpatronin der Seefahrer. Ende Juli **Fiesta medieval**, Mittelalterfest. Erster Samstag im Aug. **Fiesta de la Almeja**, Venusmuschel-Fest mit Verkostung von Albariño- und Ribeiro-Weißweinen.*
***Information:** turismo.corcubion.gal und corcubion.gal.*

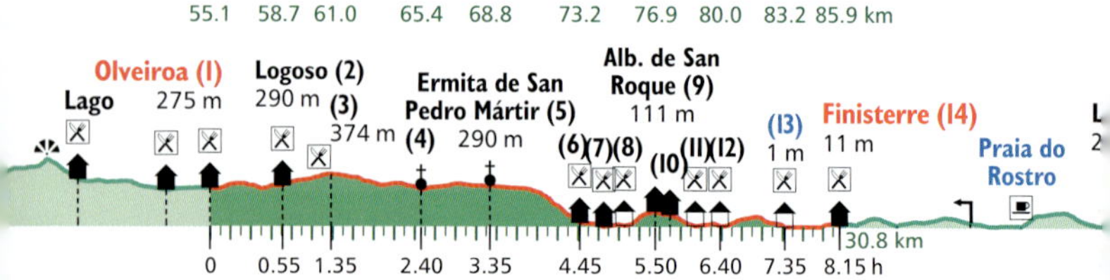

Wegmarken führen uns an der Verkehrsinsel geradeaus in den Ort und schräg links hinauf zur Kirche. An einem Wohnhaus weist eine Muschelkachel zu einer Treppe rechts. Durch eine schmale Gasse gelangen wir zu einer Grünanlasge, die wir geradeaus überqueren. Durch den sehr schmalen Hohlweg kommen wir zu einem Waldpfad und bergauf nach Vilar. Wir gehen rechts und überqueren kurz danach (vorsichtig) die C-552.

Beim **Alto de San Roque** (**9**; 30 Min.) befindet sich die **Herberge** von Corcubión. Wir bleiben kurz auf dieser Seite der Straße, überqueren sie dann und gelangen nach **Amarela** (**10**; 10 Min.). Eiin kurzes Stück bleiben wir noch an der C-552 und biegen dann in einen kleinen Waldpfad ein. Wieder an der Straße gelangen wir nach **Estorde** (**11**; 20 Min.) mit seinem weißen Sandstrand. Wir bleiben an der Straße und überqueren sie vor und nach **Sardiñeiro** (**12**; 1,2 km/20 Min.) dreimal. Auf Höhe des Zebrastreifens biegen wir beim Schild »Praia do Rostro« rechts und gleich wieder links in die Gasse ein. Am Ende geht es rechts hoch auf einen ansteigenden Waldweg. Einige Zeit später wird die C-552 ein letztes Mal überquert; über einen schönen Küstenweg erreichen wir den 2 km langen Sandstrand **Praia da Langosteira** (**13**; gut 45 Min.). Am Ende des Strands gehen wir hoch zur Straße und an ihr links ins Zentrum von **Finisterre** (**14**; 45 Min.). Vom Ortszentrum führt die kleine Küstenstraße hinauf zum Faro (Leuchtturm) am »Ende der Welt« (1 Std.).

*i Das Fischerstädtchen **Finisterre** (galicisch **Fisterra**) ist durch den Zustrom an Pilgern in den vergangenen Jahren wieder merklich aufgeblüht. Schon die Kelten folgten der Bahn der Sonne bis hier her. Auf dem Gipfel des Monte do Facho (241 m), oberhalb des Leuchtturms, zelebrierten sie Fruchtbarkeits- und Sonnenriten. Auch der phönizische Sonnentempel Ara Solis soll dort gestanden haben. Für die Römer war die Promontorium Nerium genannte Landzunge das Finis Terrae, das Ende der Welt, an dem das Mare Tenebrosum, das Meer der Finsternis, wie sie den Atlantik nannten, begann. Mit der Entdeckung des Apostelgrabes begann die Vermischung heidnischer und christlicher Bräuche. Davon zeugen u. a. die Ruinen der **Ermita de San Guillermo** (vermutlich 10./11. Jh.) an der Ostflanke des Monte do Facho. Kinderlose Paare erhofften sich von einer Nacht in der Kapelle den lang ersehnten Nachwuchs. In der am Weg zum Leuchtturm stehenden **Iglesia de Santa María das Areas** wird der **Santo Cristo de Finisterre** (14. Jh.) verehrt. Er galt im Mittelal-*

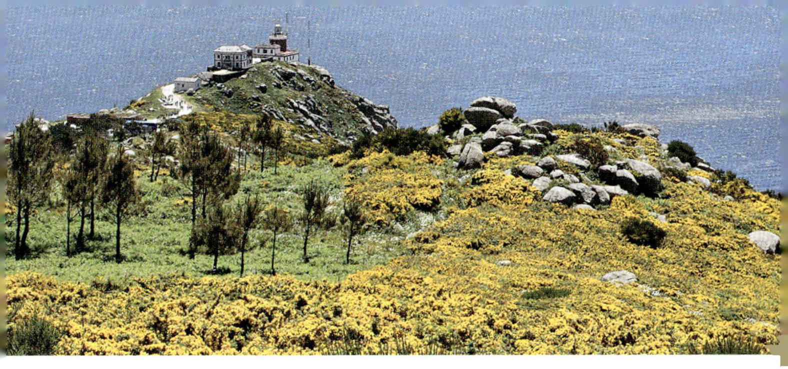

Frühlingshafter Blick über Ginsterhänge zum Leuchtturm von Finisterre.

ter als die westlichste Christusdarstellung. Die Holzskulptur soll während eines Sturms über Bord eines Schiffes gefallen und dann in Finisterre gestrandet sein. Vom ersten romanischen Bau der Kirche aus dem 12. Jh. sind Teile der Apsis, das Ostportal und einige Kapitelle erhalten, im Lauf der Jahrhunderte kamen gotische und barocke Elemente hinzu (1. Juli–15. Sept. 10–14.30 und 16–20 Uhr). Beim heutigen Friedhof befand sich früher ein Pilgerhospital.

Pilger erhalten in der Herberge der Xunta die **Fisterrana** *als Beleg, zu Fuß, per Fahrrad oder zu Pferd bis ans »Ende der Welt« gelangt zu sein. Auf die mittelalterlichen Pilger sollen die Rituale zur symbolischen Erneuerung zurückgehen, wie das reinigende Bad im kalten Atlantikwasser, am besten an der wunderschönen* **Praia da Langosteira***. Fast 2 km misst die Sandbucht, mit ein bisschen Glück findet man auch Jakobsmuscheln. Das Betrachten des Sonnenuntergangs auf dem Kap Finisterre symbolisiert den Tod vor der Wiederauferstehung am nächsten Morgen. Das Verbrennen von Kleidung oder anderen Dingen auf dem Kap ist verboten. Um nicht aus Versehen einen Buschbrand zu verursachen, sollte man sich dran halten. Der 17 m hohe* **Leuchtturm** *wurde 1853 errichtet. Sein Lichtstrahl reicht rund 57 km weit. Vom Kap Finisterre aus wird ein Großteil der weltweiten Frachtschifffahrt kontrolliert. An der Westseite der Landzunge erstreckt sich die dem offenen Meer zugewandte* **Praia do Mar de Fora** *(wegen der starken Strömungen ist das Baden verboten).*

Kulinarisches: *Fisch, Tintenfisch und Muscheln je nach Saison. Die 2008 eröffnete moderne* **Lonja** *(Fischauktionshalle) im Hafen steht wie keine andere in Galicien auch Touristen offen. Von Mo bis Fr kann man in ihr ab 16.30 bis gegen 20 Uhr der Versteigerung des Tagesfangs bewohnen.*

Feiertage: *Karwoche,* **Semana del Cristo***, Prozessionen und Passionsspiele mit zahlreichen Laiendarstellern; Fest von nationaler Bedeutung. Erster Sonntag im August* **Fiesta del Longueirón** *(ähnlich Navaja, Schwertmuschel). Im August (ohne festes Datum)* **Fiesta del Pulpo***, Kraken-Fest.*

Oficina de Turismo: *Praza da Constitución, Tel. 627 239 731, Mo–Sa 10.30–14 und 15.30–18.30 Uhr, So 10.30–14 Uhr (oder laut Aushang), concellofisterra.com.*

18 Finisterre/Fisterra – Muxía

7.45 Std.
28,7 km

Herbergen: Lires (28 m, 150 EW), TH, 30 B/18 € (20 DZ 60/90 €, EZ 45 €). Alb. As Eiras, Tel. 981 748 180 und 662 261 818, ruralaseiras.com. W/T, Bar/Rest.; schöner Strand in der Nähe. 12–21 Uhr, März–Okt. (DZ/EZ 7.30–23 Uhr, März–Dez.). **Muxía** (9 m, 1500 EW), **(1)** TH, 8 B/15–16 € (2 DZ 45–53 €, EZ 45 €). Alb. da Costa (am Weg), Tel. 608 363 820, dacostamuxia.com. Küche, W/T, Aufenthaltsraum mit Meerblick, Garten. Check-in 12–19 Uhr, April–Nov. **(2)** TH, 16 B/ab 15 € (1 EZ ab 45 €, 2 DZ ab 45 €). Alb.-Hostel Muxía Mare (nach Alb. da Costa rechts), Tel. 981 742 423, alberguemuxiamare.es. Küche, W/T. Meerblick. Check-in 12–20.30 Uhr, ganzjährig. **(3)** TH, 48 B/14 €. Alb.@ Muxía (nach Alb.-Hostel Muxía Mare rechts-links, nächste Straße rechts hoch), Tel. 609 615 533, albergueamuxia.com. Küche, W/T. ab 12 Uhr, ganzjährig. **(4)** 50 m weiter oben: S/XH, 32 B/10 €. Geräumig, nüchtern-modern. Küche (ohne Utensilien). 13–22 Uhr, ganzjährig. **(5)** TH, 36 B/16 €. Alb.-Hostel Bela Muxía (Zentrum, nahe Oficina de Turismo), Tel. 687 798 222, belamuxia.com). Küche, W/T, Snack-/Getränkeautomaten; Dachterrasse mit Meerblick. Check-in 11–21 Uhr, Mitte März–Dez. **(6)** TH, 40 B/18 €, Juli/Aug. 20 € (DZ 64/80 €, 2 EZ 48/60 €). Alb. ArribadaZentrum), Tel. 981 742 516, arribadaalbergue.com. Küche, W/T; gute Betten, geräumig. Check-in 9–21 Uhr, April–Nov.

Die Strecke: Gut markiert, leicht. Asphaltsträßchen, Wald- und Feldwege.

Höhenunterschied: 570 m.

Kritische Stellen: Keine.

Landschaft: Eine Etappe zum Genießen mit der für Galiciens Küste typischen Verbindung von Wäldern, grünen Weiden und winzigen Weilern. Ein Stück wandern wir direkt an der Praia do Rostro, an den naturbelassenen Strand brandet der ungestüme Antlantik – baden sollte man hier aber nur bei absolut ruhiger See.

Infrastruktur: Praia do Rostro im Sommer Strandbar; Lires; Frixe (66 m, 70 EW); Muxía Rúa Saúde, Tel. 981 742 068. An Variante offizieller Weg: San Salvador (30 m, 30 EW); Buxán (83 m, 50 EW).

Busse ab Muxía: (1) Nach Santiago: tgl. 17 Uhr (11.45 und 14.15 nur Sommer) sowie Mo–Fr 6.15 und 15.15, Sa 7.30 und 15 Uhr, So 11 und 19.15 Uhr (Fahrzeit je nach Route 2–3 Std., Ticket 6,65 €). **(2)** Nach Finisterre tgl. 17 Uhr (14.15 Uhr nur Sommer), Fahrzeit 45 Min., Ticket 2,55 € (alle Angaben Stand Nov. 2023). Fahrzeiten auch laut Aushang u. a. in der Bar Noche y Día/ggü. Hafen, Ticketverkauf im Bus oder online auf monbus.es (»Rutas y puntos de venta«, dort auch aktuelle Fahrpläne.)

Variante: Hinter Hermedesuxo de Baixo zweigt der offizielle Weg rechts ab. Er verläuft weiter im Inland über die Weiler San Salvador, Rial und Buxán und trifft kurz nach Castrexe mit dem hier beschriebenen küstennahen Weg zusammen; beide Routen sind in etwa gleich lang.

Anmerkungen: (1) Erster Teil der Route: siehe Karte Etappe 17, S. 174. **(2)** Der »Camiño dos Faros« (»Leuchtturmweg«) führt in acht Etappen von Malpica nach Süden via Muxía nach Finisterre; der Weg ist teils anspruchsvoll und mit grünen Pfeilen markiert. Info: caminodosfaros.com. **(3)** Im Tourismusbüro und in der städtischen Herberge von Muxía erhält man die Pilgerurkunde »Muxiana« (aus Finisterre kommend Stempel von unterwegs notwendig).

Wir verlassen **Finisterre (1)** auf der Hauptstraße in Richtung Santiago de Compostela. Bei der Bushaltestelle/Asador San Roque folgen wir dem Wegstein nach links oben in den Vorort **San Martiño de Duio** (**2**; 30 Min.).

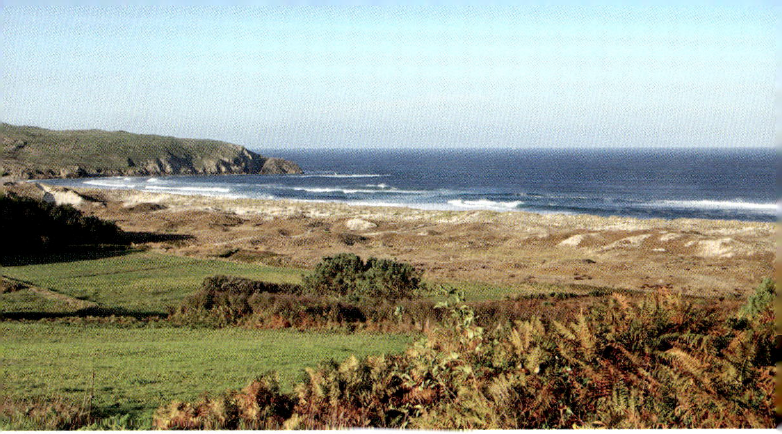

Natürlich und ungezähmt: die Praia do Rostro am küstennahen Weg.

i Bei ***San Martiño de Duio*** *soll sich die verschwundene Stadt Dugium befinden, Schauplatz der Legende um die Grablege des hl. Jakobus. Nachdem das Boot mit seinem Körper bei Padrón angelandet war, schickte Königin Lupa die beiden Aposteljünger Theodorus und Athanasius nach Dugium, auf dass ihnen der römische Legat die Bestattung des Leichnams erlaube. Dieser jedoch sperrte die Jünger ein und verhängte die Todesstrafe. Engel verhalfen den beiden zur Flucht, Dugium verschwand zur Strafe im Meer.*

Durch den Ort wandern wir nach **Escaselas** (**3**; 15 Min.), dann links über die kleine Landstraße nach **Hermedesuxo de Baixo** (**4**; 15 Min.). An der Kreuzung danach zweigt der offizielle Weg nach rechts in Richtung »San Salvador« ab. Wir aber bleiben geradeaus auf der kaum befahrenen Straße. Sie führt zunächst nach Norden auf die Küste zu und schwenkt dann nach rechts. Gut 400 m nach der Rechtskurve zweigt links ein Sträßchen ab (**5**; knapp 45 Min.). Es bringt uns zum rund 600 m entfernten Strand (bei schlechtem Wetter geradeaus auf der Straße bleiben). Gut 1,5 km auf dem Strand, am Ende nach rechts gelangen wir zum Parkplatz an der **Praia do Rostro** (**6**; gut 30 Min. ab Abzweig; im Sommer Strandbar). Wir folgen der Zufahrtsstraße (der »Camiño dos Faros« bleibt nach rechts oben an der Küs-

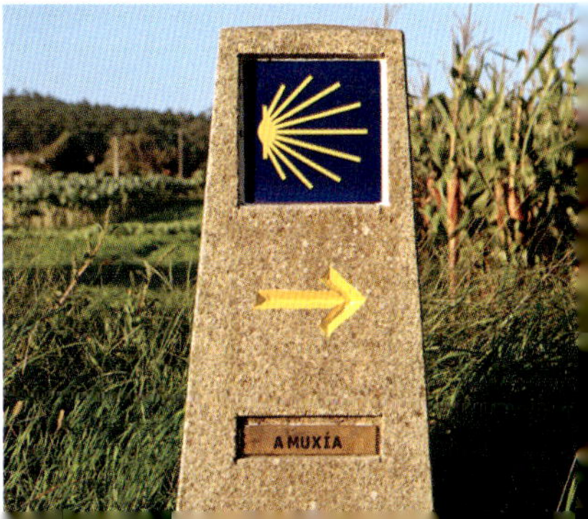

Auf nach Muxía.

te), biegen links in das Sträßchen ein und steigen steil nach Padris an (unterwegs von rechts der offizielle Weg). Wir gehen links, an der Gabelung wieder links und auf einem schönen Forstweg bergauf. Am höchsten Punkt endet der Wald und wir folgen dem Wegweiser nach schräg rechts (geradeaus: Anschluss an »Camiño dos Faros«) hinunter nach **Canosa** (**7**; gut 45 Min.). Danach gelangen wir auf einem Waldweg bergab zu einer Brücke. Wir gehen links, gleich wieder rechts und parallel zur Straße nach **Lires** (**8**; 30 Min.; an der Kreuzung im Oberdorf rechts zur Herberge). Kurz hinter Lires überqueren wir auf einer breiten Brücke den Río do Castro. Danach biegen wir links in einen etwas unbequemen Weg ein und wandern durch Wald bergauf; wieder auf einem Sträßchen erreichen wir **Frixe** (**9**; gut 30 Min.). Dort geht es links und gleich wieder rechts und auf Waldwegen nach **Guisamonde** (**10**; knapp 45 Min.). Ein Landsträßchen bringt uns zum Weiler **Morquintián** (**11**; knapp 30 Min.). Bei der Gabelung halten wir uns rechts und folgen ein gutes Stück der ansteigenden Straße bis zu einer T-Kreuzung. Hier gehen wir rechts hoch und biegen kurz darauf in den ersten Forstweg links ein. Auf diesem gelangen wir zum höchsten Punkt der Etappe (**12**; 270 m; 45 Min.). Bergab durch einen Eukalyptuswald erreichen wir **Xurarantes** (**13**; knapp 45 Min.), wo wir links in die Straße einbiegen. Bei der Kreuzung gehen wir rechts und wandern an der Straße nach links zu einem kleinen

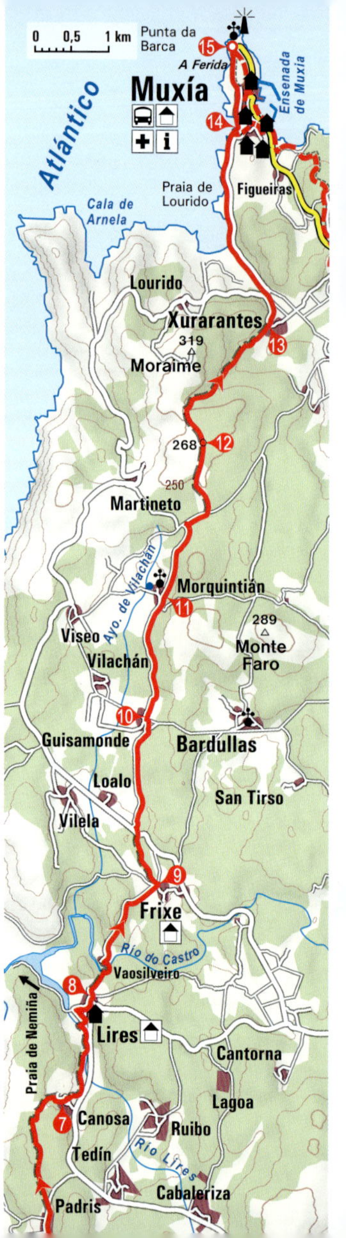

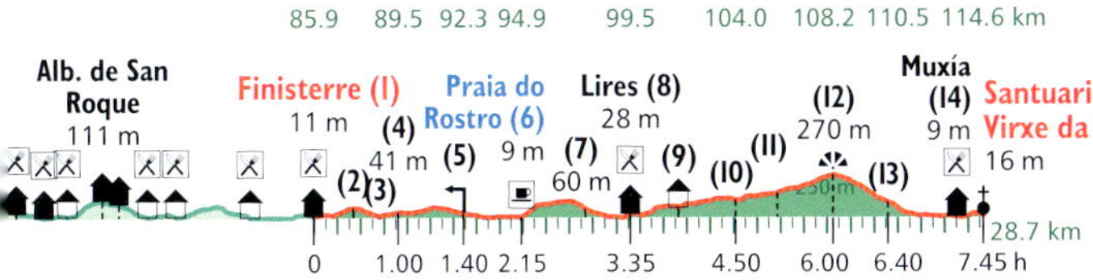

Strand (links: das Parador-Hotel von Muxía). Entlang der felsigen Küste kommen wir nach **Muxía** (**14**; 45 Min). Wir folgen der Promenade, dann der Rúa da Atalaia; zuletzt bringt uns ein Fußweg zum Denkmal »A Ferida« (dt. die Wunde). Der riesige gespaltene Granitblock erinnert an die Ölkatastrophe im Jahr 2002. (Der Fußweg rechts führt in den Ort und zum Hafen.) Auf der felsigen Landspitze darunter steht das **Santuario da Virxe da Barca** (**15**; 20 Min.).

i *In wenigen Orten ist die gemeinsame Präsenz von keltischem Erbe und christlichem Glauben so greifbar wie in* ***Muxía****. Der Legende nach verließ Jakobus während der Missionierung des Nordwestens der Iberischen Halbinsel der Mut. Daraufhin erschien im die heilige Muttergottes in einem steinernen Kahn und gab ihm neue Kraft. Dieser* ***Virxe da Barca****, der Jungfrau des (steinernen) Boots, ist die schlichte Steinkirche (18. Jh.) auf der Landspitze von Muxía gewidmet. Weihnachten 2013 zerstörte ein Brand das Dach und den Innenraum des Heiligtums, inzwischen ist das Kirchlein wieder restauriert. Bereits zu vorchristlicher Zeit schrieben die Menschen einigen der eigentümlich geformten Felsbrocken auf dem Riff vor der Kapel-*

Die raue Westseite von Muxía, das Pferd zeigt sich gänzlich unbeeindruckt.

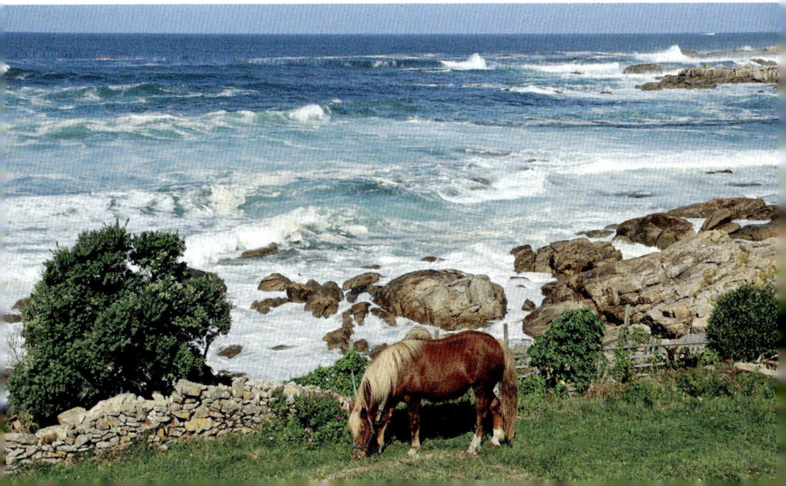

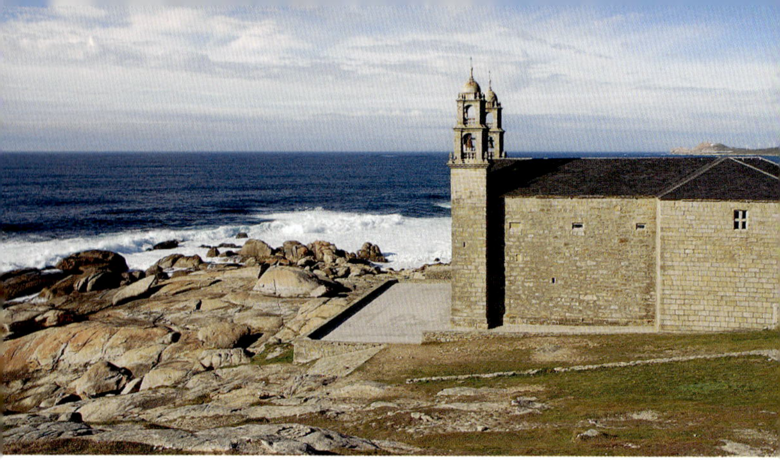

Das Heiligtum der Virxe da Barca auf der Landspitze vor Muxía.

le magische Kräfte zu. Durch den Jakobuskult erhielten die **Piedras Santas**, die heiligen Steine, zwar eine christliche Neuinterpretation (die ersten schriftlichen Zeugnisse stammen aus dem 15. Jh.), doch der Glaube an ihre Wundertätigkeit besteht weiter. Wer etwa neun Mal unter dem nierenförmigen **Pedra dos Cadrís** – dem Segel des Marienschiffs – hindurchklettert, soll von Nierenleiden und Rheuma geheilt werden. Verehrt wird auch der 8,70 x 7 m große **Pedra de Abalar**, ein Wackelstein, der sich nicht nach physikalischen Gesetzen, sondern nach eigenem Willen zu bewegen scheint, etwa um über Schuld oder Unschuld einer Person zu entscheiden oder um ein Unglück anzukündigen.

Vom einst schmucken Fischerdörfchen Muxía zeugen nur noch wenige alte Steinhäuser. Nach der Entdeckung reicher Fischgründe in den 60er-Jahren wuchs der Ort schnell über sich hinaus. Ein schönes Beispiel des in den Küstenorten entwickelten küstengotischen (gótico-marinero) Stils ist die einschiffige **Iglesia de Santa María** (14. Jh.) oberhalb des Zentrums. Muxía ist der einzige Ort Galiciens, in dem noch Congrio, Seeaal, luftgetrocknet wird. Zu sehen sind die Holzgestelle nahe der Promenade. Während der Ölpest nach dem Untergang der Prestige im Jahr 2002 kam diese Promenade zu trauriger Berühmtheit, da hier das Öl zuerst angeschwemmt wurde.

Kulinarisches: Fisch, Meerestier und besonders **Percebes** (Entenmuscheln).

Feiertage: Karfreitag **Fiesta del Congrio**, gastronomisches Volksfest. Ende Juli **Procesión de la Virgen del Carmen**, Seeprozessionen zu Ehren der Schutzheiligen der Seefahrer. Samstag bis Montag vor zweitem Sonntag im Sept. (außer wenn dieser am 8. ist, dann am 15. Sept.): **Romería de la Barca**, bedeutendste Wallfahrt Galiciens, dreitägiges Fest mit Prozessionen, Volksfest und großem Feuerwerk.

Oficina de Turismo: Casa das Beiras, Di–Sa 10–14 und 17–20.30 Uhr, So/Mo 10–14 Uhr, concellomuxia.com.

8.45 Std.

31,5 km

Olveiroa – Muxía 19

Herbergen: Logoso (290 m, 30 EW), TH, , 38 B/14 € (4 EZ 45 €, 4 DZ 50 €). Alb. O Logoso, Tel. 659 505 399, albergueologoso.com. W/T, Küche; Bar/Rest., kl. Laden; ruhig gelegen, geräumig, Taxifahrten u. a. zum Ézaro-Wasserfall. Check-in 13–19 Uhr, März–Nov. **Dumbría** (190 m, 480 EW), X/SH, , 26 B/10 €. Alb. O Conco (blau-rotes Gebäude am Ortsanfang am Weg). Küche (ohne Utensilien), geräumig. 13–22 Uhr, ganzjährig. **A Grixa** (122 m, 15 EW), TH, , 12 B/15 € (1 DZ/EZ 45 €) Alb. O Cabanel, Tel. 600 644 879, albergueocabanel.com. Küche, W/T; Café-Bar; Terrasse, Garten; schön gestaltetes altes Steinhaus, viel Platz. Ab 12 Uhr, ganzjährig. **Quintáns** (90 m, 170 EW), TH, , 10 B/15 €. Alb. Et Suseia (10 Min. nach dem Ort), Tel 689 946 840. Küche, W/T; Kojenbetten (mit eigenem TV); sehr modern. 12.30–22 Uhr, März–Okt. **Muxía** (6 m, 1500 EW): Detailierte Information zu den Herbergen siehe Etappe 18, im Folgenden nur ihre Lage aus Olveiroa kommend: **(1)** Herberge der Xunta: Am Ortsanfang nach links den grasigen Hügel hinauf, oben geradeaus hinunter, insg. rund 300 m. 50 m weiter: **(2)** Alb.@Muxía, C/ Enfesto 12. **(3)** Alb. Arribada, Rúa José María del Río 30: im Zentrum. **(4)** Alb. Hoctol Bela Muxía, Rúa Encarnación 30: im Zentrum. **(5)** Alb.-Hostel Muxía Mare, Rúa Castelao 14 (vor Alb. da Cost). **(6)** Alb. da Costa, Av. Doctor Toba 33: Haus auf Westseite von Muxía.

Die Strecke: Gut markiert. Meist kleine Sträßchen, einige Abschnitte auf unbefestigten Forststraßen, hügeliges Gelände.

Höhenunterschied: 530 m im Aufstieg, 800 m im Abstieg.

Kritische Stellen: Keine.

Landschaft: Eine recht schöne und, da die meisten Pilger direkt nach Finisterre gehen, ruhige Etappe durch kleine Dörfer, dazwischen erstrecken sich Felder und Wälder. Obwohl Muxía an Beliebtheit dazugewinnt, ist es noch nicht ganz so überlaufen wie das beliebte Finisterre, entsprechend ruhiger geht es meist zu.

Infrastruktur: Logoso (beides in Herberge); Hospital (357 m, 50 EW) ; Dumbría Pensión O Arxentino, Tel. 981 744 051 Centro de Saúde (am Weg), Tel. 981 744 129; Senande (131 m, 130 EW) ; Quintáns Pension-Rest. Plaza, Tel. 981 750 452, plazapension.com; San Martiño (55 m, 30 EW) ; Merexo (42 m, 110 EW) ; 1 km entfernt: Camping Lago-Mar, campinglagomar.es; Os Muíños (44 m, 220 EW) ; Muxía Rúa Saúde, Tel. 981 744 068.

Busse ab Muxía: (1) Nach Santiago: tgl. 17 Uhr (11.45 und 14.15 nur Sommer) sowie Mo–Fr 8.15 und 15.15, Sa 7.30 und 15 Uhr, So 11 und 19.15 Uhr (Fahrzeit je nach Route 2–3 Std., Ticket 6,65 €). **(2)** Nach Finisterre tgl. 17 Uhr (14.15 Uhr nur Sommer), Fahrzeit 45 Min., Ticket 2,55 € (alle Angaben Stand Nov. 2023). Fahrzeiten auch laut Aushang u. a. in der Bar Noche y Día/ggü. Hafen, Ticketverkauf im Bus oder online auf monbus.es (unter »Rutas y puntos de venta«, dort auch aktuelle Fahrpläne abrufbar.).

Eine abwechslungsreiche Wanderung verspricht der Weg nach Muxía.

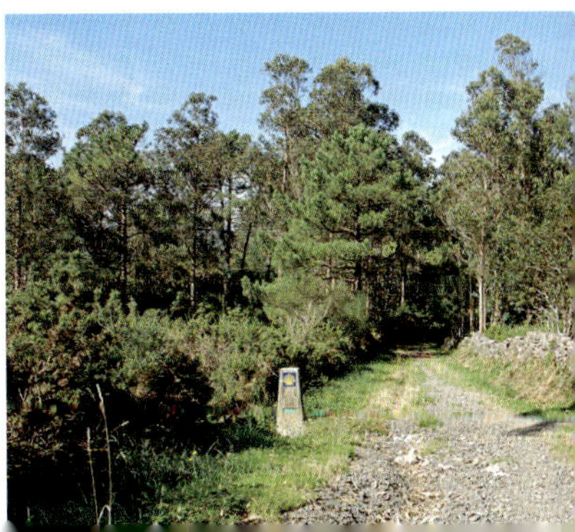

Anmerkungen: **(1)** Für den Beginn der Wegbeschreibung und Karte siehe Etappe 17, S. 175. **(2)** Im Kloster von Moraime gibt es keine Herberge mehr, nur noch eine recht hochpreisige Pension: Monasterio y Pensión de Moraime (geöffnet Juni–15. Okt., DZ je nach Saison und Standard 78–180 €), Tel. 881 076 055, hostelmonasteriodemoraime.com. **(3)** Im Tourismusbüro und in der städtischen Herberge von Muxía erhält man die Pilgerurkunde »Muxiana« (aus Finisterre kommend Stempel von unterwegs, z. B. aus Lires, notwendig). **(4)** Wer nach Finisterre wandert und dort die Pilgerurkunde »Fisterrana« erhalten möchte, benötigt ebenfalls einen Stempel von unterwegs, z. B. aus Lires!.

Die ersten rund 1.45 Std. von **Olveiroa (1)** bis zur **Verzweigung der Wege (3)** am Kreisverkehr kurz hinter Hospital ist identisch mit Etappe 17 (Karte siehe dort). Dort folgen wir 20 Min. der Straße nach rechts, verlassen sie dann nach links auf einem unbefestigten Weg und kommen durch einen lichten Wald. Nach wenigen Minuten überqueren wir die Straße und wandern kurz danach mit schönen Aussichten bergab. Kurz nach Wiedereintritt in den Wald müssen wir für 200 m der Straße folgen und gehen dann nach links unten durch einen schattigen Hohlweg in den Weiler **As Carizas** (knapp 30 Min.). Wir gehen nach rechts und erreichen nach 15 Min. das auffällige blau-rote Gebäude der **Herberge O Conco (4)** und in 10 Min. in die Dorfmitte von **Dumbría** (Hórreo, Iglesia de Santa Eulalia und das steinerne Wegkreuz am Ortsanfang: 17./18. Jh.).
Wir durchqueren den Ort auf der Hauptstraße, an der Kreuzung beim Centro de Saúde geht es nach links unten. Nach gut 20 Min. überqueren wir die AC-552 und wandern durch einen lichten Wald bergauf und mit schönen Weitblicken bergab nach **Trasufre** (**5**; 1 Std. ab Dumbría). Wir gehen schräg rechts über die Straße, auf der Straße links des kleinen Hórreos durch den Weiler und am Ende nach links (rechts: Bushäuschen). Auf dem Asphaltsträßchen überqueren wir den Río do Castro und biegen danach rechts ab. Teils durch lichten Wald, teils vorbei an Feldern und Äckern gelangen wir nach **Senande** (**6**; gut 30 Min.).
An der Kreuzung in der Ortsmitte biegt der Weg nach links ab. Noch immer auf Asphalt kommen wir nach **A Grixa** (15 Min), wo wir an der T-Kreuzung nach der Herberge nach links gehen. Nach rund 250 m nehmen wir den rechts abzweigenden Kiesweg und wandern gemütlich und meist durch Wald leicht bergauf und wieder bergab. Am Fußballplatz und an der Kirche vorbei und über

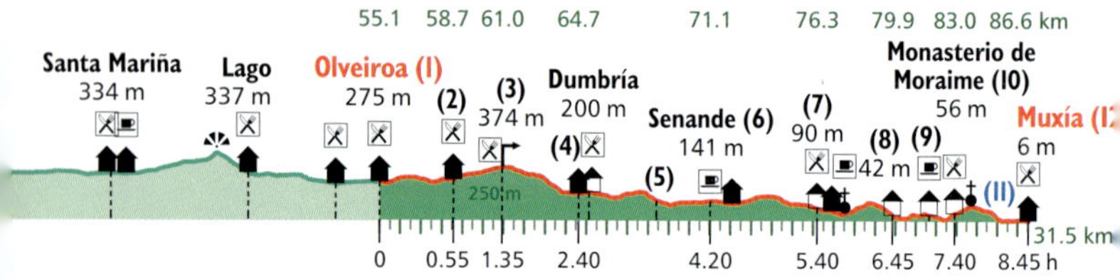

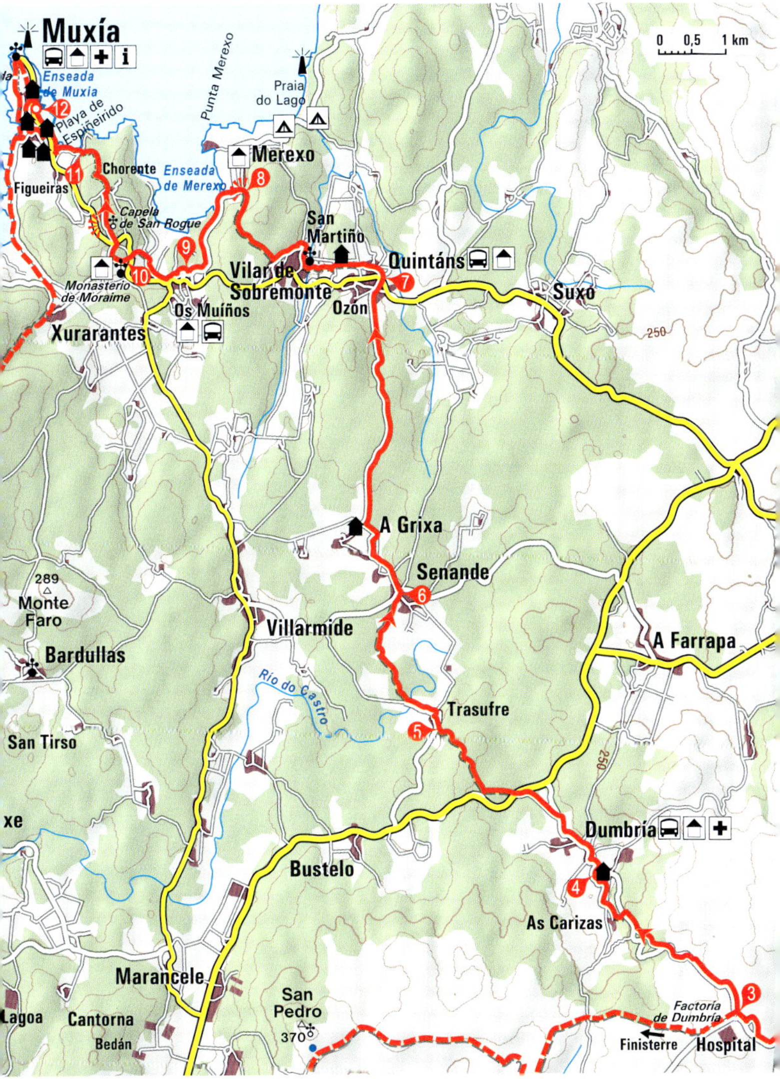
Muxía
Enseada de Muxía
Playa de Espiñeirido
Punta Merexo
Praia do Lago
Merexo
Enseada de Merexo
Chorente
Figueiras
Capela de San Roque
San Martiño
Quintáns
Vilar de Sobremonte
Monasterio de Moraime
Os Muíños
Ozón
Suxo
Xurarantes
250
A Grixa
Senande
289
Monte Faro
Villarmide
Bardullas
A Farrapa
Río do Castro
Trasufre
San Tirso
Dumbría
Bustelo
As Carizas
Marancele
San Pedro
370
Cantorna
Bedán
Lagoa
Factoría de Dumbría
Finisterre
Hospital
0 0,5 1 km

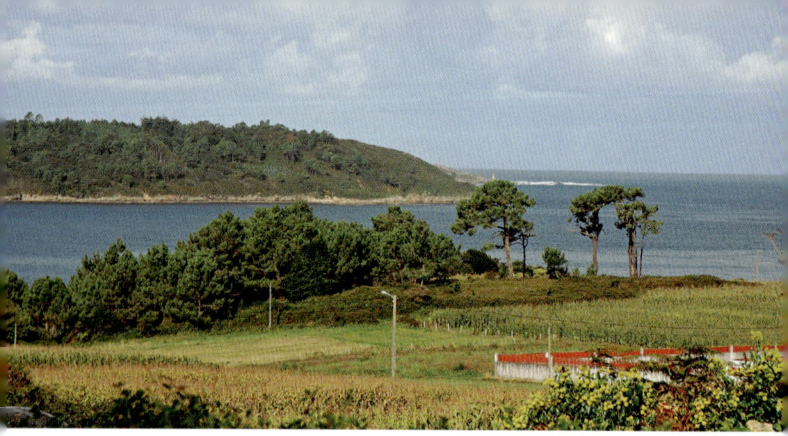

Endlich am Meer!

die Hauptstraße geht es zum Dorplatz von **Quintáns** (**7**; gut 1 Std.). Nach links aus dem Ort kommen wir an der Alb. Et Suseia vorbei zum ehemaligen Kloster von **San Martiño de Ozón** (20 Min.).

i *Die **Iglesia de San Martiño de Ozón** war einst die Klosterkirche des **Monasterio de Santa María de Ozón**. Vom romanischen Grundbau aus dem 12. Jh. sind u. a. noch zwei runde Apsiden, Rundbögen und Säulenkapitelle mit Pflanzendekor erhalten. Im 17./18. Jh. wurde die Kirche baulich stark verändert und erhielt etwa den barocken Glockenturm. In der Kirche sind einige Mitglieder der Adelsfamilie der zu Lema beigesetzt, das erste von D. Alonso de Lema de Quintáns stammt aus dem Jahr 1595. Der steinerne **Hórreo** (16. Jh.) vor der Kirche ist mit einer Länge von 27 m einer der größten Kornspeicher Galiciens. Es heißt, je länger der Hórreo, desto wohlhabender sind die Besitzer.*

Wir gehen rechts um die Anlage herum und dann scharf links nach **Vilar de Sobremonte** hinauf (20 Min.), wo wir scharf rechts in einen Waldweg einbiegen. Bergauf und bergab kommen wir bei **Merexo** (**8**; knapp 30 Min.) der Küste recht nahe. Gleich am ersten Haus gehen wir links und wandern auf dem Sträßchen nach **Os Muiños** (**9**; 30 Min.). Erneut bergab und bergauf und zuletzt über die AC-440 erreichen wir das **Monasterio de Moraime** (**10**; 20 Min.).

i *Das wahrscheinlich schon im 11. Jh. gegründete Benediktinerkloster **Monasterio de San Xulián de Moraime** ist das älteste der Costa da Morte und spielte eine wichtige Rolle bei der Christianisierung der Region. Es unterstand im Mittelalter zunächst den Grafen von Traba, später gehörte es bis 1489 zum Priorat von San*

Martiño Pinario in Santiago de Compostela. Den Mönchen von Moraime wird auch der Bau des Santuario da Barca in Muxía zugeschrieben. Nachdem das Kloster Anfang des 12. Jh. erst von den Normannen, dann von den Sarazenen zerstört worden war, begann man mit dem Wiederaufbau der heutigen Anlage. Gelder dafür kamen u. a. auch von König Alfonso VII., der in seiner Jugend und Kindheit hier Zuflucht gefunden hatte, während seine Anhänger und die seiner Mutter, Doña Urraca, um den Thron stritten. Ab Mitte des 14. Jh. setzte der Niedergang des Klosters ein, das unter den Katholischen Königen wie alle galicischen Klöster der Diözese von Valladolid unterstellt wurde. Inzwischen beherbergt es eine Pension, daneben befindet sich ein Restaurant.
Kurios ist der Eingang zur Kirche: In einem kleinen Vorbau befindet sich die Treppe hinunter zum tiefer gelegenen Hauptportal. Östlich der Kirche erstreckt sich der Friedhof, westlich sind das Pfarrhaus und ein runder Taubenschlag zu sehen.

Wir folgen dem Sträßchen am Kloster vorbei bergan, überqueren erneut die AC-440 und werden bei der **Capela de San Roque** von einem herrlichen Küstenblick empfangen (20 Min.). Nach schräg rechts kommen wir durch den Wald zum Weiler Chorente und durch Kiefernwald hinunter zur **Playa de Espiñeirido** (**11**; knapp 30 Min.). Hier schlagen wir den Bohlenweg ein (nicht links die Straße) und erreichen in wenigen Minuten den Ortsanfang von Muxía (links den Hang hinauf befindet sich die 300 m entfernte öffentliche Herberge). Geradeaus gelangen wir zum Hafen von **Muxía** (**12**; 20 Min. ab Strand) und weiter geradeaus zum Santuario auf der Landspitze (Info zu Muxía siehe Etappe 18, S. 182).

Blick über den Hafen auf Muxía.

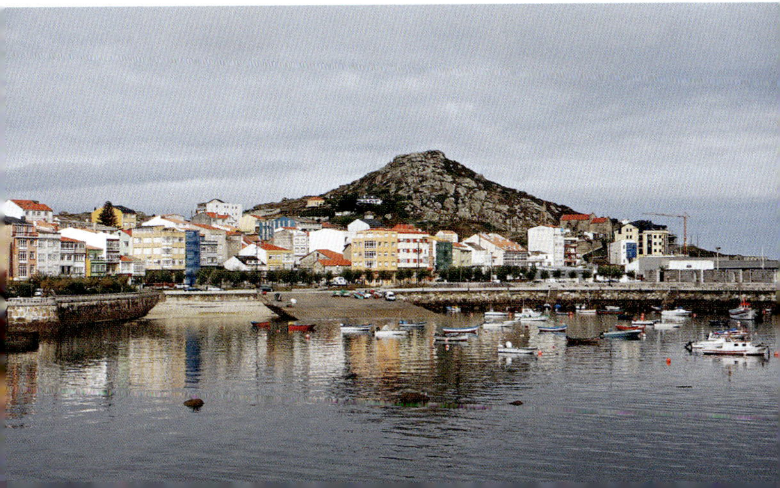

Stichwortverzeichnis

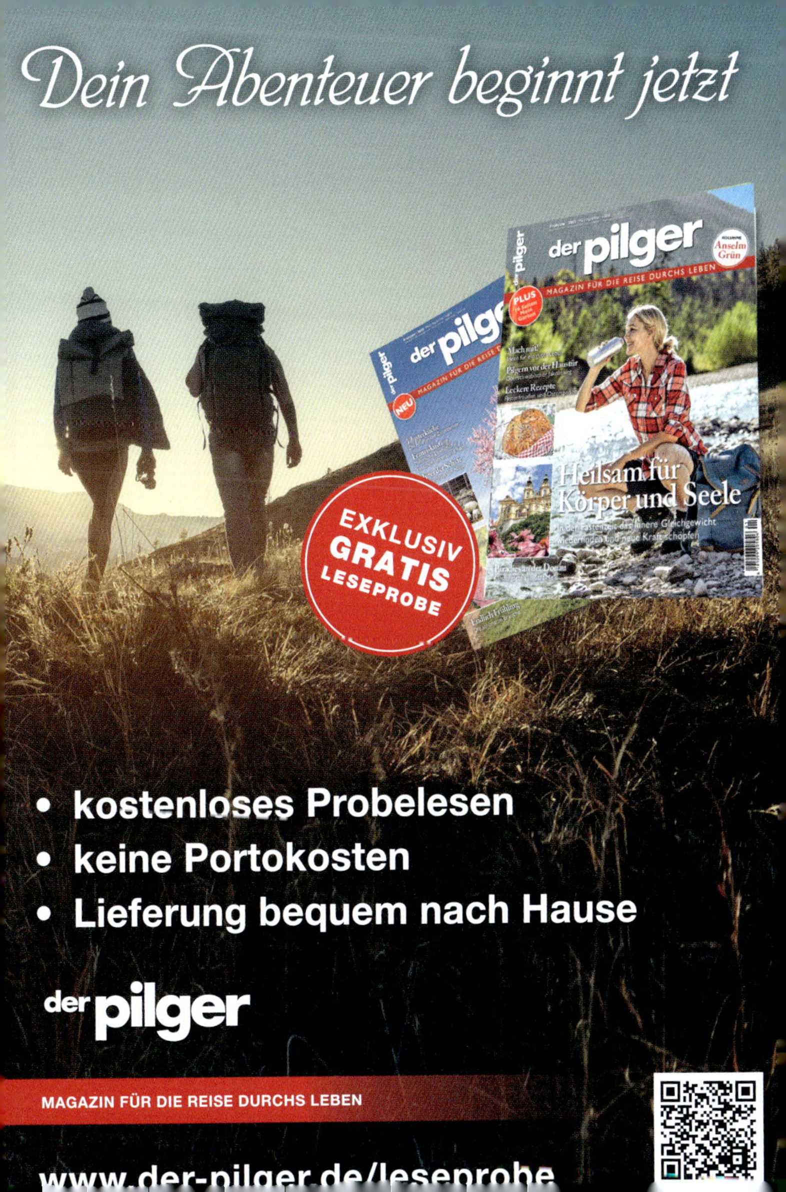
Dein Abenteuer beginnt jetzt
der pilger
MAGAZIN FÜR DIE REISE DURCHS LEBEN
Anselm Grün
Heilsam für Körper und Seele
EXKLUSIV
GRATIS
LESEPROBE
• kostenloses Probelesen
• keine Portokosten
• Lieferung bequem nach Hause
der pilger
MAGAZIN FÜR DIE REISE DURCHS LEBEN
www.der-pilger.de/leseprobe

Einige spanische Vokabeln für unterwegs

Der kleine Sprachführer konzentriert sich auf medizinische Vokabeln, die im Notfall am dringendsten gebraucht werden, und am Weg häufig vorkommende Begriffe.

Spanisch	Deutsch
agua con gas	Sprudel
agua sin gas	Mineralwasser
agua potable	Trinkwasser
agua no potable	kein Trinkwasser
ampolla	Blase
bendición del peregrino	Pilgersegen
bocadillo	belegtes Baguette
bota	(Wander-)Stiefel
desayuno	Frühstück
desinfectante	Wunddesinfektionsmittel
enchufe	Steckdose
calambre	Muskel-/Wadenkrampf
cama	Bett
camino	Weg
cargar la bateria	Batterie aufladen
carretera	Straße (außerorts)
chinches	Bettwanzen
cena	Abendessen
cena comunitaria	gemeinsames Abendessen
comida	Mittagessen
contraseña	Passwort
correos	Post(-amt)
credencial	Pilgerpass
deshidratación	Austrocknung, Dehydrierung
diarrea	Durchfall
dolor de cabeza	Kopfschmerzen
donativo	Spende
esguince	Verstauchung
esparadrapo	Heftpflaster
farmacia	Apotheke
¿Dónde hay una farmacia?	Wo ist eine Apotheke?
flecha amarilla	gelber Pfeil
fuente	Brunnen/Quelle
insolación	Sonnenstich
lavadora	Waschmaschine
litera	Stockbett
magnesio	Magnesium
médico	Arzt
misa	Gottesdienst
mochila	Rucksack
(teléfono) móvil	Handy/Smartphone
¿Dónde hay un médico?	Wo finde ich einen Arzt?
Necesito un médico.	Ich brauche einen Arzt
peligro	Gefahr
peligroso	gefährlich
peregrino/-a	Pilger, Pilgerin
pie	Fuß
pierna	Bein
plato combinado	Tellergericht
tapón para el oído	Ohrstöpsel
sábana	Leintuch
saco de dormir	Schlafsack
secadora	Wäschetrockner
sello	Stempel (auch in Pilgerpass
rezar	beten
roncar	schnarchen
taquilla	Schließfach
tendinitis	Sehnenentzündung
tirita	Pflaster
toalla	Handtuch
tobillo	Knöchel
torcerse el pie	mit dem Fuß umknicken
vendas	Verband
WiFi	WLAN
zapatero	Schuhmacher

Anmerkungen zur Aussprache

»c« vor »e« und »i« wie ein gelispeltes »s«, »c« vor »a«, »o« und »u« wie »k«; »z« wie ein gelispeltes »s«; »ch« = »tsch«; »j« = »ch«; zwei »L« wie etwa in tobillo wie »j« in Jahr, also tobijo; »ñ« = »nj«, also z. B. España = Espanja.

Umschlagbild: Auf der Ruta de los Hospitales (Etappe 6).

Bild im Innentitel: Wanderglück pur – auf der 5. Etappe kurz hinter La Espina.

Alle 84 Fotos stammen von der Autorin.

Kartografie:
26 Wanderkärtchen im Maßstab 1:100.000 und 3 Stadtpläne
Geodaten © OpenStreetMap und Mitwirkende, kartografisches Design: SHOCart (CZ), www.shocart.cz
2 Übersichtskärtchen im Maßstab 1:1.600.000 und 1:3.500.000
© Freytag & Berndt, Wien

Werk-Nr.: 4532

2., aktualisierte Auflage 2024

ISBN 978-3-7633-4767-4

FSC www.fsc.org
MIX
Papier | Fördert gute Waldnutzung
FSC® C147178

Wir freuen uns über jeden Korrekturhinweis zu diesem Wanderführer!
ROTHER BERGVERLAG · München
D-82041 Oberhaching · Keltenring 17 · Tel. (089) 608669-0
Internet rother.de · **E-Mail** leserzuschrift@rother.de